启真馆 出品

社会学家的絮言絮语

叶启政 著

A Sociologist's Whisper

ZHEJIANG UNIVERSITY PRESS
浙江大学出版社

自序

前年（2016年）三月间我赴北京大学从事短期的系列演讲时，北京大学社会学系的渠敬东教授告诉我，浙江大学出版社的王志毅先生要他转告我，浙江大学出版社有兴趣出版我过去写的作品。得知这个消息后，我即与王先生联络，做了初步的意见交换，并了解了一些相关细节。王先生表示，即使同时为我出版两三本论文集都不成问题。对我来说，这可是一项殊荣，实在辜负不得。

回到台湾后，我立即整理了一下过去所写就的文章，做了一些筛选，把过去已分别收录在2005年由上海人民出版社出版的《期待黎明：传统与现代的搓揉》和2006年由北京大学出版社出版的《社会理论的本土化建构》的文章，以及因时宜或版权问题不适合再次出版的文章予以排除后，总共还剩有十三篇可以运用，其中有两篇是从未发表过的文稿。我再次认真地审阅这些文章的内容，并加以思索，认为全部合并成为一本书出版，不只篇幅过大，而且，内容也将显得过于纷杂且臃肿，犹如一道大拼盘，感觉不是很恰适。当时，我已准备再撰写两篇文章，加起来共十五篇，总字数势必又要增加（超过三十万字）。这么一来，我想，无论就篇幅的大小还是内容的性质来说，分成两本来出版应当会更适当些，结果，情形就是读者们所将看到的这个样子。

如此决定之后，剩下来的工作变成只是如何将这十五篇文章归类收编的问题了。我反复地浏览这些文章，也斟酌过好几次，终于决定把所有理论性的论文收编在一起，单独成书出版，取名为《穿越西方社会理论的省思》。另外有关对各种社会性议题的论述以及两篇有关爱情的理论性讨论的文章则收编在一起，就是诸位读者所将看到的这本书的样子。下面，就让我对这本书的内容与一些相关背景做个简单说明，好让准备继续阅读下去的读者们心里头有些底，相信将会有助于读者们进入状态。

收集在这本书中的九篇文章，粗略地加以分类，大概可以分为三个区块：一、有关现代性与现代人的处境（第一至第三篇）；二、有关高等教育与学术研究的发展问题（第四至第七篇）；三、有关爱情的社会本质问题（第八与第九篇）。

首先，第一篇《云团状的大众／液体化的共同体》一文曾收入 2013 年由台湾出版社所出版之《深邃思想系链的历史跳跃：霍布斯、尼采到弗洛伊德以及大众的反叛》一书中。当时，所以把这篇文章汇集进来，实因在脑海里我深深地认为，十九世纪"大众"现象的兴起以及二十世纪六十（特别是八十）年代以来许多社会学家（多少带着怀旧情怀）再度（当然是予以修正了）拥抱"共同体"（Gemeinschaft, community）的概念，可以说是反映着整个西方（社会）思想的总体发展结果，而这是在资本主义的加持下，对十七世纪自由主义的思想传统逐渐所形塑出来的一种认知信念。更重要的是，从历史的根柢来看，这些概念的出现与讨论更隐约地是与"后现代性"的浮现对话着，而其理论基础乃在于法国涂尔干的集体亢奋（collective effervescence）与因此形成的"集体意识"概念，以及莫斯强调具"全面性报称"（total prestations）的互惠互动说。换言之，期待人们有着具整合协作性质的社会整体感，并共享一些共同的感应、价值、态度与信念等等，始终是被西方社会学家们当成构作理想社会的基本要件，并形塑了整个西方社会学想象的基本认知模式，尽管它乃以"潜意识"的姿态潜藏着。总之，简扼地来说，正因为情形是如此，所以，我再次把这篇文章收集在这本文集里，以便让我的想法有机会与更多的读者们分享。

至于第二与第三篇文章原是应以精神医学、临床心理学与谘商辅导学家为主之团体所举办有关"精神健康"的研讨会而写的。当时的立意很是单纯，只是想以社会学家的立场，从形塑当代社会之历史场景的角度，检视精神医学与心理学对"精神健康"的"定型"认知模式，为的是提供所谓的"精神健康"一概念一种另类的视角。如今收编在这儿，用意却有点不同了，我个人期待的是，企图透过我个人对人之所以存在的构思来刻绘现代人的（社会）处境，并提供一些我个人为"生命"所设定的建议。因此，其中有着我个人对"生命"持有的特定价值信念，在此，特别提醒读者，千万别毫无批判与反思地就轻易地接受。

关于第二部分，《全球化趋势下学术研究"本土化"的戏目》是延续我从 1982 年开始探讨所谓学术研究的"本土化"以后离当今最近的一篇文章，可以说是代表着我当前对学术研究"本土化"的基本立场。倘若读者们对我个人过去之有关学术研究"本土化"论述的思想"演进"过程有兴趣的话，可以参考 2006 年由北京大学出版社出版之《社会理论的本土化建构》一书中的第一篇"学术本土化"内的文章。在此，我愿意特别提醒读者，收集在这儿的这篇文章不只代表着我个人现阶段对学术研究"本土化"的基本立场，更可以当成是针对最近二十多年间台湾最具代表性之（社会与临床）心理学家们（基于某些特殊的历史因素，台湾的社会学家们对此议题似乎没有兴趣）所持有之学术研究"本土化"论述的总检讨与批判。相信，对此一议题有兴趣的读者们，此篇文章至少有着提供相关之基本文献的价值，当然，倘若读者能够认同我个人的见解，那会令我感到更加欣慰的。至于第五至七篇是有关高等教育中一些问题的讨论，虽然我讨论的焦点是台湾的现实情况，但是，我相信，对所有"学术位阶居劣势"的非西方社会来说，类似这样的问题应当是普遍存在着的。因此，他山之石可以攻玉，我所讨论的课题以及提出的应对方案，理应还是有一定的参考价值的。对于《高等教育"国际化/在地化"的吊诡与超越的彼岸》一文，我想需要有着进一步的交代。这篇文章乃根据去年在北京大学进行短期访问时应教育学院刘云杉副院长之邀在该院所做演讲的内容予以扩充改写而成的。在此，特别再次感谢刘云杉副院长，给了我这样一个额外的机会。

写到这儿，我要特别提到的是最后两篇讨论"爱情"的文章了。原先，我是把这两篇文章收在与此书同时出版的《穿越西方社会理论的省思》一书当中的。或许，读者们会感到相当奇怪，我为什么在以讨论西方社会学理论为本的文集里把这样看似有点距离的文章摆进来？其实，理由很简单，只因为，在世俗世界里，"情爱"关系是展呈所谓"正负情愫交融"（ambivalence）之身心状态的最典型范例，因此，透过对"情爱"现象的剖析，可以让我们更能体会"正负情愫交融"作为基本概念座架来表现，也能理解当代人类文明的深刻社会学意涵。这是我特地耗费时间来撰写《从"情爱"的社会本质谈起——正负情愫交融与生命转折》一文，并把它收集进来的缘由。既然把这篇文章收集进来，那么，自然就没有理由不把在 2000 年为由苏峰山、魏书娥、陈雅馨合译之德国社会学家贝克夫妇的《爱情的正常性混乱》（*Das Ganz Normale Chaos der Liebe*）一书的中文译本所写的序言——《爱情和个体性》也收集进来的，因为这样可以让读者们有着比较完整的机会体认我是怎么看待这个现象。如今，我把这两篇文章移到这本书来，说老实话，纯然是为了平衡这两本同时由浙江大学出版社出版之书的篇幅。但愿这样的现实考量不会损伤了整本书的品质，也不至于影响到读者们的阅读兴趣和理解厚度。倘若读者有兴趣进一步了解我对"正负情愫交融"此一概念在社会学理论上之意义的基本看法的话，当然，我建议参考《穿越西方社会理论的省思》一书。说来，这也迂回地替浙江大学出版社做了一番广告。一笑！

自从 1974 年踏入学院任教以来，在这四十几年间，我一直以一种双重但相关的"角色"来看待并期许自己。一方面，我是一个所谓"专业"的社会学者，在大学里担任培育下一代"专业社会学家"的职业角色；另一方面，我又是以"知识分子"自居的一个社会成员，自认在能力所及的范围内，对发生在社会里的种种现象，有着尽"言责"的义务。所以，长期来，除了撰写有关社会理论的论文（而这一直是我自己最看重，也最在意的一部分）之外，我也不时写些评论有关"现实"社会现象的文章。这么做，理由也一样地很单纯，希望以自己所学到的所谓"社会学专业"的知识来针砭实际的社会现象，尽一份所谓"知识分子"的责任。

我始终认为这样的双重"角色"是一个读书人的基本社会责任。当然，我自己也相当清楚，对于任何的社会事务，乃至攸关学院内具理论性的抽象问题，人们总是因有着不同的立场而持着不同的看法，以至意见分歧，莫衷一是，难以有共识。说来，这是学院里要求大家静下心来心平气和地讨论与论辩的根本缘由。我这么说的意思是，我提出来的论点与说法，顶多只是充当抛砖引玉的功用，不是绝对的"真理"。其中，特别因情境不同导致在认知上带来疏漏、误解，乃至扭曲，应当是在所难免的，还盼望各方有识之士多多指正，也多多包涵。

最后，让我再次地感谢浙江大学出版社的王志毅先生以及参与此书之编辑出版的同仁们，没有各位的用心与耐心，这本书是成不了形的。我也应当再次感谢北京大学社会学系的渠敬东教授，没有他的引荐，这本书是不可能问世的。

叶启政识于 2018 年 1 月 9 日

目　录

云团状的大众／液体化的共同体

在我们这个时代里，"群众之人"（mass-man）① 是社会的引导者，是他在做抉择，做决定，……在普选权力底下，群众并不做任何决定，他们只是支持少数人或其他的所做的抉择与决定，这是他们在社会中所扮演的角色，这也是他们所必须表演的"节目表"……事实上，现在，这张节目表就是集体生活的节目表；于其中，群众却是决定者，是主角（Ortega, 1989: 71）。

一、前言

任何社会学家使用的概念都受制于特定的历史条件，反映着一个地区的人们在一段历史进程中的特定认知需求和感受样态，总是有着特殊的文化意涵。就人作为被研究的对象，尤其是从行动主体② 的立场来看，源起于十九世纪的西方社会学探索一开始即隐涵着，由带着浓厚政治（特别是革命）意涵的"人民"（people）概念来反映"人"作为社会存有体的特质。借用吉登斯（1976）的说法，情形即是，自从十九世纪社会学问世以来，社会学家的研究对象——社会（society）指涉的，最为重要的其实就是民族国家（nation state）。具政治意涵的"人民"一概念，无疑是构成此一重要社会实体的基本元素（即"人"）最具体而微的历史指

---

① 基于尊重译者的用语，此处所说的"群众的人"的群众即本文所指的大众。奥尔特加所谓的"群（大）众的人"乃意指具有大众的特质或由大众所引导而行的人。但是，就其讨论之大众的内容来看，奥尔特加企图意涵的似乎包含（甚至是侧重）群众（crowd）现象（参看 Ortega, 1989: 102-103）。

② 譬如，此处所说的"主体"概念就反映出西方世界（特别是自启蒙运动以来）对人之存在的一种期待性主张与认知模式。

涉形式，也是社会作为实体企图意涵并展现的核心概念对象[①]。在这样的情况下，将资产阶级与无产阶级作为新兴且接续着的历史主体，社会学在这方面的思考一开始可以说即是以政治社会学为主调。

经过一段时间，特别是转换到美国社会学的论述场域，在实证主义方法论（尤其是运用统计概念的量化社会学）的催化下，自二十世纪五十年代以降，（美国）社会学者逐渐企图以被认定为具中性、表象化且可予以变项化的人口（population）一概念来作为经营研究最重要的概念对象[②]。这无形中逼使"人民"这个概念作为从事社会学分析之核心对象的地位大大降低，也因此削减了"政治"在整个社会学研究中一向彰显的至高意涵。只不过，虽说政治在社会学中的论述地位容或有被贬抑（或至少是扯平）的趋势，但是，古典政治经济学中"经济"的意思却依旧保有着核心地位，在整个社会学的思维中一直扮演着重要的角色。情形所以如此，或许是与资本主义之经济体制的发展与持续发皇以及作为反制思想之马克思主义的风行，有着密切的关系而使然。

在这样的概念转折发展过程中，随着彰显时空之特质的更迭，在

---

① 基本上，"人民"一概念是十八世纪美国革命与法国大革命之后才真正被人们提出来。它乃环绕着至高性（sovereignty）而被形塑着，成为一个带有浓厚政治社会学意涵的概念（参看 Morgan, 1988）。在法国，由于此一概念被提出时，正是处于革命动荡的时代，此概念于是乎乃与大众，甚至群众与暴众相连地看待着。或许，由于有着这样的历史背景，马费索利即认为，人民的概念是一个被定义得相当蹩脚的大众实在，其内涵软趴趴的，既无行动性，也非逻辑的，更是缺乏坚实的经验基础（Maffesoli, 1996a: 156）。当然，情形是否可以如此看待，实有讨论的空间，在此，暂且不论。不过，不管怎么说，使用至今，相对于人民作为具政治社会学意涵的概念，大众则有着彰显文化社会学的意思。有关的讨论，参看叶启政（2005a: 92-100;2008: 29-39）。

② 有关此一概念在美国社会学中发展之历史性的简扼讨论，参看叶启政（2004: 135-147）。在此，附带地提出，活动在二十世纪前半段的法国社会学家哈布瓦赫，透过其著作《人口与社会》（*Population and Society*, 1960）一书，对美国社会学家致力于从"人口"一概念出发来进行社会研究，甚具影响。科塞即指出，虽然哈布瓦赫的最重要贡献在于有关集体记忆的研究，而且后来也被英语世界的社会学家们所承认，但是，在一开始，他为美国社会学家注意到的却是有关人口的论述。科塞认为，这是因为当时的美国社会学重视的是都市与人口的问题，因而，在选择了解对象时有了偏好（Coser, 1992: 2）。

十九世纪已浮现的"大众"（mass）概念，今天似乎则是更加被发扬光大，广为社会学家所重视，且成为时尚的名词，尽管这个概念本身缺乏明确的主体能动意涵，并无法用来展现当代西方社会学特别看重"人作为行动主体"这样之命题的基本内涵[①]。不过，不管怎么说，伴随着大众此一词汇而来的诸多现象，诸如大众社会、大众文化、大众消费、大众传播媒体等等，遂成为社会学家研究与讨论的热门课题。

二、"大众"概念之生成的简扼回顾

大众与其有关的现象所以成为社会学研究的热门课题，自有一定的历史条件作为后盾。对此，既有的社会学文献讨论者堪称汗牛充栋，没有理由在此再进行更多的论述，否则，显得只不过是野人献曝而已，多此一举。但是，对大众与相关现象所以产生的社会与历史条件有所交代，毕竟是有益于我们了解下面将进行讨论的课题的。况且，从知识社会学的角度来看，即使单纯地针对大众的概念内涵适当地予以厘清的立场来说，这样的交代更是有着一定的实质意义。因此，在这儿，让我首先透过过去已有的一些论述来为大众现象所以产生的历史背景与其在社会学上的基本内涵进行简单的阐述。

卡内蒂曾经提示，群众（crowd）（以及暴众 [mob]）一概念指涉的，基本上是一群在空间与时间上以特殊方式紧密接近的人们（Canetti, 1984）。然而，依当代的习惯用法，作为一种具总称指涉性的概念，"大众"此一概念则不同，它涉及的是一群在空间上（乃至在时间上）可以是分离开的人群，他们的身体是否直接接触或乃至是相互接近着，并不是定义此一概念的必要条件[②]。毋宁的，既无形状，且又无以区分着（something amorphous and indistinguishable）的特质，才是确立"大众"

---

① 其实，也正因为如此，大众的现象才成为社会学家更加关心的课题。

② 有关西方政治思想史中对群众与暴众的讨论，参看 McClelland（1989）。

此一概念的核心意涵①（Williams, 1983: 159）。

　　尽管，就上述概念设定的内涵本身来看，显然，"大众"与"暴众"之间在概念上有着不可跨越的鸿沟，然而，根据威廉斯的意见，从历史的角度来说，一开始，"大众"一词却是由"暴众"转衍出来的新词汇（Williams, 1963: 287，同时参看 Williams, 1983: 158-163）。这样的说法原有照顾到西欧社会发展所彰显的特殊历史意义的意思；简单说，它乃企图对十八世纪末法国大革命后（特别在法国社会）由"人民"发动之一连串具革命性的暴动历史有所反应，而在概念上进行具演化意涵的一种具选择亲近性的连接。无疑的，这确实是有显著的社会学意义的。譬如，法国的勒庞在 1895 年出版了《群众》（*The Crowd*）一书，即有意识地企图反映当时法国社会所承受之历史经历累积起来的社会现象②。

　　当然，当法国社会进入十九世纪（特别中后叶）之后，纵然群众暴动现象尚时有发生，但是，却已不再频仍屡现了。倒是"大众"作为一种日渐浮现的现象，变得更加明显，且普遍存在于西欧世界里，于焉具有更加显著的时代意义。延续至今，这个现象甚至可以说是变本加厉，更形重要了。

　　回顾西方社会发展的历史进程，威廉斯指出，大众现象的浮现与十九世纪以来之产业革命的兴起有关，其中有三个社会趋势是重要的：（1）工业城镇中的人口日益集中，形成都市化的现象（即群体聚集 [mass

---

　　①　威廉斯认为，大众尚有另外一个特征，即稠密的聚合（dense aggregate）。以本文企图意指的内涵而言，此一特征显然是难以当成界定大众（如电视机前的观众、网络上的网友或消费者）的必要条件。对此，鲍德里亚也分享着作者这样的看法（Baudrillard, 1983: 4, 5）（这将在下文中论及）。依我个人的意见，威廉斯所以也把"稠密的聚合"特征当成界定大众的要件，应当是基于下面将提到之此概念与群众和暴众二概念在欧洲社会发展过程中有着历史亲近性的考量吧（同时参看 Williams, 1983）！或许，他乃意图以"大众"作为具通称性的概念来涵盖"群众"和"暴众"等相关现象。

　　②　勒庞对此即有简拢的分析（参看 LeBon, 1969: 7-15）。在勒庞的眼中，除了本能（instinct）之外，促成群众现象的浮现，乃来自整个社会情境所引发的感染（contagion）与暗示性（suggestibility），它使得人们的责任意识丧失。在几乎同时期（1890）里，塔尔德则提出模仿法则（the law of imitation）来解释群众现象（Tarde, 1903）。

meeting]）；（2）工厂的林立，尤其机器生产的形式，促使工人必须集中以进行集体生产（即大量生产 [mass production]）；（3）具组织化，且是自我组织化的工人阶级形成一种具社会与政治行动意涵的群聚体（massing）（即群体行动 [mass-action]）（Williams, 1963: 287）。在这样的背景下，很明显，"大众"指涉的对象一开始实际上即是属于工人阶层的人们。但是，单就英国来说，1730 年至 1740 年间出现大量的中产阶级，特别在十九世纪中识字率一再提高以后，就文化消费的角度来看，他们成为诸种出版品（如小说）的广大读者群。此时，"大众"意谓的，已不能仅仅局限于工人阶级，应当包含更为广泛的人口了 [①]（Williams, 1963: 288, 295-296）。

顺着这样的历史脉络来看，如何有效地掌握"大众"的概念，乃成为不能不特别需要予以关心的课题。对此，让我借用威廉斯的见解来开题。在其著《文化与社会》（*Culture and Society*）一书中，威廉斯曾经说过这么一段话：

> 我并不把我的亲戚、朋友、邻居、同事、认识的人当成大众；我们没有人可以这么做，也不会这么做。大众经常即是其他人，是那些我们不知道，也不可能知道的其他人。然而，如今，在我们这样的社会里，人们却总是恒常地看到无数类别的这样其他人，并且身体邻近地站在他们的身边。他们就在这儿，而我们也与他们一起在这儿。正是我们与他们一起，是整个关键的所在。对其他人，我们也是大众，因而，大众即其他人。如此一来，事实上，根本没有大众自身，只有种种将其他人视为大众的看法而已（Williams, 1963: 289）。

换句话说，不管"大众"是不是身处我们可见或可触及的四周，他

---

① 在分析民主与"大众"的关系时，威廉斯即就历史发展的角度指出，把"大众"的议题等同于"不能流畅地等于'大众'的大多数"以及等同于"暴众"的议题，是不能忍受的做法。同时，包含工人与低层的中产阶级的"大众"，更是不能与"暴众"混为一谈（Williams, 1963: 289, 296）。

们都是陌生人。威廉斯这么说并没有错，然而，却似乎无法把我们身处的这个时代对"大众"此一概念所可能展衍的意涵更为简明而清澈地剔透出来。就此，依我个人的观点，倒不若转个角度来说，可能会显得更为贴切些："大众"一词乃用来泛指具某种特质的人口（如听众、观众、消费者等等）；简单地说，即是他们分享着具某种特殊质性的社会生活情境，而共同受制于具结构性的社会力量。基本上，正是这个结构性力量的制约在人们的身上所可能蕴涵（与衍生）之因果权能（causal power）的效应特质，成为关注（也是定义）大众现象时必要追问的课题。至于作为"大众"的每个个体人的实际认知模式与反应会是如何，彼此之间是否有着互动的关系等等的问题，并非界定"大众"此一概念的基本内涵时绝对必要的考虑。因此，对"大众"一概念的分析，基本上是有关结构理路内涵之因果权能的效应特质的剖析，在一般的情况下，这往往有赖社会学者（或相关学者）提供说法来予以厘清与诠释。

活跃于二十世纪前半叶的西班牙思想家奥尔特加曾经指出，相对于过去的十二个世纪，从十九世纪中叶一直至二十世纪三十年代（即奥尔特加提出此说的年代），欧洲人口骤增。尤其，科学技术发展、自由民主政体与工业资本主义的生产形式等崭新的社会形式浮现，造就了一群有着安逸物质生活之中产阶级的人口。基本上，这些人即构成为"大众"的主体，形塑了所谓的"大众形态的人"（mass-man）[①]。前面提到威廉斯所说"只有种种将其他人视为大众的看法"这样的说法，事实上就是呼应奥尔特加所说这个"大众形态的人"的概念，描绘的正是那群被同样社会结构条件所制约而彰显相同"命运"样态的陌生他人。在此，需要特别强调的是，奥尔特加所指出以中产阶级为主体的"大众形态的人"，无疑地更强化了前面威廉斯提到"大众"的对象由工人扩及中产阶级这样一个深具特殊历史发展意义的说法。

正是在十九世纪这样一个受着革命洗礼的时代里，大众的形态特征

---

① 如本文一开始所引述的文字中提到的，此书之中文译者把此一名词译为"群众之人"，在此，我所以没有援引此一用语，乃因认为"大众形态的人"应当会是更贴切作者所欲表达的意涵。为了简化表达，下面，"大众形态"一词乃被视为等同"大众形态的人"。

不但形塑了足以涵盖地刻画大多数人的集体人格，甚至，也同时意味着少数的精英人物（如民主体制下透过选举而生的政治人物、媒体明星乃至学术人）亦必得是分享着同样的历史性格特质。更恰确地说，少数的精英分子经常需要在迎合（与掌握）"大众"的典型品味、态度、价值、视野等等的一般情形之下，才得以脱颖而出。易言之，倘若获取诱人的种种社会资源——经济利润、政治权力、社会声望等等乃是形塑精英的现实社会基础，而其正当性又必得是来自于居多数之"大众"均值人（average man）①予以肯定的时候，诸如顺乎民意或谓迎合大众口味、态度与价值等等的作为，乃成为少数精英分子不得不学习的功课。就此，倘若我们说他们亦是大众形态的产物，应当不为过的。只是，大众形态之特质的形成总是使得芸芸众生在其所处的日常生活世界里以"无名"的沉默姿态展示着，而少数的精英分子却总是以特殊例外，且经常是极其喧哗的"有名"方式展现（或披露）其自身。除此之外，不管有名与否，人们其实展示着本质上相同的东西（与意涵），其所展示的基本上是具有表象性之"有"②的符号形式（诸如地位、声望、财富、权力、容貌、身躯、衣饰、举止等等上面的符号）。在当代的世界里，这形构出一幅看起来极其丰饶而多变的有趣世俗浮世图。

顺着这样的思维理路来看，"大众"此一概念的核心内涵显然乃在于大众形态所可能开展之结构性的特质为何的问题上面，而正是这样的特质可以看成是现代人共同承担之优势文化的典范（Ortega, 1989: 72-73, 78, 80），甚至，可说是一种历史命运。于是，"大众"概念只能透过大众形态之具结构性的文化（与心理）特征来捕捉，并予以定性，除此之外，别无他途。情形若是如此的话，那么，大众形态实际意涵的文化（与心理）内容到底为何，乃成为不能不追问的课题。

---

①　有关此一概念将在随即而来的下文中提到。

②　此一"有"乃以具外塑且外控性之诸如拥有、享有、据有、占有、持有等等的形式来表现与证成。有关的讨论，参看叶启政（2004: 483-491）。

三、大众形态乃具"受体"意涵之"均值人"的一种表征典范

在回答大众形态可能彰显的文化（与心理）典范特质为何的问题之前，或许，我们必须先对它内涵之一个最根本的结构特质有所提示。简单说，这个结构特质就是隐藏在其背后具多数之意涵的"均值人"概念了。

在现代西方的社会思想里，"假定人是理性，且有着相当近似的资质禀性，尤其，他们总是有条件采取独立自主而主动积极的态度来行动，而且，甚至必须是如此的"这样的说法，一直是一种潜藏的意识形态。对人的行为进行分析论述时，这样的命题，在认知上，被认定具有一定的本真性。尤其，这样的理性（与同质性）被认为可以普遍地在一般人们的身上看到。显然的，这样的命题把以个人持具（individual possession）为本之自由主义对"人"的理解与期待的一种普全信念——即"均值人"①的概念偷渡进来，假定人人（只要是所谓的正常人）基本上均具有一样的能力、契机，而且是各自独立自主地存在着。单就政治面向来说，这则意味着人人生而自由且平等，权利（与义务）基本上是一样的。就欧洲的历史发展进程来看，这样之"均值人"概念的文化有效性，则因诸如十八世纪末之法国大革命有机会让所谓"人民"这样的多数人口发挥了实际的动员力量，随后而来之工业化与都市化带来了甚大的同质群聚的人口现象，以及以选举制度落实以人民为本的民主政治理念等等之历史事实的支撑，更加予以证成与强化。

然而，除了如此一般地特别接受着十九世纪之道德统计（moral statistics）的加持之外，"人民"（以及相继而来之"大众"）的概念内涵，尚承受着特定社会机制的结构制约而蕴生出来。对此，假若允许我们说"人民"与"大众"这两个概念都是针对"人口"此一意涵较广泛，且在历史—文化意义上具中立性之概念的一种特殊指涉的话，那么，这两个概念有一个共同的特点，即均指涉着相对于某一种制度性之社会机制介体的受体对象。以当代社会所呈显的一般状况来说，"人民"是一种承受

---

① 有关此一概念的社会学意涵，参看叶启政（2005a：第一章；2008：第二、三章）。

着特定政治体制作为介体之具政治性意涵的受体对象，而"大众"则是依附在大众传播媒体（在此特指电视）[1]作为介体之下的一种具文化与心理意涵的受体对象。因此，不管"人民"或"大众"的概念，诚如上述，基本上都是反映着它所承受之介体的结构理路内涵的因果权能的效应特质。这也就是说，无论是"人民"或"大众"的概念，其所欲表达的，本质上乃根据介体之结构理路的因果权能性所演绎出来的可能效应特质，因此，它为介体结构所内涵（connotative）（而非外延 [denotative]）着，我们只能从介体的特质来衍申此一受体的基本属性。尤有进之的，以某个（些）特定外显属性搭架的"均值人"概念之所以能够作为现实的指涉称谓，而被认为可以有效地运用来勾勒"人民"或"大众"的概念意涵，其实即建立在这样之介体的结构理路的因果权能所内涵的效应作为判准的基础上面。

以上述的论点作为基础来衍申鲍德里亚的说法，或许可以让我们对"人民"与"大众"二概念的分殊获得较为清晰的认识，也因此有助于我们确立"大众"的基本内涵。根据鲍德里亚的意思，就政治体制作为机制介体的立场来看，"人民"（阶级亦然）的概念有具体表征性的主体权威依托着（如行使选举权、受法律保障等等），因而可能发生异化（alienation）[2]的问题（Baudrillard, 1983: 22）。这也就是说，若说"人民"是具能动性（agency）的行动主体的话，这一特质本质上乃内涵在政治体制作为机制介体的结构理路之中，以至于让"人民"有着社会学的实在（reality）作为依靠，其意涵或指涉的特质可以有效地施用于定义下的任何人[3]。但是，就其所承受之大众传播作为机制介体的结构特质而言，

---

① 处在今天这样一个互联网发达的时代里，我们实在不能忽略透过电脑与手机所形成的网络世界，但是，为了让整个讨论的焦点有所限缩，尤其是关照到"大众"现象的历史发展脉络，在此，把此一刚发展出来的崭新媒体现象暂时予以悬搁不论。

② 假若我们非有此一说法不可的话。

③ 显然的，鲍德里亚这样的说法与上文提示之马费索利的见解"人民的概念是一个被定义得相当蹩脚的大众实在，其内涵软趴趴的，既无行动性，也非逻辑的，更是缺乏坚实的经验基础"是有出入的。在此，我个人比较支持鲍德里亚的立场，不主张把"人民"的概念化约成为"大众"此一概念内涵的一种次类型，而当成是两个在指涉上是相互独立的概念看待。

"大众"的概念则不然，它缺乏"人民"一概念所彰显的这种特质。假若情形正是如此的话，那么，整个问题的焦点无疑地乃转移为：在大众传播作为机制介体的前提下，"大众"到底体现着怎样之"均值人"的典型结构特质呢？

与前面曾经引述的学者分享着类似的看法，意大利社会学家费拉罗蒂即曾宣告过：过去恒见之作为人与人之间自由交易区域的小团体已不复存在，如今有的只是平扁化、无形状、无以区分、看起来温顺、像软糖般柔软的大众浮现着（Ferrarotti, 1988: 33）。针对"大众"所彰显的如此一般特质，借用前面鲍德里亚的说法来衍申，或许会更具有启发性。诚如他说的，既然"大众"一词不同于"人民"，乃缺乏一个概念（concept）本身所具有的实在基础，它于是乎经常成为只不过是人们从事政治煽动的一种言说托词的主调而已，有着柔软、黏稠、缺乏分析性的意思（lumpen analytical notion），并没有明确而特定的"正面"属性、述辞、品质与指涉对象。因此，固然"大众"立基于一个个可以名状之实际的独立个体人，但却是缺乏具体而固定的社会关系可以用来作为固着概念的坚实后盾。尤其，它更因为没有可以明确指涉的真正人口母体（population）、身体，或特定的社会聚体（aggregate）来予以表现与保证，以至于找不到一个具社会学意义的具体实在可以充当妥帖的依靠。于是乎，这终至于导使"大众"一词本身即是其定义，或更恰当地说，它本身就是极端地缺乏定义（Baudrillard, 1983: 4, 5；Ferrarotti, 1988: 33-36）。

无疑，"大众"所彰显之如此一般的特质，反映的其实正是大众传播（特别是电视）作为介体机制的基本结构理路所衍生的因果权能效应。这些效应，也是"大众"作为一种受体概念所意涵的，我们可以使用三个特征来表达：（1）构成"大众"此一受体概念的成员彼此之间本质上具有缺乏互动的陌生人特质，他们是同质（即具同一性），且各自独立而自主的；（2）对大众传播作为介体而言，"大众"受体的成员几乎没有足以产生有效的反馈能力与机契；或甚至可以说，此一能力与契机并不是从大众传播作为介体出发来界定"大众"的基本结构要件；（3）就大众传播作为介体的结构理路而言，"大众"一概念没有引发主体能动性，更无产生集体动员之任何契机的意涵，否则的话，就成为（诸如进行抗议示威的）群众（或乃至暴众）了。或者说，构成"大众"的成员是否具有主体能动性，并不是由大众传播作为介体的结构理路所衍展出来的必要特性[①]。

　　准此，从大众传播作为介体的立场来界定，"大众"可以说是以无真正表征作为依托的无指涉姿态存在着，是一种完全丧失明确指示对象的模拟（simulation）[②]。依鲍德里亚的说法，它更是"社会的"（the social）[③] 被剔除后的剩余物，其本质是被动而冷漠的（passive and apathy），只能以进行诸如民意调查时运用统计概念所释放的拟像（simulacrum）形式（"均值人"即是典型的代表）来构作其样态（Baudrillard, 1983: 4, 5, 20, 31）。晚近，呼应着统计学的中央趋势与离散度这两个概念，库柏即援引本雅明（1970）与瓦蒂莫（1992）视"大众"为易变，不定型地呈现与沉隐的见解而指出，我们只能借着特定事件（event）所产生之集合－离散（collection-dispersion）的现象来架搭与成就"大众"此一概念的核心意涵（Cooper, 2001: 19, 21）。简言之，既然"大众"是一种无真正表征作为依托底蕴，且指涉对象为虚隐的概念，我们于是乎只能以迂回而委婉的折射方式予以显像（当然，只是虚像），同时，更是需要以特殊的具体事件（如最近发生之三聚氰胺毒奶事件）作为显剂，并利用某种社会机制作为棱镜来加以定性，之后，再透过某种介

---

　　① 尽管，就个别个体本身而言，这些大众形态的特质并不是恒定地体现于所有的情境，而有着不变的实际意义。甚至，就个别个体人来说，即使处在面对"大众传播媒体"的情境，他还可能展现主体能动性，有具某种形式之主愿性的反应（如拒看电视或转台）。对此一问题，在下文中，将提出简拙的讨论。再者，施及于互联网现象，此处所罗列的现象则有着予以修正的必要，但是，就历史发展的脉络而言，若我们把讨论局限在"电视"主导的时代，则另当别论了。

　　② 至少相对"人民"的概念而言，情形是如此的。

　　③ 根据鲍德里亚（1990a, b）的意见，所谓"社会的"意指的是，一个具有可相对明确指涉（如阶级、地位、权力、制度、社会关系）的实际社会对象，乃由特定价值信念来导引，且形塑成为具极化（polarity）之终极性（finality）的社会形式。因而，它的社会理路基本上是线性的，有起点，也经常有终点（至少是具演绎性质的，譬如现代性所意涵的即是一例）。

体来析透，大众形态的特质才得以显现出来。在此，让我重复说一遍：在现代社会里，大众传播媒体即是最主要的介体，而民意调查则是对事件所产生的"离散"现象进行"集合"（即分别以统计学中的离散度和中央趋势二概念来表达）之最常见的一种具社会制度性的显影机制①。

假若整个现实的社会操作过程是如此的话，显然，以前面提过之特殊的大众形态的表征形式来为"大众"的拟像进行社会性的定性显影，只是一种单纯以某种社会构作的模式实在（reality of model）而已，并非企图对某种真实予以忠实刻画的实在模式（model of reality）。借用布尔迪厄（1988）所称呼的，它基本上只是展现一种特定科技制或知识制的观点（technocratic or epistemocratic vision）。一般，这是学者为社会世界勾勒的完全图像，透过统计学所建构的"均值人"概念来予以证成则是最典型的经营方式。其中，常态分配（normal distribution）则因被视为是人之经验世界中的一种普遍现象，更是经常用来作为支撑此一概念得以具经验正当性的有力基础，刚才提过的所谓民意调查被用来作为实际的经验检证机制，恰恰可谓是其中最为典型的迷思作为②。因此，"大众"的特质，是以机遇的概率方式，在"均值人"概念的支撑下，对特定社会生活情境内涵的结构特质可能反映在人身上的一种具心理与文化意义之因果权能效应力的适当估量。它涉及的是对人们的行动具有因果作用力之具结构化性质的可能效应潜势，并无涉于是否必然内涵于每个人的行动里头，或是否足以（或必须）普遍有效地施及于每个人等等的问题。

---

① 晚近，所谓大数据的现象被呈现，并受到重视，无疑将开启另外的新格局，在此，不予论述。
② 尽管实证取向的社会学家与政治学家经常也是以统计学的"均值人"概念来表现（或披露）人民（尤其是人口）的内涵。

四、大众传播媒体作为形塑大众形态之介体机制的政治经济学意涵[①]

以上的分析提示，倘若"大众"此一概念有社会学意义的话，关键乃在于个体人以大众形态的姿态来呈现自身，或大众形态作为一种基本社会表征而牵带出来的拟像上面。在这样的情形下，被视为"大众"的个体人之所以经常被认为是沉默的，并不是他们不说话，而是保持拒绝以其名（即假"大众"之名，而事实上也无法以此为名）来说话的沉默，或是他们自身的发声微弱得被忽略了[②]。更具体地来说，在社会制约的作用下，"均值人"此一具统计概念意涵的"人人是同质且等值"本身，在自我指涉的意义体系驱动下，沉默地产生了强而有力之象征概念性的效果，把人均质化，也把意义掏空。一方面，它把个体的主体能动性予以剥离；另一方面，它则有效地渗透进入个别个体人的人形结构当中，形构着人们的感知模式与想象图样，以诸如消费者、阅听人、观众、读者等等具虚拟迷思性质的全称方式来统摄个体人的一切呈现。尤其，当这样的全称拟像为一种具真实感的社会性操作[③]予以转化确认之后，它原本所具无明显指涉之社会体，且缺乏肯确意义的虚幻模拟面貌会被悬搁起来，而经常被认为足以形成一个具自生自衍能力，且能量不断释放的虚

---

①　在此，我再次强调：个人深切地意识到，在互联网已相当普及的今天，至少对某些特定人口（如壮、青少年）而言，此一现象所内涵的结构理路已经非本文所描绘的"古典"电子大众传播媒体所能涵盖，而有着一定的逾越特质。至少，本文所界定的"大众"就并不完全适用了，必须另定词汇来指涉。再者，由于互联网此一后来的现象方兴未艾，尚未形塑出定向（因而，定论），更因本文所选择的对话对象是立论已确立为"典范"的一些西方社会学者，又，"古典"的电子大众传播媒体在今天的社会里尚具有一定的作用与意义，所以，把讨论局限在"古典"电子大众传播媒体的体系形式所内涵的结构理路为"大众"形塑出来的可能效应与衍生的社会意义。

②　事实上，诚如上面提到过的，因为大众是虚隐的，所以，根本就没有论断其自身是否沉默的问题会发生。诚如鲍德里亚指出的，既然大众是一种拟像，它就无所谓被压迫或操纵的问题，也没有被解放的可能与必要了（Baudrillard, 1990: 94）。

③　如透过民意调查的方式来确定广告的效果，进而决定广告的价码，或透过民意调查来确认所谓的民意背向，并进而决定施政方向。

拟实在（virtual reality）[①]。于是，"大众"在语意的形式上所创造的拟像被实体化，而这也反过来强化了"大众"的幻象，让人们有着感受到其为"真"的作用。

倘若统计学塑造的人为"均值人"概念是确认"大众"具体实然性的认知基础的话，那么，隐藏在统计学背后严肃之科学理性的终极神圣性，则是以一层漆黑而厚重的不透明幕布把学术本身作为一种技艺蕴涵之仪式性作为（特指逻辑、科学方法与研究程序本身）的迷思特质给掩遮住，甚至予以撤销。于是，科学有了绝对权威基础作为确立整个文明之导向的依托。然而，这毕竟只是人类自我创造的一种狂妄举止，说它有了依托，其实是等于没有依托的，因为，至少，就存有论的角度来看，所有的依托都必须是以特定的哲学人类学存有预设作为基础，其中，自有一定的基本信念与迷思作为后盾。职是之故，一旦人们对此一依托现象的社会特质缺乏以谦虚的态度来进行自我反省，都将会导使一种狂妄的认知暴力现象产生出来，而这将注定使得人类的文明在志得意满与趾高气扬的飘然感受中逐渐"堕落"。

依此立场，当我们（特别透过所谓民意调查的操作）把"大众"的拟像予以实体化为神圣托体之后，在统计学披着科学的神圣外衣的庇荫下，它取得了证成与理解"社会事实"的正当性。但是，在这样的情况下，人本身作为个体的独特与自主性却是被撤销掉，至少变得迟钝，在社会学的认知架构中产生不了实质的作用与意义，因为人们既然变得同质且均等（相当符合民主原则），自然是难以看出隐藏在日常生活世界四周的个别危机与应对处方，更是难以显现其对个体存在所具有的个别特殊意义，尽管这层特殊意义正是个体人的存在所不可或缺的。

况且，纵然有些个体人的感觉依旧是敏锐的，但却也因为大众形态之"均值（质）"的人种意涵本身所彰显的混浊胶粘力量实在太大，以至于难以使之化解，更是无法让它清净透澈。因此，就概念的内涵而言，

---

①　所有鲍德里亚使用来形容"大众"的概念可以说都溢出了传统西方社会学所惯见之具实质性的概念。这呼应着前面所提到鲍德里亚的论点：过去承继自十九世纪之欧洲历史场景，且建立在具体而实质之表征性的"社会的"概念已经变得无效了。

"大众"本身是显得相当无力、无助的，它甚至进一步地麻痹了整体人类行止的能动性（尤其，其可能呈现的多元与多变性）。难怪，在鲍德里亚的心目中，"大众"不是良质的导体，乃带有着具中性特质的惰性，像癌细胞一般，不断快速增生着，以至于成为只是不断吸纳的沉默多数（the silent majority）（Baudrillard, 1983: 2-3;1990b: 13）。于是，它有的只是让内爆（implosion）[1] 现象持续地发生，因为，此时，有关个体之主体能动性的议题原则上是被架空掉的。

德塞都曾经批评鲍德里亚这样的说法，认为这容易让人们感觉到"大众"只是一群几近完全被动的惰性人[2]（Certeau, 1984）。在德塞都的眼中，作为"大众"的个体人本身其实并不是完全沉默的惰性人。毋宁说，在其日常生活世界里，作为"大众"的个体人往往会"沉默地"以各种间接而迂回的方式（如怠工、假公济私、消极抵制、拒看、转台观看、私底下咒骂，甚至进行破坏等等）抵抗体制来展现主体能动性。但是，诚如上述的，当我们以"不断吸纳而产生内爆的沉默多数"来刻画"大众"时，我们意图呈现的，实际上只是内涵在个体人身处为具大众形态之社会生活处境（如面对电视荧幕）的结构理路所衍生的因果权能效应作用而已。这样的效应性并不是人本身可能体现之主体能动的质地（即德塞都特别强调的部分）。因此，还是同样一句话，"沉默的多数"的说辞，乃是针对"大众"作为"均值人"承受某种特定社会机制内涵之结构理路的作用力时，所可能牵引出来的一种潜在因果权能效应的描绘而已。易言之，它只是意图指出，导致多数人沉默乃是这种社会机制的结构理路所内涵之因果权能作用力可能发挥的潜在效应，不多，也不少。固然这可以透过人们的经验予以概率性的检验与论断，但是，在此，它意图论证的，是结构理路内涵的可能性，不是实然呈现的必然性。当然，

---

① 根据鲍德里亚的意思，内爆乃意谓着，把一个端点吸纳进入另一个端点，使得意义本可能具有分化之体系的端点间产生短路，原本可能（如在媒体与实在之间）的明显对彰性被拭除，因为一切无法有明确的解读（Baudrillard, 1983: 102-103）。

② 德塞都对鲍德里亚的批评是有失公允的，因为，事实上，鲍德里亚早已注意到一般大众在其日常生活世界里所具有的主动反抗能量（Baudrillard, 1983: 38-43, 108）。只是，这并没有成为他继续发挥论证的课题而已。

这样对"大众"的结构性特质的概率说法，是刻意把人作为个体可能彰显的主体能动性予以架空，这自然容易引起人们有着"宣告人的灵魂死亡了"的疑虑。

就政治经济学的立场来说，诚如前面提及的，"大众"一概念之所以有从事社会学探讨的意义，乃拜十九世纪以来特别展现在欧美世界里安逸与舒适生活场域的持续而广泛出现所赐。当然，欧美世界的安逸与舒适情境所以产生，是由诸多历史因素交错作用而促成，其中，科技的发展催化了生产效能，可以说是至为重要的因素之一。但是，因为这并非此处关心的议题，所以予以悬搁而不论。在此，就当代社会的基本结构表征而言，我们需要特别关照的毋宁是这么一个命题：因应着大众传播媒体科技的发展，"大众"概念才显得特别有社会学的意义。

从权力施放体系的角度来说，"大众"可以说是一个社会里某些人（特指产品造业者或政治野心家、大众传播媒体的经营者、广告制作群等等的联合共谋体）透过大众传播媒体，运用种种技巧（如提倡时尚），以予以骄纵与安抚的操弄方式来形塑，并予以行销之典型"人"（尤其，所谓的"品味人"）的形象。所以说是"典型'人'的形象"，其意涵让我不厌其烦地重申一遍：这只是人们对大众传播媒体作为一种社会机制内涵的结构理路所衍生出来的一种"人"的理念型图像，基本上是有关因果权能之可能效应性的论断说法。准此，下面论述（其实，也包含着诸多前述的）指涉的，均是这样以"均值人"为典范形构之"人"的理念型图像，而非（所有的）人们在日常生活世界中实际体现的情形。

在这样的场景里，就形塑其结构理路之机制的历史形式而言，"大众"乃是依附在以大众传播媒体为介体之权力体系中的在权者意图宰制与操控的（假想）对象，尽管它或许只是一大片覆盖在一个个之个体人身上的虚拟阴影（shadow）[①]而已。但是，吊诡的是，如前面所提示的，人们却经常肯确地认为，"大众"的结构理路自身有着无比的魅力，可以如鬼魅一般地附灵在人们的身上，促使着人们不断吸纳讯息，也不停地让讯息产生内爆（或谓内卷 [involution]），并形成一股迅速气化的虚拟漩

---

① 而且，仅止于是阴影，不会变成为实体。

涡，不断往下沉卷。而且，当讯息愈是膨胀（inflation），意义就愈紧缩
（deflation）起来（参看 Baudrillard, 1983: 48-49, 96）。这也就是说，当今
的大众传播媒体作为沟通或传递讯息的介体，生产了过多的讯息。这些
过多的讯息把意义给消融（或至少稀释）掉了，让它在空气中任意飘荡，
以至于无法为一般人们带来有效"社会化"的定型作用。鲍德里亚即
认为，这正是致使过去具实质价值（如使用价值）之线性意义的"社会
的"一再遭受到无可阻挡的破坏，并内爆于"大众"的拟像之中，以至
于产生自我消融（与解体）的关键所在。尤有甚之的是，不只信息在媒
体中内爆，媒体本身在现实中也产生自我内爆，以至进而催化了所有的
一切也均产生内爆，并消逝在纯粹由符号以武断但多变的姿态堆砌起来
的超高实在（hyperreality）世界的星云之中（Baudrillard, 1983: 91, 100-
101）。简言之，这段引述鲍德里亚观点的说辞乃意味着，就其结构理路而
言，大众传播媒体带来的任何符号有着不确定性，它使得过去坚实之经
验可证的"社会实在"磐石不只是松动了，甚至完全被粉碎掉。结果是，
一切看似实体的东西，可以立刻变成具高挥发性的气体，飘荡在虚幻的
符号氤氲雾霭之中。

于是，针对人们曾经面对的种种困惑与疑难，当代大众传播媒体本
身的任何发展基本上无法带来任何合乎逻辑的解答，有的，或许只是一
种逻辑上的恶话与灾难性的答案而已（Baudrillard, 1983: 106）。那么，
化解的可能答案在哪里呢？基本上，这还是得从被归类为"大众"的个
体人身上来寻找。对此，诚如上述的，尽管在态度上是有所保留，鲍德
里亚还是承认作为"大众"的个体人还是有反抗的能力与意愿的，而情
形正如德塞都提示的，最常见的形式乃是以沉默的姿态反抗着。然而，
显然这样沉默反抗的情形毕竟有如人们面对着镜子一般，他们并不能以
"正面"的方式把意义吸纳进来，而只能以反射的方式把（媒体）体系自
身的理路反弹出去而已。因此之故，人们还是无能力把大众传播媒体传
送出来的信息予以完全消融、破坏或销毁。准此现实的情况，鲍德里亚
告诉我们的，或许值得深思。他认为，这种反应策略（假若这还算是策
略的话）的说法，顶多只是多少掌握了"大众"的潜意识面向而已，但
却赌上了人作为历史主体追求自由、解放，与自我振兴时应当浮现的清

澈意识，因为人们仍旧依着体系的理路而行，或者放任体系理路猖狂嚣张地运行着，并没有改变体系本身所带来的意义过度生产和再衍生的强制性现象（Baudrillard, 1983: 108-109）。

活在这样一个大众传播媒体运用煽情与迷惑方式来操纵符号以"蛊惑"人们情感与认知的历史场景里，鲍德里亚所提出的另一个评论，显得更有道理。他说："在一个时间里，我们是生活在无反应，也不必负责任的时代里。"（Baudrillard, 1981: 170）譬如，在这样一个以强化基本人权的民主体制来成就"人是独立自主而自由"的时代里，人们用选票选出国家的领导，但是，他们却往往没有充分意识到需要对自己所行使的政治权利负责，而是在大众传播媒体所输送之美丽词藻与画面的"蛊惑"下，经常轻率地把"神圣的一票"投了下去①。况且，就现实情况来说，他们更是有不用（事实上，往往也无能力）对自己的行为负责的权利，因为，在权力的正当性乃来自选票累积后的"多数"数字的前提下，整个选举情境让选民对选举结果所可能带来种种后效现象的责任归属被分摊，也被稀释掉，自己甚至可以有着不在场的证明，以至于不会（也不必）有必须承担任何实质责任的意识。至于被选出来的领导精英更往往只知玩弄权力，一味地以足以保证掌握"多数"的伎俩来迎合他们自认之"大众"的口味和期待。责任伦理或贯彻公义的基本信念，成为一种仅具工具性的口号，只在需要时，拿出来虚张声势地宣示一下，以作为维持（或巩固）权力基础的符码。他们要求的只是，这个符码有着令人炫惑的华丽能指（signifier）就行了，不必要有永恒稳固的所指（signified），更不需要有坚实的指涉对象（referent）。于是，一切端看能够在"大众"均值人当中产生多少的"蛊惑"效应来定夺，尽管这往往仅是透过民意调查的机制所形塑的拟像来表现，有的只不过是一种超高实在的幻象而已，然而，至少在表象上，经常却是管用的。

于是，处在大众传播媒体充斥的历史场景里，人们（如记者）企

---

① 这个例子显现出的是，尽管历史场景让"人民"与"大众"有着交错纠结地作用的机会，但是，现实上，却使得个体人作为具主体能动性之理性的"人民"的期待，在冥冥之中，被"大众"作为一种拟像所吐纳的氤氲雾霭稀释掉。于是，"人民"彻头彻尾地为"大众"所绑架。

图塑造公共意见，并以抽象而普全的命题方式来报道事件，然而，其实，这只是以捷径短路的方式对事件的推进强施以一种突兀而无限制的发展状态。在这样几近线性的社会理路架构里，人与人之间的关系被抽象化，甚至被架空，缺乏象征互惠性的单纯互动机会所可能彰显的丰富多元、坚实，又能够令人感动的神圣意义。难怪，除了接受之外，构成"大众"的个体人只有以诸如拒看或转台的方式来表示抗议与不满的最后权利，而正是这样的间接迂回的拒看或转台，成为人们用来回应大众传播媒体之结构理路的"屠杀"最常见的策略，尽管这中间有着数不清的无奈 [1]。

五、只有公共意见，却无伦理意涵的"大众"

根据奥尔特加的见解，"大众"被形塑出来的社会特质不是克制、禁欲、修养，而是宣泄、纵欲、任性，甚至是桀骜不驯 [2]（Ortega, 1989: 92）。这样的说法直接运用在暴众身上应当是相当恰切的，但是，施用在"大众"，特别是诸如消费者、读者或阅听人的身上，似乎有待更细致地予以分殊。

基本上，倘若"大众"具有展现宣泄、纵欲、任性、桀骜不驯的潜在能量特质的话，这样的能量，并不是如我们在暴众身上看到直接暴发奔放出来的情形，而是以前面一直提到之沉默、潜沉而迂回的方式慢慢地释放出来。因此，"大众"内涵之宣泄、纵欲、任性，特别是桀骜不驯的能量力道，无形之中总是不断地被掩饰、挪移，甚至让渡着，而且，经常只是以匿名的潜势姿态默默地隐藏于过程之中，以至于有被稀释的情形发生。不过，尽管情形可能是如此，"大众"内涵之宣泄、纵欲、任

---

[1]　显然，当我们把互联网的现象考虑进来的话，情形自然可能会有所不同。但是，基于提示的理由，在此悬搁不论。

[2]　奥尔特加所以以这样的方式来描绘大众或许是因为有着当时（二十世纪三十年代）欧洲社会的历史背景的考量，以至于必须把诸如群众与暴众的概念范畴一并予以通盘涵盖着（参看 Ortega, 1989: 92）。

性，特别是桀骜不驯的特质毕竟还是存在着，可以找到它的轨迹。这个轨迹最为明显的莫过于刚刚在前面所提到鲍德里亚的说法："大众"作为历史主体的时代，是一个人们不必负责的时代。

当人们讲求道德伦理时，必然是要求具有相对明晰的责任、义务与服务意识，而且，在某个程度上是膺服某种特定的终极理念的。然而，这些要件基本上都是依附在"大众"之中的结构理路自身所无法开示而呈显出来的，情形甚至是反过来予以压制着。于是，在这样之结构性特质的导引下，既然"大众"具有宣泄、纵欲、任性，特别是桀骜不驯的能量特质，那么，一旦个体人隐藏在"大众"所庇荫的符号氤氲雾霭之中，他自然是不会，也不必承担任何的道德与伦理负担，因此，其行为是不必负任何责任的，换句话说，"不必负责任"正是彰显"大众"具宣泄、纵欲、任性，特别是桀骜不驯之能量特质的一种具体表现方式，尽管这样的表现可能是相当迂回而和缓的。

说到这儿，让我援引奥尔特加所提出一个看似相当诡异，但却极为有趣，也值得深思的说法来进一步引申。他认为，体现在现代社会之"大众"身上的宣泄、纵欲、任性、桀骜不驯的潜在特质，导使"大众"反叛了它自身的命运（Ortega, 1989: 152-154）。依我个人的意见，这样的说法是根植于欧洲之特殊历史进程的一种评论性描绘，极具深刻的社会意义。

就欧洲过去封建时代的历史传统而言，具备高尚的情操与自觉的勇气始终就被认为是身居领导者的必要条件。在奥尔特加的心目中，"大众"基本上是缺乏高尚的情操，也没有足以让他们产生自觉的勇气与客观条件的，因此，他们没有条件宣称有权利为所欲为，而是必然要被别人导引着。尤其，在不具备伦理与道德性的前提下，他们除了欠缺需要负责的客观条件外，更是没有可以进行追究责任的任何有效机制作为牵制后盾。于是，一旦他们被供奉成为确立权力或论说之正当性的来源，同时也成为行动主体来决定整个历史的趋向（如法国大革命的场景）的时候，无疑的，这样的"大众"是一匹脱了缰的怪兽，几乎无法驾驭，因为人们所能做的，只是根据他们所被认定（或想象）的意向尽量地讨好他们。顺着所谓公共意见的符号氤氲雾霭经营起来的拟像，于是具有一定的神圣性，被认为正是（特别"人民"）"大众"之意向的正统表现形式，尽管此一神圣性经常是短暂、弱化，并且不时地遭受着亵渎。

审视当今的自由民主社会，我们不免会发现，在诸如人民至上、主权在民等等迷思的庇荫下，尤其环绕着统计学的"均值"概念，为"多数"此一数字概念营造了神圣的意义，大众的公共意见拟像也因此被供奉成为裁夺公共事务与臧否公众人物的终极判准。它超越了一切的道德名目与伦理信念，自身转而成为确立道德与伦理的终极形式，有着神圣不可侵犯的至高性，尽管，现实上，尤其是透过大众传播媒体，它经常是被操弄、包装，甚至亵渎着。易言之，隐身于媒体背后的诸多藏镜人才是操弄着公共意见的真正主角，他们以婉转、迂回而隐晦的方式形塑着"大众"的公共意见，成为展示和证成"大众"之行止的正当性依据。以诸如这样的方式来营造公共意见拟像的至高性，除了证成"大众"的公共意见拟像是提供终极判准的神祇之外，更重要的，这恰恰正是让当代的"大众"有"不用负责任"之正当性的强而有力基础。对隐身于媒体背后有着操纵能力的诸多藏镜人，他们当然更是不用负任何责任，因为他们始终就有着不在场的铁证。况且，隐藏地依附在操控背后的利益、认同、意识形态等等，总是可以让他们编织出太多令自己相信的正当性来捍卫自己的行止，其中，自信但轻率地假科学具客观性与价值中立的迷思，正是为自己卸责最佳的借口。在这样的情况下，他们自然更加是不必问及道德或伦理上的责任问题，而且，人们更是不会，也不可能追究。

或许，有人会说，在当今的大众媒体世界里，我们看到了某种形式的回馈反应（如报纸的读者投书、电视上谈话节目的"叩应"[call in]）存在着，在某种程度上，这多少可以弥补单向垄断所带来的"不良"现象。纵然这样的说法可以接受，但是，毕竟，这样的回馈反应是有限、迂回、匿名而隐形。对绝大部分作为"大众"的人们来说，他们始终还是沉默的听（观）众或消费者（因而，大众形态的样态依旧）。准此，总的来说，一个以大众形态作为显性特质的时代乃意味着，"大众"的社会特质基本上是仅具反应性的，在绝大部分的场合里，他们并不主动引发刺激，经常也没有能力引动刺激，听众如此，观众如此，读者如此，消费者亦复如此。尤其，他们经常被动地被引导而进行快速的更动（如透过时尚的机制）。甚至，我们已经无法确知明天会发生什么，而且，也无所谓，更是不必坚持。于是乎，一切成为"可能"，也同时是"不可能"，有的，只好委诸"天命"的机遇。

情形显得特别的是，一旦大众传播媒体所呈现的这种垄断现象被推至极致，它的威力原则上并不是来自其体现在技术层面所衍生的结构理路，而是其内涵之言说的特质本身（Baudrillard, 1981: 182, 注31）。就此而言，大众传播媒体所表述的整个言说，基本上缺乏具有可以使得正负情愫交融（ambivalence）的象征交换互动产生不断逾越的共感共应回荡特质，而只是呈现着单向的讯息传递，若有多的，顶多是一种对反（opposite）情愫的接续回流撞击而已。因而，大众传播媒体总是难以让人们彼此之间形塑深刻而纯净的共体感，假若这是需要，也是人们所期待的话。

依循着前面的论述脉络，往前推衍，"大众"概念涵蕴消费的成分是多于生产的成分的，而且，文化的意味又凌驾于政治，尽管经济的幽灵一直缠绕着不放[1]。因此，"大众"总是与文化消费作为一种状态相连在一起，在当今，更是与一种具特定历史意涵的文化消费现象——消费文化结成不了缘的亲家。

在我的观念里，当"大众"概念与文化消费现象相连在一起而被提出时[2]，它原本是意涵有具神圣性之游戏（play）形式的意思，并赋予一种极富原始性的神秘色彩的[3]。然而，一旦"大众"被消费文化征服而成为消费大众之后，尽管游戏的痕迹或许仍然依稀可见，但是，特别是依

---

[1] 相关的讨论，参看叶启政（2005b）。

[2] 显然，当"大众"总是以诸如观众、听众、阅听人（尤其，消费者）等等身份呈现其自身时，它基本上即是以文化消费者（非文化生产者）的姿态来界定的。尤其，当它处于庞大而强劲之消费文化体系的阴影下时，"大众"所具有的文化消费属性更是不言而自明了。

[3] 有关把文化（消费）活动的本质看成是一种游戏的形式，参看 Huizinga（2000）与 Pieper（1952）。

附在资本主义之市场机制的商品逻辑之下，消费文化的商品化背后的体系化理性，却总是导使原始的神秘色彩荡然无存，或者，也因被商品化之消费文化的生产体系进行了逾越性的转化（如以"时尚"的方式来表现），导使在传统社会所常见之游戏的神圣元神尽失，无法产生集体共感共应的"社会连带"效果。再者，这样的商品逻辑甚至使得启蒙运动以来所倡导之具自我反省与自我批判的严肃"理性"彰显的有效性，更是遭受到严厉的挑战。这一切总是促使"大众"以被引导的方式来带动时代巨轮往前转动，理想不是被创造，而是经常被遗忘，顶多，只是以廉价的方式借着"自然"之名予以安顿。难怪，奥尔特加会说，"大众人"是一种原始人，他们相信一切文明都是像自然一样，自动自发地自我生产着，一切来得那么自然。基本上，这些人是具野蛮形态的人，是一种置身于文明世界中的自然人（ *naturmensch* ）（Ortega, 1989: 112, 121）。于是乎，它们是一群没有高贵情操的新贵族，趾高气扬地享受着丰硕、富饶，且自认为是"文明"的生活。

行文到此，基于为下面所将进行的讨论铺设论述的基底，我们似乎有必要为上述的论说提出阶段性的总结批判说词。简扼地说，情形是：以统计学的"均值"搭架"多数"的绝对神圣来展现所谓的公共意见，基本上乃把人们个别意见中诸多分歧、暧昧、矛盾等等无形复杂的个别品质成分完全剔除，经常仅留下以"是"或"否"之简化两分选择的回应形式来定义结果样态，以为即是真实的实际状态。无疑，以这样的简单两分的回应形式来形塑的公共意见拟像，亵渎了被视为具大众形态之个体人的意志、认知与判断能力，也践踏了个体性可能具有的社会学意涵，更是扼杀了具共识共感性之伦理或道德情操背后应有的神圣性。说来，这样的情形正是诸多西方社会学家关心并企图予以化解的关键所在，前面提到的威廉斯与奥尔特加的论说即是明例，纵然鲍德里亚的立场看似必须有所保留。

六、两个有关对共同体（community）有所期待的论述

自从西方社会学问世以来，追寻社会里的成员们具整合协作，且有着相当程度之亲密感的共属意识的社会秩序基础，一直就是许多社会学者梦想完成的思想任务。他们甚至以欧洲中古世纪之共同体形式的社会体作为构思的典范，滕尼斯的区分社区（*Gemeinschaft*）与社会（*Gesellschaft*）类型的秩序样态，就是一个典型的范例（Tönnies, 1988）。齐美尔更是以人与人之间具社会性（sociality）特质作为哲学人类学的存有预设来确立人类社会得以形成的初基基础（Simmel, 1950）。涂尔干分析初民社会人们在节庆时所呈现的集体亢奋（collective effervescence）与因此形成的集体意识（Durkheim, 1995），以及莫斯强调具全面性报称（total prestations）的互惠互动等等的说法（Mauss, 1989），这些均说明，期待人们有着具整合协作性质的社会整体感，并共享着一些共同的感应、价值、态度与信念等等，乃构成理想社会的基本要件。因而，对具上述种种特质之大众社会的来临，许多社会学者莫不有所担忧，认为需要谋求补救与改造。

为了配合下面有关企图以共同体的社会形式来化解大众现象所带来之困境的讨论，在此，让我首先引述安德森对国族（nation）形成的一些说法作为进一步讨论的分离点。当安德森指出国族是一种想象的共同体时，国族是一种以认同方式被想象出来的意义体现，"因为即使是最小的民族（按：即国族）① 的成员，也不可能认识他们大多数的同胞，和他们相遇，或者甚至听说过他们，然而，他们相互连结的意象却活在每一个成员的心中"（Anderson, 1999: 10）。

我们可以很清楚地看到，安德森所铺陈的"国族"此一概念，显然是无法直接移植到"大众"上面来的，而且，"大众"的核心意涵更是不同于安德森所想象的共同体的概念。退一步说，纵然"大众"可以被宣称是共同体，他们也只不过是一种共受体而已，人们彼此之间既未必有（而且，往往是没有）相互共感共应的情形，更说不上有分

---

① 使用此译词，乃尊重所引用中文版本译者的原有用词。

享共同想象的认同意义（尤其，强烈的集体情绪）。"大众"有的，顶多是个别地感受着意义，而这往往只不过是因为人们具有共同的"类"（species）属性（即"人类"）的缘故，所以，有着共享类似的情绪与认知模式的情形发生。正如马费索利所说的，"大众"有的是一种具拟情的社会性（an empathetic sociality），表现在一连串社会给予的感觉与情绪氛围（ambience）当中，顶多让人们彼此之间产生一种有机的投献感（organic sense of commitment），形成了具部落主义（tribalism）特质的一种情绪共同体（emotional community）（Maffesoli, 1996b: 11, 27）。再用马费索利的话来说，"大众"顶多分享有由社会性引生出来的生机意趣（*puissance*）①，但却缺乏我们在初民社会所看到那共感共应的仪式性（rituality）②，而这尤其明显地体现在当代消费导向的社会。

　　显而易见的，当马费索利企图以强调具生机意趣之氛围的"部落"概念来刻画当代的大众作为一种共同体形式时，除了分享着柏格森主张生命具生机性的基本哲学立场之外，无疑地乃承继了涂尔干强调集体意识的社会思想中所意涵之哲学人类学的基本存有论立场，即以为酒神狄奥尼修斯（Dionysus）的精神乃人类所具有的基本内在品质，而这体现在具超越且神圣意涵的集体意识里头，并在人们的日常生活世界里（尤其节庆时）以不同的转化形式呈现出来。施用于当今（特别是在大众传播媒体导引下）的"大众"身上，这样的生机意趣仅仅只是让人们具有类似"众人一体"（being together）的情绪感受③。运用马费索利的说法，这即意味着：当代社会乃以美学作为塑造情境伦理的基础，它以种种转化的形式体现在人们的日常生活惯域（habitus）里，形成特定的"生活方式"，并因而产生了具备情绪共同体特质的所谓"部落"（如"邓丽君歌迷后援会"）。在这样的场景里，过去重视契约性价值信念之政治经

---

　　①　法文中的 puissance 一词企图表达的是人们所具有的一种具生机性的内在能量，乃与制度化的权力（*pouvir*）一概念相对反地使用着。马费索利使用此一词汇作为分析与理解"大众"的核心概念，基本上乃呼应着柏格森之生机论（vitalism）的哲学观。

　　②　有关的讨论，参看 Baudrillard（1990a）。

　　③　有关涂尔干对此一现象的论述，参看 Durkheim（1995），同时参看叶启政（2005a: 第二章 ;2008: 第二、八章）。

济组织的"社会"形式退位，取而代之的是重视情感成分的大众社会现象。这样的情绪共同体，借用鲍曼的说法，基本上即是一种具审美意涵的美学共同体（aesthetic community）[①]，乃随情境的转移而不停地流动变易着。情形有如人们使用剧院的衣帽间一样，看戏前，把衣帽寄挂在那儿的挂钉上，看完戏，就各自拿走了。对此，鲍曼管称之为衣帽间共同体（cloakroom community）或挂钉共同体（peg community）[②]（Bauman, 2001a: 71;2001b;2002: 176;2004）。

情形若是如此的话，那么，在"社会"死亡，"人民"一概念的有效性也跟着阵亡之后，我们如何供奉"大众"此一概念神祇，才可能恰切，且具启发性地彰显它所可能衍生的意涵呢？这无疑是一个值得追问的课题，而对这样的一个课题，从过去西方社会学家企图以共同体的"优质"形式来挽救大众的"低俗""颓废"，甚至是"堕落"的论述出发，可以说是一条身具历史意义的进路。在这进路中，再度让某种形式的"社会"与"人民"概念复活，顺理成章地成为关键的课题。在此，让我选择在当代西方社会思想发展史上具有一定之代表性的两位英国社会学家的看法来略加讨论。这两位社会学家之一是前已论及的雷蒙·威廉斯，另一位则是齐格蒙·鲍曼。

针对"大众"的现象，威廉斯即曾经企图以共同体的"小"、具反应性与"优质"文化来对抗"大众"内涵的"大"、被动性与庸俗文化

---

① 对鲍曼来说，另一种共同体形式是以道德作为基础，他称之为伦理共同体（ethical community）。基本上，这乃是传统所认定，也是法定意义上的个体（the individual *de jure*）认定与追求之共同体的基本形式。因有着制度化以规划之可预期的保证，这样的共同体具有一定的长期承诺，且有不可异化的权利与不可撼动的义务，对成员更是具有兄弟般的共同承担感情。这些特质正是只具"事实上之个体"（the individual *de facto*）性质的美学共同体所缺乏的（Bauman, 2001a: 72-73;Bauman, 2001b）。显然的，鲍曼所认定，且认为是当代人应当追求的，是某种具伦理共同体意涵的社会形式（Bauman, 2001b: 112）。

② 或者，如在另外的一个场合中，鲍曼指出，购物中心（shopping mall）乃是人们远离平凡而单调的例行日常生活，而得以例外而多变地"共同"享受着梦想，且让自己显得有自由选择的非凡场所。他称呼这样的场所乃是为人们营造幽灵共同体（phantom community）的原型地点（archetypal site）（Bauman, 2001b: 106）。

（Williams, 1963: 301-305）。他认为，其中最关键的因素，乃在于资本主义体制下掌握大众传播媒体以谋求利润的少数能动施为者（agents）所持有的意识形态（如强调自由选择）。对威廉斯而言，这违背了民主社会为大多数人谋福利的基本信念（Williams, 1963: 301-302）。他指出，假若人们关心价值的建立，那么，在强调参与民主的社会里，追寻一种经验的共同体是形塑这种价值标准的必要基础，而这涉及的是有关以服务（service）与连带（solidarity）为本之共同体的社会关系形式的重建，以及经由具共同体意涵的生活来创造文化（Williams, 1963: 306）。

在威廉斯的眼中，文化是针对自然的成长予以照料（the tending of natural growth）的一种隐喻表现，而照料本身则是一种社会实在的形式（Williams, 1963: 311, 314, 320）。于是，"任何文化，在其整个过程中，是一种选择、一种强调、一种特殊的照料。一个共同文化（a culture in common）①的特异地方，即在于选择是自由，且共同地被制造、再制造出来。照料是一个根据共同决定带出来的共同过程，因而它本身即明白生命与成长的各种实际种类"（Williams, 1963: 322）。对此一说法，费瑟斯通的评论颇值得参考。他指出，威廉斯接受他所处之时代的发展现实，深知一般大众的（共同、但却是平庸，乃至低俗）文化必须正面对待，但是，却又得注入一些具选择性的"高级"文化传统，以形塑一个具有生命活力的"优质"文化（Featherstone, 1991: 130）。因此，在威廉斯的心目中，共同文化的经营乃在于人们的整体生活方式，它不只是构作较高尚的价值，而且是尊重与接受一般人的日常文化，重点在于营造一个具有共同体感的文化，以对抗体现在较高阶层中的个体化文化（引自 Featherstone, 1991: 134）。

晚近，鲍曼则采取另外的角度，从个体的社会性要求立场切入来重

①　不过，根据费瑟斯通的说法，威廉斯在其后的著作中几乎不再提到这个概念（Featherstone, 1991: 133）。威廉斯（1979）自己即点明，当初所以在《文化与社会》一书中讨论共同文化的议题，自有着时代背景上的需要，而如今（指 1979 年左右）已不那么有所相关了。

塑共同体的当代意义。首先，他以自由（freedom）与安全（safety）[①]作为两个并重，但却吊诡地对立着的轴线来看待现代人与社会，并以之作为经营和观照共同体的核心概念。在他的眼中，共同体乃是

> 一个温暖的地方，一个安逸而舒适的地方。它像一具遮顶，让我们可以躲避豪雨，像一座壁炉，让我们可以在一个酷寒的日子里暖和双手。然而，在其外，在街上，却潜埋着种种的危险；当我们外出时，我们必须保持警觉，无时无刻不戒防着我们谈话的对象和与我们搭讪的人。在这儿，在共同体中，我们却可以放松——我们是安全的，在黑暗的角落里，绝无朦胧浮现的危险（诚然，几乎没有任何角落是黑暗的）。在共同体里，我们彼此都相当了解，可以信赖我们所听到的，而且，在绝大部分的时间里，我们是安全的，不会有困惑或感到反常意外。我们彼此从来就不会是陌生人，……在共同体里，我们可以依赖彼此的良意（good will）。……（Bauman, 2001a: 1-2）

从这段话，我们可以清楚地看到，除了威廉斯所未曾明显注意到存在于现代社会的风险（risk）现象之外，鲍曼基本上是分享着威廉斯的意见。他承认威廉斯所指陈之"大众"现象内涵的种种"致命伤"，如无形状、无以区分、被动、冷漠、陌生等等，而这成为他转而肯定共同体的形塑对当代人之所以重要的关键所在（Bauman, 2001a: 26-27; 同时参看Bauman, 1998）。只是，对当代人这样的处境，他有更进一步的观察，对问题的关键所在提出了更深一层的描述。对此，简单说，他认为"安全"才是核心的问题。

在鲍曼的心目中，安全是人们生存所绝对需要的心理要素，也是必要的社会条件。特别，面对着当前整个世界高度地都市化以及人际互动的流动快速、变易大，且又高度区隔化的情景，陌生人的特质确实是充

[①] 对贝克夫妇而言，则是自由与关爱（care）的问题（Beck & Beck-Gernsheim, 2002: 212）。

斥在人与人之间，社会里也处处布满着危险的陷阱，以至于人们有着不确定和不安全感，几乎可以说是无以避免的实际状况（诸如，人们不知何时会遭受到陌生人攻击，也不知何时可能发生车祸或意外）。尤其，固然科学技术发达为人们带来甚多的便利或乃至安全保证，但是，却也同时带来了更多让一般人未能充分理解与掌握的风险（譬如，我们不知所吃的食物或使用的器具是否有碍健康）。总之，凡此种种的风险无时无刻不存在于我们的日常生活当中。因此，假若我们可以建立一个人人可以信任、事事可以安心的社会形态，无疑应当是相当理想的状况，而共同体的样态正是许多西方社会学家心仪的理想形式，鲍曼自也不例外。

理论上，共同体所可能提供的安全，相当程度地可以稳定地修补人们因追求最大的个体自由可能经历的风险、孤独与挫折等等现象，进而使得自由与安全的吊诡关系获得一定程度之缓和性的平衡。鲍曼认为，即使有权势与事业成功者（特别是在全球到处走动、居住的"新阶级"精英）经常埋怨共同体所加予的约束，但是，他们也都感受到，生活在缺乏共同连带，且充满风险的不确定世界中，一切还是显得不尽如人意，甚至是令人感到惊恐的。因此，他们也共同肯定共同体的营建是必要的，尽管，他们认定与期待的共同体的意涵，和基层弱势者心目中所存有的形象之间，确实是有着一大段的距离[①]（Bauman, 2001a: 59-64）。

鲍曼说的或许是对的，他告诉我们，面对这样多元、多变之高度分化的社会，我们是不能如一些社群主义者（communitarianist）以简化的方式来营造共同体，因为，这样的做法其实只是把人们的种种差异区隔开，窄化人们彼此沟通的范围与降低相遇的概率而已。它带来的是使得某种人与另外一种人保持距离、隔离、区分开，并无法解决当代人类

---

① 根据鲍曼的意见，这些精英所强调的是以身份认同为基础的流动共同体，生活风格是其中重要的指标。譬如，为了自身的安全，也是为了得以有自由行动之机会的利益考虑，他们着重种种保全设施，以隔离方式来保护其住所，形成了所谓的住所共同体（如台北市仁爱路上的"帝宝"大厦）（Bauman, 2001a: 117-118）。甚至，他们要求公部门对种种足以威胁他们身心与财产安全的犯罪予以严格管控，尤其预防发生，而一旦发生了，则主张严格制裁。如此一来，这些精英可以尽可能地同时拥有了自由与安全。

文明中最根本的问题——难以保全的不安全焦虑（Bauman, 2001a: 148-149）。于是，鲍曼认为，在今天这样一个高度个体化，却又同时全球化的社会里，假若我们需要一个共同体的话，"它只能（也需要）是一个由分享与共同关怀编织起来的共同体；一个对有着平等权利作为人类（to be human）来予以关怀与具有责任，且对此权利又有着相等能力之作为的共同体"（Bauman, 2001a: 149-150）。然而，在尊重具多元且差异之个体性的前提下，我们如何能在广袤邈阔而分歧且又让大众形态的特质猖狂嚣张地彰显着的世界里，编织此一具伦理意涵的心理特质，且又能广泛地深入人心，并让人们同时保有平等与自由机会的共同体呢？无疑，这是一个相当棘手的课题。

七、共同体化解得了"大众"云团的"毒性"吗？需要吗？——代结语

在此需要特别提示，鲍曼采取"自由／安全"两难的角度来审视（也是重建）共同体，基本上，乃是接受"个体化乃当代社会的基本结构原则"这样的命题作为不可避免的前提。同时，在长期推动个人主义信念的历史背景下，强调个体性的证成已经根深蒂固地成为当代人的基本信念，以至于人们想到的是有具体脸面，且有特定姓名的单一（自然也就是少数的）个体人，而不是没有脸面，也没有姓名的多数大众。因而，如何在已经被"大众化"的社会结构里，让人们尚能有效地保有具特定姓名，且有具体脸面的个体人形象，自然成为俗世里之人们关心的重要现实课题（Bauman, 2001b）。

鲍曼这样的考量，可以说是一种从个体人立场出发之极具实用主义性格的观点。依我个人的意见，采取这样从个体自身出发的实用主义立场来思考当代的共同体议题，并谋求化解人类所面对之困境的出路，基本上是可以接受的，甚至，应当可以说是一条具有启发性的必要途径。我的理由是，既然个体化作为当代社会的基本结构原则乃是不可避免的趋势，那么，以追求最大自由来证成个体性，且"社会"本身也以提供最

有利的制度性条件来协助个体成员证成这样的价值，遂成为可以理解，也是必须接受的基本前提。显然，在这样的历史场景里，从个体人的角度来构思共同体的问题与提引重建的契机，应当是极为顺理成章的主张，有一定的妥帖性。如此一来，整个问题的关键乃在于如何切入？或者，转个更为实际而具体的方式来说，即是：在接受其进路立场的前提之下，鲍曼所提出的化解策略是否适宜？

毕竟，在前面引述之鲍曼所提出的"……由分享与共同关怀编织起来的共同体；一个对有着平等权利作为人类予以关怀与具有责任，且对此权利又有着相等能力之作为的共同体"这样的构想，只是一种深具期待性的理想。在当今的现实世界里，这样的理想共同体是否能够实现，还是难以意料的。其中有一个类似"解铃还须系铃人"的问题存在着；简单说，这个问题是：社会的体系结构性问题是否可能透过个体的各自努力成就来化解，还是只能透过体系自身之结构性的自我改造才得以完成？

采取贝克（1992）的观点，鲍曼即认为，至少，难以保全（insecurity）原就是有社会体系性的结构因素（如充满着不确定的风险机会）使然，这乃内涵在当代风险社会的结构里头，是无法完全克服的。只不过，今天，整个问题的关键并不在于人们已经体认到这样不可抗拒的事实，而是处在社会结构本身日渐个体化的时代里，人们却以为这是纯属于个人的问题，可以，也必须仅仅依靠着个人的力量来解决（Bauman, 2000: 148;2001a: 144;2002: 69-70）。尤其，在自由民主的社会里，当拥有最大的自由被视为证成个体性的最佳要素时，社会的权威对个人私领域基本上乃以尽可能不介入为原则来运作。再者，在今天的许多社会（特别西方社会）里，消费面向逐渐取代了生产面向，成为人们在日常生活世界里实际特别予以重视的课题。于是，人们以过剩的消费（我们经常称之为"富裕"）作为彰显自由的基本内涵，并且蔚成潮流，而这无疑取代了传统以规范约束来保证人们有自由的种种作为（Bauman, 2001a: 125; 同时参看 Bauman, 1992）。此时，人们互动关系的基本典范，乃是以非整合性的个人自愿窝聚（swarms）模式来进行协作（coordinated），而非如过去以具线性指挥体系的纵队（marching columns）模式来予以强制约束

（Bauman, 2001a: 128）。于是，在如此之个体化，且亦私人化日趋明显的社会里，假若安全保障是重要的话，对个体而言，它经常变成为只是一种仅能谋求自助（do-it-yourself）的功课[1]。鲍曼即以希腊神话中坦塔罗斯遭受致命惩罚的故事刻画这样的现象，称之为坦塔罗斯的致命苦楚（agony）[2]（Bauman, 2001a: 12）。

尤有进之的，假如平权主义（egalitarianism）是任何民主社会的基本信念的话，那么，它体现在像今天这样的所谓后现代社会里的，并不是让体现在人们彼此之间的差异现象予以完全削平乃至消失，而是肯定各种不同社会类别（如表现在种族、性别、性趋向、宗教等等）的差异具有相等的正当性，应当同等地被接受。在当代的民主社会里，这更是展现"政治正确"的基本模式，人们期待而要求的，是对趋向多样多元的诸多文化表现形式（包含生活方式）予以相同的尊重。如此一来，人们不必要为了追求平等，让彼此之间显现的差异消逝，当然，更是不需要因此予以撤销[3]。相反，在这样的社会格局里，"差异"与"无差异"产生了一种极为吊诡的相互辉映关系。简单说，差异本身被人们以（也被要求"必须以"）一种无差异的平等方式供奉着，这就成为"多元"的基础。正如在前面提示过的，在现实社会里，这样的多元而（理念上）平等的状态，却总是让归属不同社会类别的人们得以以相互隔离的方式各自生活着，彼此之间基本上可以说是互相不闻问的。显而易见，在这样的场景里，对一般芸芸众生来说，他们既无追求与肯定威廉斯所强调之具社会整体意涵之共同文化的必要，甚至已无此可能了。人们追求，且看重的毋宁是，他们所认同之特殊社会类别的非共同文化，尤其是庶民通俗文化（参看 Collins, 1989; Bauman, 2001a: 135）。

---

① 吉登斯（1991）则称这样具自我选择性质的自助个人经验为反身传记（reflexive biography）。

② 坦塔罗斯因泄露天机而被罚站在深齐脖子的水中。当口渴难忍而低头喝水时，水却流走。尽管他的头顶上悬挂着香甜的水果，但是，只要他想伸手去抓来解饥渴时，总是有一阵风把这份珍品吹走。共同体就是如同这样的，可望而不可即。

③ 否则的话，情形将变得相当吊诡，因为，追求完全"无差异"的平等，倒反而会成为一种不可原谅的一元专断论。

　　然而，情形一再显得吊诡的是，诚如鲍曼告诉我们的，任何的共同体均有阻止其成员做出自由的自我选择的必要，也必须有此力道。因此，在以个人主义作为基本典范信念的现代民主社会里，如何在同时尊重个人（或某种次群体）有选择权与承认共同体具有阻止个人选择的压力（即具某种形式的共同文化）之间找到一个平衡点，乃是一项有趣的严肃课题（Bauman, 2001a: 164）。对此，费瑟斯通提出了一个说法。他认为，共同文化若是必要的话，它指涉的不是内容的层次（如高级精致，而非低俗粗鄙的），而是形式的层次。如涂尔干所强调之文化内涵的共同道德情操部分（如爱与关怀或平等与自主）可以说即是典型的形式，尽管它可以衍生出许多不同的社会表征样态，但却必须是分享有一些共同，且相对恒定而持续的意涵（Featherstone, 1991: 143）。因此，这样的共同体本质上不是随着时空与人事而不断流动转移的所谓美学共同体[1]，而是具有深度伦理意涵，且指涉恒定持续的共同体（譬如揭橥着爱与关怀作为信念），尽管它们两者分享着同样的社会元素，即情绪的成分绝不可缺少（也就是说，都得具备着情绪共同体的基本特征），但是，情绪的社会内涵显然是不一样的[2]。

　　总之，倘若前面所提到费瑟斯通的见解可以接受，又如鲍曼认为的，社会结构性的问题终究还是需要依靠结构层面的改造来解决的话，那么，透过某种社会力来经营某种共同文化形式以缔造共同体，无疑是化解当代人类困顿之历史际遇的途径，甚至是唯一的途径，而别无选择。然而，情形显得吊诡的是，大众形态的浮现本身也是某种特殊历史条件所形塑出来具结构性的结果。一旦我们接受"此一条件乃内在衍生着特定之结构性的因果权能效应"作为必要的前提，我们自然无法期待，任何形式共同体的经营有着足以取代或消灭大众形态的可能，纵然，我们（如许多社会学家一般）可以承认，共同体与大众社会作为两种社会形式，在人类文明发展的历史进程中，具有时序接续之演进意涵的关系。所以如是说，乃因为纵使演进的接续关系本身或许意味着后来的大众形态有取

---

[1]　当然，更不是鲍曼所说的挂钉、衣帽间或幽灵共同体。
[2]　由于这并不是此处关心的课题，所以，存而不论。

代或消灭（至少威胁或削弱着）过去的共同体形态的现象发生，但是，倒转历史的潮流而让过去的（伦理）共同体原型回来夺取大众形态的魂魄以重振昔日荣景，基本上是相当难以令人想象，并予以期待的。

撇开彼此之间是否具有历史演进意涵的接续关系不谈，共同体是不同于大众形态（或谓"大众"）的另类结构形式，两者之间有着不可共量性，既无法相互取代，也不可能相互消灭，除非我们预设（或有充分的现实证据证明）它们彼此之间在结构上有着具历史毁灭性之意义的取代关系[①]。然而，发展至今的种种历史迹象都不足以让我们有充分的现实证据来支持情形是如此，同时，也没有足够的论证基础可以让我们提出这样的预设。易言之，就现况来看，共同体与"大众"仍然是分属（或指涉）两种不同的社会情境范畴，它们必然是同时存在着。顶多，只是，它们对人们有着不同强度的效应作用力，以至于人们对它们有着不同的期待与渴求态度而已。因此，在处理它们之间的问题时，有的只是个体人以怎样的方式发挥主体能动力来面对的"偏好"或"适当地予以确立"的课题。

准此，以威廉斯与鲍曼为范例的西方社会学家期待以经营具共同文化形式的（伦理）共同体，或透过共同体为个人在自由与安全之间安排一个平衡点，以来"拯救"概如前述种种大众社会所呈现的"征候"，无疑只是企图在两个结构上不可共量的社会范畴之间确立出一定的伦理阶序，而让自己成为一个具有代表性的伦理发言人而已。无疑，这样一个深具伦理性的期待作为，当然是反映着知识分子一向关怀社会与文明发展的古典风格，但是，若说用来矫正，甚至消灭大众形态的现象，那将只是脱离了现实的浪漫梦想，是行不通的，固然其展现的努力精神令人敬佩。所以这么说乃因为，在大众传播媒体的威力几近全面笼罩，且向

---

① 纵然这样的关系存在，严格来说，也只有后来的大众形态取代过去的伦理共同体形态，而难以让历史发展潮流倒转，使得后者的完全形式得以复苏。或许，正是这样的缘故，尽管鲍曼对传统的伦理共同体形式有所心仪，却也只能默许种种新显的共同体形式（诸如挂钉、衣帽间、居住或幽灵共同体等等）。至于现代人应当有所归属之共同体的具体理想图像到底为何，他并没有明说，只提出一些原则性的宣示而已（如强调关爱、平等等等）（参看 Bauman, 2001a, b）。

符号消费导向极端倾斜的资本主义体制乃是一时不可能更动的结构形态的前提下，大众形态现象所内涵的因果权能效应是一股绝不能忽视的力量。现实上，这股力量绝非任何伦理共同体可以予以消灭，甚至只是稍加弥补的，纵然此一共同体确实具有一定的威力。在现实世界里，两者之间多有的，总是相互忽略地擦身而过，图的仅是和平共存而已。

纵然退一步来看，假如当代的社会需要伦理共同体的话，它也将不会是如前述之涂尔干与莫斯在初民社会里所看到的那种源自人们自然孕生之共感共应而来的先赋（ascribed）共同体（如宗亲会），而毋宁是靠着人为努力来形塑的成就（achieved）共同体（如慈济功德会）。显而易见的，要成就这样人为努力的共同体，我们不能不考量社会里既有的优势文化模式，并以之作为基础来设想。以今天人类文明发展的趋势来看，理性化与个体化即是我们不能不接受的优势文化模式。在这样优势文化模式的主导下，人类所成就的共同体（即此处所谓的成就共同体）具有一些基本的特点，是不能不予以关照的。

依据涂尔干与莫斯的见解，概如前面提过的，在初民社会里所发现那种源自人们自然孕生的共感共应情绪，对社会的形成与持续运作，是具有绝对重要的意义的。对他们而言，这是人类社会所以形成之哲学人类学的存有源起状态，更是任何社会形式得以"顺利而有效地"运作的必要条件。这样的共感共应情绪是确立社会成员之间产生神圣性（sacredness）的基础，更是人们互动时彼此予以互惠（reciprocal）的象征内容本身，而别无他物。借用鲍德里亚的说法，这样的互惠即是纯粹的象征交换，并无任何的附加价值（Baudrillard, 1975, 1981）。尤有进之的，这样具神圣性的情绪，基本上，经常是在非凡而例外的场合经营出来的，所谓的节庆（festival）即是最为典型的场合。在这样的场合里，人们共聚欢乐，引来集体亢奋的现象，以至于使得人们容易在冥冥之中感应到神圣"神祇"的存在，涂尔干认为，这其实即是"社会"的化身（Durkheim, 1995）。

在二十世纪里，涂尔干与莫斯这样的见解成为法国社会学的传统，影响左派的思想尤其明显。其中，透过列斐伏尔，继而历经凯卢瓦、巴塔耶与莱里斯等人所组织的"社会学学院"（the College of Sociology）、

德波等人所领导的所谓"国际情境主义"（the Situationist International），
而至列斐伏尔的学生鲍德里亚，可以说均分享着这样的基本立场，这使
得他们致力于推动（特别是无产阶级）"革命"（或谓社会改造）时，莫
不重视如何在人们的日常生活世界里经营类似节庆的情境，希望透过这
样的准"共同体"情境来唤醒（或建构）人们的集体情绪以达成社会改
造（或革命）的目的①。然而，在现代社会里，显然的，整个情境的经营
显得事与愿违，因为，以个体化为基础所经营起来的（特别是强调工具
性的）种种理性化"阻碍"了这样之集体情绪（因而集体意识）的形成
与经营。在样样强调以理性来架设（并实现）个人价值的历史场景里，
内涵在涂尔干以降法国社会学论述中有关节庆所具有相对确定而严肃的
集体神圣性流失掉了，这同时使得形塑共同体的连带系链不够坚实，也
不够恒定持续，人们无法以整个身心状态投入来积极参与，有的往往只
是以具有特定利益价值或兴趣指向作为归依的功利主义态度主导着，并
且仅是以部分的自我来投入，而这成为经营成就共同体的社会心理基础，
也正是前面提到鲍曼所指称，且具马费索利强调生机意趣之美学情绪意
涵的挂钉、衣帽间、幽灵或居住共同体等等所彰显的基本特质。它们的
形成与存在（也是人们所以参与的动机），基本上即是基于个体化的特定
信念、价值、利益的（特别是后者），其本质是理性（而非感性）的，因
而是后设，而非前置的。同时，其所展示的象征意义尽管可能是对反的，
但却是二元互斥对彰的对反（更替），缺乏初民社会的人们进行象征交换
时所常见正反情愫交融（ambivalence）纠结错综的搓揉现象（如爱恨情
愫或生死意念的纠结错综并存）。换句话说，现代社会里这样被理性化后
的意义对反更替现象，有的只是二者之间具相互排斥性的取代与更替②。

　　行文至此，让我补上扬（Young）从不同的立论角度来切入，但却分
享相类似的见解来充作结论的注脚。他指出，当今的文明人既不可能完

---

　　①　有关作者对此一议题之更多，但简扼的讨论以及有关文献的介绍，参看叶启政
（2008，第八章）。

　　②　譬如，现代人把死亡完全排除在"活生"之外，人们期待的只是无限延生之永
恒的活生状态。于是，人们才会感觉到需要让意义不断地翻转，并展示着，而且，对
死亡也才会感到焦虑与恐惧。

全避开滋生陌生人性格之城市生活的基本结构形式，也无法摆脱由个人主义信念所衍生的"差异政治"（politics of difference）作为一种具政治正确性的标杆（Young, 1990）。在这样的现实条件下，传统强调"面对面互动""有着某种程度的相互认同感与同质性""同处于一个特定的时空范域之中""彼此之间显现出一定的同一性"等等属性的理想共同体，事实上是不可能存在，更是难以刻意加以形塑的。因此，推到极端来看，共同体是消逝了，固然我们不能确知是否将会是永远地"死亡"。

　　显然，在这样的历史条件下，人类无法期待过去在初民社会（乃至欧洲中古世纪）里所看到的先赋共同体有着复现的机会。尤有进之的，尽管被个体且理性化的成就共同体与"大众"现实上共享着相同的历史宿命，但是，在结构理路的铺陈上面，它们却有着不可共量性。我们是无法期待以共同体（尤其，让过去之伦理共同体复魂）来完全取代（或消灭）大众社会的形式的。看来，现代人只能让主体能动性在这样的结构夹缝之中寻找自己的出路，假若让主体能动性发挥作用依旧是生活在个体化社会里人们的一种共同期待（因而，共同文化）的话。

　　　　　　　　　　　　（原文刊登于《社会分析》第一期，2010: 51-96）

参考文献

叶启政

2004　《进出"结构—行动"的困境——与当代西方社会学理论论述对话》。（修订二版）台北：三民书局。

2005a　《观念的巴贝塔：当代社会学的迷思》。台北：群学出版社。

2005b　《现代人的天命：科技、消费与文化的搓揉摩荡》。台北：群学出版社。

2008　《迈向修养社会学》。台北：三民书局。

Anderson, Benedict

1999　《想象的共同体：民族主义的起源与散布》（*Imagined Communities:*

Reflections on the Origin and Spread of Nationalism)（吴叡人译）。
台北：时报文化出版社。

Baudrillard, Jean

1975　*The Mirror of Production*. Translated by Mark Poster. St Louis, Mo.: Telos Press.

1981　*For a Critique of the Political Economy of the Sign*. St. Louis, Mo.: Telos Press.

1983　*In the Shadow of the Silent Majorities*. Translated by Paul Foss, Paul Patton and John Johnston. New York: Semiotext（e）.

1990a　*Seduction*. Translated by Brian Singer. New York: St. Martin's Press.

1990b　*Fatal Strategies*. Translated by Philip Beitchman and W. G. J. Niesluchowski. New York: Semiotext（e）.

Bauman, Zygmunt

1992　《自由》(*Freedom*)（楚东平译）。台北：桂冠出版社。

1998　*Work, Consumerism and the New Poor*. Buckingham, England: Open University Press.

2000　*Liquid Modernity*. Cambridge, England: Polity Press.

2001a　*Community: Seeking Safety in an Insecure World*. Cambridge, England: Polity Press.

2001b　"On mass, individuals and peg communities" in Nick Lee & Rolland Munro（eds.）*The Consumption of Mass*. Oxford; Blackwell, 102-113.

2002　*Society under Siege*. Cambridge, England: Polity Press.

2004　*Conversation with Benedetto Vecchi*. Cambridge, England: Polity Press.

Beck, Ulrich

1992　*Risk Society: Towards a New Modernity*. London: Sage.

Beck, Ulrich & Elisabeth Beck-Gernsheim

2002　*Individualization: Institutionalized Individual and Its Social and*

Political Consequences. London: Sage.

Benjamin, Walter

1970　*Illumination.* London: Jonathan Cape.

Bourdieu, Pierre

1988　"Viv la Crise: for heterodoxy in social science," *Theory & Society* 17: 733-787.

Canetti, Elias

1984　*Crowd and Power.* New York: The Noonday Press.

Certeau, de Michel

1984　*The Practice of Everyday Life.* (translated by Steven F. Rendall) Berkeley, Ca.: University of California Press.

Collins, Jim

1989　*Uncommon Cultures: Popular Culture and Post-Modernism.* London: Routledge.

Cooper, Robert

2001　"Interpreting mass: collection/dispersion," in Nick Lee & Rolland Munro (eds.) *The Consumption of Mass.* Oxford, England: Blackwell, 16-43.

Coser, Lewis A.

1992　*Maurice Halbwachs on Collective Memory.* Chicago, Ill.: The University of Chicago Press.

Durkheim, Emile

1995　*The Elementary Forms of the Religious Life.* (a new translation by K. E. Fields) New York Free Press.

Featherstone, Mike

1991　*Consumer Culture and Postmodernism.* London: Sage.

Ferrarotti, Franco

1988　*The End of Conversation: The Impact of Mass Media on Modern Society.* London: Sage.

Giddens, Anthony

1976 "Classical social theory and the origin of modern sociology," *American Journal of Sociology* 81: 703-729.

Halbwachs, Maurice

1960 *Population and Society.* Glencoe, Ill.: Free Press.

Huizinga, Johan

2000 *Homo Ludens: A Study of the Play-Element in Culture.* London: Routledge.

LeBon, Gustave

1969 *The Crowd: A Study of the Popular Mind.* New York: Ballantine Books.

Maffesoli, Michel

1996a *Ordinary Knowledge: An Introduction to Interpretative Sociology.* (translated by David Macey) Cambridge: Polity Press.

1996b *The Time of the Tribes: The Decline of Individualism in Mass Society.* London: Sage.

Mauss, Marcel

1989 《礼物: 旧社会中交换的形式与功能》(*The Gift: Forms and Functions of Exchange in Archaic Societies*) (何翠萍译)。台北: 远流出版社。

McClelland, John S.

1989 *The Crowd and the Mob: From Plato to Canetti.* London: Unwin Hyman.

Morgan, Edmund S.

1988 *Inventing the People: the Rise of Popular Sovereignty in England and America.* New York: Norton.

Ortega y Gasset, Jose

1989 《群众的反叛》(*The Revolt of the Masses*) (蔡英文译)。台北: 远流出版社。

Pieper, Josef

1952 *Leisure: The Basis of Culture.* translated by Alexander Dru. New

York: Pantheon.

Simmel, Georg

1950　*The Sociology of Georg Simmel.* (translated by Kurt H. Wolff) New
　　　York: Free Press.

Tarde, Gabriel

1903　*The Laws of Imitation.* New York: Henry Holt.

Tönnies, Ferdinand

1988　*Community and Society.* (translated by Derek Coltman) New
　　　Brunswick, N. J.: Transaction Books.

Vattimo, Gianni

1992　*The Transparent Society.* (translated by David Webb) Cambridge,
　　　England: Polity Press.

Williams, Raymond

1963　*Culture and Society 1780—1950.* New York: Penguin Books.

1983　*Keywords: A Vocabulary of Culture and Society.* London: Fontana.

Young, Iris M.

1990　"The ideal of community and the politics of difference," in Linda J.
　　　Nicholson (ed.) *Feminism/Postmodernism.* New York: Routledge,
　　　300-323.

在消费社会中做一个自在自得的人

在今天这么一个一切讲求专业权威的时代里，我既非专业的心理学家，更不是精神医师，按理，实在没有资格来谈论"心理健康"的问题。然而，毕竟，自己经历了一些人生际遇，作为一个有感知能力的人，我想，借此机会说说自己的感想，应当还是有着足够被接受的条件吧！

下面我所要表示的，纯属来自于个人日常生活中的一些经验体认和感想，基本上，并没有学院心理学与精神医学的完整知识系统作为坚实的后盾依据。在这样的情况之下，希望读者别把我所说的当成真理来看待，否则的话，这将会是一项不可原谅的罪过。毋宁的，我所将说的，顶多只可以看成是一种个人经验体验的"独白"吧！一切仅供参考而已。

所以做如是说，那是因为，不同于"生理健康"的概念，"心理健康"这个词汇的内涵本身，在我意图表示意见时，事实上即已经给了我一个足以宣称具备正当性的机会了。在我的认知里，"心理健康"本质上是一种具有"期待"意涵的概念，而且是一种深具文化与历史意义的集体性期待，因此，它是"社会的"。这也就是说，一个人心理健康与否，端看一个特定时代之特定社会里的人们对其成员的行为（特别是"正常"与否）做怎样的（一般）期待[1]。在此，必须特别提醒的是，虽然"心理健康"是一种文化性的集体期待，且其中有着浓厚的真理成分，甚至也是立基于专业科学知识的真理基础上面来构作，但是，再怎么说，其所反映的，至少还是以具特定生命价值（与意义）的"意见"成分作为基架来进行"科学真理"的陈述。正是这样以"意见表达"成分作为基础

---

① 在此，所谓"一般"期待，基本上是遵循大数法则的一种统计性概念所表达的意思，也就是说，有大多数（通常是至少过半数）的人所期待的。当然，蔚成社会规范，是其中最常见的形式。

来进行"真理宣称",乃是讨论"心理健康"问题的基本特色,所以,我有了发言的正当性,而且,理论上,人人都有。

一、心理健康是一种特定能力、态度与氛围的表现

首先,我希望指出的是,以消极的方式来表达,在此所要谈之"心理健康"的指涉对象,基本上是那些一般所谓的"正常"人。而所谓"正常"人,指的则是把基于生理或心理因素而导使行为已明显而严重"偏差"者排除在外的一般人。显而易见的,这样的"正常"是一种根据大数法则所形塑的概率性概念,因此,下面所要表述的对象——正常人的心理健康问题,即是立基于此种具概率意义的论说方式。

这样具概率性质的论说,有人类学的特质作为基础,在此需要特别加以说明。简单说,这个人类学的特质是:人具有一些共同的特质,因此,我们可以在假定"均质性乃是普遍原则"的前提下来看待人的问题。准此为基础,当借由一些共同的社会性期待(使用更激进语言,即"意识形态")来界定心理健康与否时,我们所企图指涉的对象基本上即是这些被假定多少具"均质"性质的"多数人"。倘若使用日常生活里人们惯用的语言来说,这些具"均质"性质的"多数人",即是一般所谓的芸芸众生了。

在这同时,还有一层概念必须再做进一步的说明。既然"心理健康"的意涵是一种文化性的集体期待,因此它是一种类似德国社会学家韦伯(Max Weber)所说的理念类型(ideal type)(Weber, 1949)。也就是说,"心理健康"一词的内涵是一种有意构作的概念范畴,而其所以如是构作,基本上是企图反映一些特定的生命价值。尤其值得特别强调的是,这些生命价值原则上是经过人类文明发展的历史进程洗炼而沉淀下来的一种"情操"传统。它们往往甚至被视为代表人类普遍具有的不朽德性,而这正是所谓"期待",且称它为"文化的"的关键指涉所在。我们正是以这样的概念构作作为基础,讨论在这个时代里那些具概率概念之"芸芸众生"的一般社会处境,并进而说明如何影响了他们的心理感受与行

为模式的种种问题。

有了以上的陈述作为背景要件，我们可以来讨论"心理健康"的概念与问题了。首先，我要阐明的是，在我的观念里，对这些"正常"的一般人而言，所谓"心理健康"毋宁意味着，一个人具有一些特定的能力或态度来营造一种特定的生命氛围，并以之来处理环境加诸身上的种种问题而能够没有焦虑的泰然自在。若此，这个特定的能力或态度，以及特定的生命氛围到底是什么，成为必须进一步追问的课题了。

就我个人的观点而言，对每一个个人，他并不具本质性，且都应当一样的"应然"期待，因此，自然也就没有什么必要持有的不变态度或能力趋向。若有的话，这个特定的能力或态度，以及特定的生命氛围，则似乎必须是现实的，而且也只是个人的一种具特定实然条件性的"应然"期待而已。换句话说，假如"心理健康"涉及的是有关一个人贯彻"期待"所具的一种特定应对能力、态度与生命氛围的塑造的话，那么，这个特定的应对能力、态度与生命氛围的实质内容应当是什么，除了"自由"作为基本形式（而这是下面要讨论的课题）之外，并无任何足以超越特定时空范域限制的普遍特质。因此，在绝大部分的情况下，此一应对能力、态度与生命氛围的实质内容为何，乃端看人们所身处的时代背景和社会条件而定夺。时代背景与社会条件不同，它也就跟着不一样了。

二、社会结构理路与个体的心理健康——命运与自由的对彰

人活在这个世界里，都需要依靠一些基本生理机能的运作，才可能继续生存下去。而且，这些生理机能要能够顺利运作，则又没有办法完全摆脱一些外在的结构条件的制约。譬如，人需要呼吸氧气，更是需要利用各种外在的物质充作食物才能生存，就是一个最好的例子。然而，对人类而言，更重要的是，人们所形构的所谓"社会结构"的样态（如分工、家庭的教养方式等等），往往更是具决定性地左右着芸芸众生的生存方式，影响他们的心理感受与行为模式。尤有进之的是，一般我们都

认定：外在的社会结构性条件，对人们所产生的作用，往往被认为是相对一致的，可以导致人们在心理感受与行为模式上产生类似的困境感的反应。这也就是说，人们往往共同承担着特定社会结构形态加诸身上的"共业"命运。譬如，政府推动了多元入学方案，凡有着适龄学生的家庭，包含学生本人、父母，乃至兄弟姊妹与祖父母，或多或少，直接或间接的，都会承受到此一制度的影响，而且，往往假设"客观"的影响作用是一致，也就是"均质"的。

准此立论作为基础，面对社会结构条件的制约，基本上，人是承担着"共业"的命运。而且，正是这样的"共业"命运的存在，才使得人们有追求"自由"的强烈欲望，也才有感觉到"自由"的可能与可贵。在此，所谓的"自由"，指的不是如以赛亚·伯林所说的那种指涉人际互动（特别是制度建构层面）中具有外在性行动机会的"自由"（不管是他所谓的积极自由或消极自由）（Berlin, 1986），而是如美国精神医学家罗洛·梅所提引的，指的是一个人可以自己做抉择而远离焦虑困境的身心状态（May, 2001）。这样一个主体自由所赖以形塑的基本状态，贵在人们呈现了自我反省与自我调适的能力。因此，即使一个人被长期监禁在监牢里，他的身体是受到相当的限制，但是，若能自由地选择"适当"的态度来面对，则他可以说得上是自由的。梅称这样的自由状态作"本质自由"或"存在自由"，以别于伯林所意涵的"行动自由"（May, 2001: 82）。当然，这么说并不是表示"行动自由"不重要，而是意涵着一个心灵内在核心的"自由"状态，乃是人活下去绝对必要的条件，而这对于生活在当下之所谓"后现代"社会里的人们，又特别具有意义。

梅曾说道："能有多少自由，端看我们能够面对命运到什么程度，以及能与它建立什么样的关系。"（May, 2001: 128-129）古罗马的斯多葛（Stoic）哲学家马可·奥勒留也说过一句十分传神的话，他说："每个人所赋予的命运是为他量身定做的，并使他成为自己。"（引自 May, 2001: 131）这样的说法显然乃意味着，面对着结构性的"共业"命运，一个人能够为自己创造出多大的"自由"空间，乃端赖个人的修为能耐了。只是，人们经常不相信自己的能力，那是因为总把自己当成与别人一样的脆弱，而脆弱看起来又恰恰是人的"本质"。这样的"本质"往往导使人们接受既定社会结构的命运安排，而让具概率可能性的"共业"状态得以发挥作用。假若人是一种有能力为自己创造自主机会与安顿自在自得之"自由"状态的存有体的话，这样的接受"共业"命运，无疑是一件最令人深感惋惜的事情。再说，这也正是涉及一个人心理的健康程度到底有多重要的关键地方。对此，马斯洛"自我实现人"（self-actualizing person）的说法，可以说是最为恰当的一种论述，值得在此引用来作为进一步阐述的基础。

三、马斯洛的"自我实现人"与"尖端经验"

马斯洛认为，一个心理健康的人具备着下列十三个特质，它们分别是：（1）对实在有优越的知觉（superior perception of reality）；（2）对自我、其他人和自然有较强的接受力（increased acceptance of self, of others and of nature）；（3）自发性增加（increased spontaneity）；（4）问题取向的考虑增加（increase in problem-centering）；（5）要求超然和隐私的欲望增加（increased detachment and desire for privacy）；（6）自主性和对濡化的抗拒增加（increased autonomy, and resistance to enculturation）；（7）体会鉴赏的新鲜度更大，情绪反应更丰富（greater freshness of appreciation, and richness of emotional reaction）；（8）尖端经验的频率较高（higher frequency of peak experience）；（9）对人类种属的认同增加（increased identification with the human species）；（10）多变（临床心理学者会说是具改善性）的人际关系（changed [the clinician would say, improved] interpersonal relations）；（11）更具民主化的性格构造（more democratic character structure）；（12）有大幅增长的创造性（greatly increased creativeness）；（13）价值体系有着某种改变（certain changes in the value system）（Maslow, 1968: 26）。

在这十三项特质当中，有些的特征或许不免涂染有西方人特有的历史意识形态（如第 11 项），是值得进一步讨论的，但是，这并不是我在这儿引述的原始立意，因此，存而不论。在此，我要指出的是，根据马斯洛的意思，具备这样健康特质的人最大的特色是，他（她）具备着强烈的"成长性动机"（growth motivation）。对马斯洛而言，我们需得把需求（needs）与"缺失性动机"（deficiency motivation）相对照着来看，"成长性动机"才能凸显出来。所谓"缺失性动机"指的是，动机的引起乃基于某种（特别是生理性的）需求的满足受阻的缘故，因此，动机的本质是因应缺乏而来，乃具负面的性质，但这却是人所以存在的最基本动机状态。相反的，所谓的"成长性动机"指涉的则是基于追求更具正面意涵的自我完美性而引发的动机状态（Maslow, 1968: 21-59）。显然的，这是彰显人作为一个独立自主之个体所具备的典范。

马斯洛更进一步地指出，单就如此两种动机的对比，并不足以彰显有关人之"生成有"（Becoming）与"存在有"（Being）的差别，而透过此两种"存有"状态的区分，恰巧又是说明具"成长性动机"之"自我实现人"的基本要件。于是，他区分了两种认知：一为具足以产生尖端经验的存有性认知（the cognition of Being），他称之为 B- 认知；另一为基于个体缺失性需求而组织成的认知，他称之为 D- 认知（the cognition of deficiency）。准此，有着高"成长性动机"的所谓"自我实现人"即具备着 B- 认知，且常有尖端经验发生（Maslow, 1968: 72-73）。于是乎，诚如马斯洛所指出的：

> 一个自我实现个体，定义上即基本需求获得满足者，是较不依赖，也远较不需要蒙受照顾的，他们较为自主，也较具自我导向。……他们特别喜欢隐私、超然，并且具沉思性。这样的人变得相当的自足和自我包融。……因为他们较少依赖其他人，因此对别人较少有着爱恨交加的矛盾心理，同时，既较少挂虑，也较少敌视别人，更是不太需要别人的赞扬和关爱，他们较不那么汲汲于荣誉、声望和奖赏（Maslow, 1968: 34-35）。

职是之故，一个具自我实现感的人，主观上常较感到愉悦，也较有具最快乐与美感的尖端经验。这种感觉常是自我检证、自我判定，而不是透过任何的外在标准来确立。根据马斯洛的意见，一个具有尖端经验的自我实现者，总结来看，大致上具有下列特质：整体性（wholeness）、完美性（perfection）、完全性（completion）、公正（justice）、秩序性（orderliness）、有活力（aliveness）、单纯（simplicity）、丰富性（richness）、美质（beauty）、善质（goodness）、独特性（uniqueness）、自如（effortlessness）、乐趣（playfulness）、真诚（truth, honesty）、自足（self-sufficiency）、自主（autonomy）与独立（independency）等等（Maslow, 1968: 83）。总之，一个具有尖端经验的自我实现者，是一个圆融自如、随遇而安，但又能有自视的人。基本上，这是一种懂得自制、自律、有内省而显现自在与自得之愉悦生命态度的表现。虽说这样的态度总有一份孤独感相伴随着，但却也因此而深感有浩瀚的心灵自由。在我的观念里，这样的生命态度代表的正是身处当前消费社会里的人们之"心理健康"的理想典范。

四、消费社会之结构理路支配下的"自我实现人"

对芸芸众生而言，在现实生活中，最基本，也很卑微，但却是最常见的愿望，往往只不过是期盼有丰盛的（物质）生活水准与安定的生活环境。但是，生活在富裕社会中的多数人（特别是所谓的中产阶层），却往往有更进一步的期待，他们期待生活有品味、有格调。于是，追求所谓文化品味（cultural taste），乃成为人们日常生活里重要的象征意义内涵。这也就是说，对许多（甚至是绝大多数）现代人而言，当他们追求"自由"时，不再像过去十九世纪，乃至二十世纪中叶以前的人们一般，只是以获得生活所需最低安全保障为追求的基本目标。毋宁的，他们所追求的"自由"，是以企图展现个性有无限探索发现的"自由"为鹄的，而这在基本人权已获得保障之富裕社会里尤其明显。

追求生活品味的生命观，乃意味着消费成为人们关心的重点。整个情形正如英国社会学家鲍曼所指出的：

处在消费阶段的资本主义体制，不但已不再压制人类追求快乐的倾向，而且利用这种倾向来维护自身的存在。对消费者来说，现实不再是快乐的敌人，贪得无厌地追求享乐不再具有灾难性的后果。消费者所体验到的现实，即是追求快乐。自由即是在较多与较少的满足之间做出的一种选择，而合理性则是宁愿选择前者，而不是后者。对消费体制来说，随心所欲地花钱以寻求欢乐的消费者是必需的；对于个别消费者来说，花钱是一种义务——也许是最重要的义务（Bauman, 1992: 95）。

简单说，成就这种"义务"最重要的，莫过于肯定了追求上面提到那讲求文化品味之生活方式的正当性。很明显的，这所涉及的重点不是物质本身对人类基本生理需求的满足问题（即物的使用价值问题），而是在以物为介体经营出来之一套具特定意义的符号操控系统中如何进行象征交换的"品味"问题。摆在商品化的市场社会里，这呼应着法国社会思想家鲍德里亚所说的一句名言："要成为消费的对象，物品必须先成为符号。"（Baudrillard, 1997: 212）于是，在资本主义以牟利为目的之经济理路巧妙催动下，象征符号一再被创造，而且是无限衍生（特别是透过广告）。这进而成为保证消费得以继续扩大，且无限扩大的基本生产原则。

这么一来，象征交换成为经济活动中至为重要，且是其真正的内容，而"自由"也就在消费符号一再衍生创造当中被证成了。在这样的情况下，诱惑（而不压迫）乃消费内涵的运作原则，它意味着人们的幸福与快乐不但可能，而且，更是随着象征符号的一再创造而无限衍生着（如拥有Gucci的皮包，即代表着一种高贵的身份，也因而感觉到相当幸福）。尤有进之的是，在符号无限衍生与创造的一般状况下，消费所开展出来有关"分配"的理路，已不像生产面向主导时所具有的强烈排他性，而是呈现出无限多独立的可能选择性。这也就是说，基本上，人们可以依据其所具的主客观条件各取所需，而可以不会必然地产生明显具"零—整"（all-or-none）性质（即你有了，我就没有）的相互排挤效果。说来，对这样透过经济机制而营造出"自由"感的消费文化，中产阶层正是最主要的受益者，他们会倾向于努力强化以消费导向为本所经营起来的"舒适"（comfort）生命态度，自是可以理解。

无疑，正是这样一个强调符号消费的"舒适"社会形态明显的浮现，使得消费不再如十九世纪以来政治经济学家所认为的，只是生产作为历史主题下的自然衍生物。相反的，如今，消费成为历史主题本身，而生产则沦为只是为了让消费成为可能的必要条件而已。在这样的社会场景里，对创造历史而言，政治经济学丧失了过去马克思（Karl Marx）笔下生鲜活跳的生命力，而顶多只是以缺席的姿态默默而潜隐地存在着。它甚至可以说是被窒息住，并且在其自身的言说中被埋葬掉，以至于呈现出一种处于迹近死亡的"涅槃"状态。

原本，在以生产—分配为主调的政治经济学中，生与死总是以紧绷对峙的方式交互斗争，也相互地移位着。虽然，这或许使得历史不断呈现出诸如被撕裂、践踏、蹂躏等等的感觉，但是，也正是这样不断与死亡进行着交换时的撕裂、践踏与蹂躏感觉，撑出了人类要求改造的激情和强烈的求生意志。当然，更是因此同时创造了许许多多灿烂而激情的生命意义。例如，过去，反对者致力于颠覆资本主义的体制，为无产阶级创造光辉的美景，即是一种生与死紧绷对峙而交互斗争，并企图相互地移位的明例。在这过程中，或许，人们是处于困顿而挫败的情况之中，但是，他们的情绪却总是亢奋着，因为要求改造的激情和强烈的求生意志一直伴随在身边。然而，如今，以消费为主调的文化经济学却绑架了死亡，让人们处于一种永恒的"生而活着"的状态，生与死的界线被撤销了，既没有固定的交换点，也没有起点，更是没有终点。这个时候，因为缺乏挑战体制时面对压力所具有的不确定感，人们失掉了那总是令人颤抖的生命活力。飘荡、浮动、多变的符号透过物品的消费作为中介而一再呈现，这的确为人们带来一种"生"，而且是"永生"的感觉。或许，这有点刺激，也有着炫惑人们的感官的阈点，但是，毕竟，这太缺乏冒险性，也没有风险，感官上引起疲乏。没有死亡相对照的"生"的状态，终究是平淡无趣，更彰显不出足以抖动灵魂的意义。

五、结语——作为一个自在、自得的"自我实现人"

以最简约的方式来说，风尚（fashion）与流行（fad）是消费为主调之文化经济学绑架了死亡的基本社会机制。在这儿，到处是意外，也充满着惊奇，但都相当短暂。诚如在前面已提到的，在当代的消费社会里，人们的消费已不局限于指向"物"的使用价值本身，而是在"物"背后刻意经营出来的一套特定象征符号价值。尤其，这套象征符号所内涵的意义，本质上是武断、多变且多元，它总是浮动而飘荡着，既不需要传统来支撑，更不需要永恒的价值作为后盾。说来，正是当代文明所展现如此一般之象征意义的样态，成就了"消费自由"的最显著特征。在这样的情况之下，一切传统伦理价值的符号意义逐渐被悬搁起来，人们讲求的不再是严肃的真理与伦理问题，顶多只是喜欢与否的品味问题而已。

基本上，消费社会所内涵的结构理路并不是以完全摧毁的方式来对待（过时的流行与风尚的）死亡的，而是以汽化蒸发的方式让（旧有的）死亡迷散在新生之中。这是一种由短暂而华丽的表象以不断接续呈现的方式来完成的永生形式。只是，在这个过程中，一片片"生"的表象接续得十分紧凑，而且，紧凑到让那被蒸发汽化之死亡的残余粒子都找不到任何空隙渗透进去。对后现代社会如此一般的景象，鲍德里亚即这么说："死亡既不是消解（resolution），也非内卷（involution）；它只是一种对反（reversal），也是一种象征挑战（symbolic challenge）。"（Baudrillard, 1993: 157）假如这句话有点道理的话，那么，一个死亡被绑架的世界，既缺乏引动亢奋激情之"生"的动力，也无法孕育对"生"全神投入的身心状态，人们更是不必要有责任的承担。此时，人们不必学会负责任，甚至也不必对自己负责，因为责任永远是归属于别人，尤其是归属于"社会"自身。一旦有了错，错总是在于别人，或归咎于"社会"的制度安排不当，该负责任的是别人，尤其是社会里"有权"的人（如父母、老师或政府官员）。作为一个芸芸众生的"社会大众"，我们永远是不用负任何责任的。

于是，在人们找不到起源，也不需要寻找起源的情况之下，一切既没有自然本性，也没有固定的客观功能关系，更是没有定型的规则可循。

这是一种充斥着奢侈与过剩的永生形式，溢出了任何的理性，也溢出了一切可言说与可想象的理路，当然，更是溢出了责任的范畴，把责任绑架了。留下来的，或许只是类似"只要我喜欢，有什么不可以"这样一种充满放肆与虚胀自我的独白。然而，这一切来得那么自然，既是理所当然，也不必太在意。这就是这个时代里人们享受的"自由"，或许也是一种解放吧！但是，这却是一个没有目标的自由航程，永远飘荡在茫茫的大海中。

面对这样一个以风尚为基轴而建构出来之虚拟构像的世界，一切的现实充满着想象的期待，但永远是短暂，且一再流转的想象期待。人们的日常生活像一个接一个而来之"连续剧"的片段情节一般，被种种片断之"小确幸"流行和风尚的消费所诱导着、塑造着，也被定义着。片断、流动而多变的生活或许显得相当丰富，也多彩多姿，但是，却缺乏一种稳定、延续而具整体的厚实感。在外在结构性力量的强力制约下，一旦一个人缺乏充分的自主意识、对"生成有"无法发挥"成长性动机"与B-认知的话，那么，一切终将显得轻飘飘的，生命不但被表面肤浅化，而且也被物化和感官化。在这样的情况之下，只要一个人对生命意义的问题有所敏感的话，焦虑的晕眩往往也就会随之而生。

很显然的，消费社会所内涵此一"命运"结构，为人类提供了更丰富而多元的可能"自由"向度和总量，而且更是无限衍生着。但是，整个问题的关键正是在于这个"无限衍生"现象所内涵之"自由"的社会"本质"上面。简单来说，这个"无限衍生"的"自由"是建立在对外在，且物化之占有物进行意义之无限衍生的可能性上面，尤其是人们对依附在种种消费品上之"品味"符号意义所产生的美丽陶醉。因此，不是消费品之"物"所具有的使用价值本身，而是隐藏在"物"之后那浮荡、流动、多变，且多义的象征符号，让人们产生了眩惑的想象与期待。这样的期待使得人们环绕着自己的身体经营起如美国历史学家拉什所说的自恋现象（Lasch, 1979）。而且，这种体现在自我认同上面的"自恋"则又是建立在利斯曼所说的"外在导向"的基础上面（Riesman, 1950）。整个情形正如希腊神话中之厄科对纳西索斯因仇恨而施以报复一般，乃是资产阶级与其同路人对整个人类文明的一种"惩罚"——一种因充斥太多而过剩的消费"愉悦"与"幸福"所带来之自我在感觉上的弹性疲乏作为"惩罚"的形式。

或许，人们是该对这样的文明场景发动反叛的"革命"了，但是，显然，革命的直接对象不是既成的消费社会的结构本身，因为这是我们至少在短时间内并无法予以撼动的。人们所能做的，或许只是先培养能力来改变自己的生命态度吧！既然当今人类所面对的不是来自外面对人身心的种种"压迫"，而是不断以迂回而伪装方式所经营出来的形形色色的结构性"诱惑"。这样的结构性的"诱惑"使得人们逐渐丧失了自主的自我意识，也削弱了塑造自主的自我意志。面对这样的历史场景，若要改变它，或至少为了让自己活得更健康，人们似乎应当学习如何让自己能够与层出不穷之消费符号的诱惑彼此相安地相处，而不会产生明显之意义失落的焦虑。对此，我认为，透过自制的修养，培养自在而自得的生命态度，并多多关心周遭的人、事与物，才是"心理健康"的基本指标，而且，也才能形塑马斯洛所说的"自我实现人"，并不断获得尖端经验的感觉。

（原文刊登于《靠岸：寻找台湾人精神健康坐标》，财团法人健康基金会编，台北：财团法人健康基金会，2002）

参考文献

Baudrillard, Jean

1993　*Symbolic Exchange and Death.*（translated by Iain H. Grant）London: Sage.

1997　《物体系》（*The System of Object*）（林志明译）。台北：时报文化出版社。

Bauman, Zygmunt

1992　《自由》（*Freedom*）（楚东平译）。台北：桂冠出版社。

Berlin, Isaiah

1986 《自由四论》(*Four Essays on Liberty*)(陈晓林译)。台北：联经出版社。

Lasch, Christopher

1991 *Culture of Narcissism: American Life in an Age of Diminishing Expectations*. New York: W. W. Norton &Co..

Maslow, Abraham

1968 *Toward a Psychology of Being*. (2nd ed.) New York: D. Van Nostrand Co..

May, Rollo

2001 《自由与命运》(*Freedom and Destiny*)(龚卓军与石世明译)。台北：立绪出版社。

Riesman, David

1950 *The Lonely Crowd*. New Haven, Co,, .: Yale University Press.

Weber, Max

1949 *The Methodology of Social Sciences*. New York: Free Press.

精神健康——脑的问题，还是社会的问题？ [①]

记得小的时候，见到今天称为"行为异常"的人，我们总称呼他是"神经的"，严重的，就叫他为"疯子"。事实上，在我的母系家族里，就我个人所经历过的，就有三位长辈在精神异常，或者心里承担不了长期压力的情况下自杀。这还是发生在二十世纪五十年代的事呢！若说导致行为异常，尤其心理压力，是与社会的快速变迁有一定的关系的话，当时的台湾其实还没有发展到像今天这个样子——一个充满着紧张与压力的竞争社会，按理，人们是比较不容易出现因心理压力而带出种种症状的。

不过，话说回来，在人的社会里，人与人彼此之间的互动总不免会有摩擦的情形，同时，也因为诸如礼教规范过严或权势不平带来欺压现象普遍存在着，对人们带来形形色色的压迫情形（如婆婆虐待媳妇、后母虐待前妻子女、老板压榨员工、老师体罚学生等等），原本就经常发生。因此，来自人与人互动情境而产生的压力，导使一个人的行为产生了所谓"失控"的现象，自是时可常见的。毕竟，人像树枝一样，有的脆，有的韧；也像石头一般，有的硬，有的软。过去，台湾人不就有"五只指头伸出来，都会不一样长"这样的说法吗？

是的，固然追求"平等"是人类共同的理想，但是，在现实世界里，人实际上不可能以相等同的情况来看待，至少，他们彼此之间一直即有着先天上无法克服的差异。面对不得不承认"人们有着个别差异"是无可抗拒之社会事实的前提下，我们期待每个人的精神状态都一样的"健康"，一样的"正常"，原本就是奢侈的期望，就像我们期待世界会大同一般，那或许只是一种"乌托邦"的梦想而已。

---

① 本文系应邀于 2001 年 12 月 15 日在精神健康基金会成立大会时之专题演讲的讲稿。

一、"精神异常"本质上是脑部的问题？

说来惭愧，对精神医学的专业知识，我几乎一无所知，而且，更是不懂当代脑神经科学和认知心理学的发展，原本实在没有资格来谈论精神异常，特别是源自生理性原因的异常现象与其问题。不过，依着常识，我个人还是同其他人一样，相信人的生理结构，特别是脑部的组织（或谓神经和内分泌系统，以下，以"脑部"一词统称之），是会影响一个人的心理状态和行为表现的。我也相信，透过精神医师的治疗，特别是使用适当的药物（或乃至开刀手术）来治疗，对某些行为异常（至少是某些神经性的疾病）的症状可以起一定的作用。否则的话，精神医学继续存在的正当性，早就受到严厉的挑战了。

话虽如此，在许多一般人（特别是从过去的时代走过来的老一辈）的认知里，精神上的异常，还是不同于一般的生理疾病。对他们，精神异常现象并不是"疾病"，毋宁的，它只是因为诸如莫名地中了邪，或者遭到巫术的作祟，或者个人或家人失德于天而遭致报应等等原因所导致的。而且，不管原因何在，精神产生了异常，毕竟是一件羞耻的事，甚至可以说是上苍对一个人的惩罚。当然，以今天的科学观念来看，类似这样的说法是得不到人们（特别是受过西方现代科学观念熏陶者）的相信，甚至可以说是荒诞无稽的。然而，类似的看法却也曾经发生在西方世界里。法国社会思想家福柯即曾指出，甚至到了十八世纪末期的法国，疯癫（madness）仍被视为是人的过失，而且是一种罪行，必须受到谴责、监视和审判，他们甚至是与"犯人"一起囚禁在监狱里（Foucault, 1998）。

今天，在这个场合里，我想谈的不是这类有着明显症状的"精神异常"者，诸如躁郁症或精神分裂的患者，而是有关身处这个时代之一般人们的精神状态问题。或者，使用与这个基金会的宗旨更贴切的说法，那就是攸关"精神健康"的问题。不过，为了让我的观点呈现得清楚一些，我还是需要先对上面所指涉那有明显身体症状的"精神异常"现象，表示一些个人的意见。

对现代的精神医生而言，"精神异常"是一种源于人类特有身心结构

（特别是脑部）衍生的"疾病"，而且，基本上是可以治疗的疾病。事实上，对许多接受现代科学观念的一般人们，他们也接受这样的认知模式，因为"可改造"乃内涵在西方人所持有的现代理性认知之内的。很明显的，既然精神异常是一种具结构性的病症表现，而且，特别是因为它与诸如胃溃疡一般，乃源自生理因素，于是乎，个人就不必负责了，因为那是个人意志无法抵挡得住的"命定"缺失。因此，虽然患者可能被迫进入特殊机构内进行所谓的"治疗"，并且暂时丧失了自由，但是，基本上，他既是无罪，更是无辜的。尤其，尽管人们可能以异样的眼光来对待，其至处处排挤，但是，他们的无辜却是值得同情，至少，在法律上应当得到一定的保障和赦免。在这样的情况之下，"脑部"这样一个上苍赐给人类最特殊的"恩典"自然赠品失却了恒定性，就成为原谅一个人失常，或甚至"犯过"时最原始，也最符合人道的原因。有趣的是，科学的精神医学与认知心理学愈是发达，似乎可以原谅个人失常的理由也就愈加坚定。

　　然而，长期以来，在启蒙理性信念的支撑下，西方人对人类的脑部这样一个特殊的生理构造所塑造的认知，却又有着一种相当吊诡的文化期待。就人的行为机能而言，从古希腊柏拉图（Plato）以降，许多西方人即认为，脑部乃主掌着人的理性认知，而心脏与横隔膜以下的器官则是掌管着人的情绪和感情的运作。于是，要求以意志来表达理性，是确保脑部的基本理性功能得以充分运作的基本要件。如此一来，脑部的"理性"运用又必须以主导人之意志的基本生理机制是否足以充分发挥作为基础。换一个角度来说，这即意味着，既然理性是脑部的运作功能，个人因此必须对其行为负全部的责任。很明显的，这样的认知恰恰是古典自由主义的基本主张，也正是表现启蒙理性所必要的一种社会心理要件。

　　这么一来，诚如在上面提到的，既然"精神异常"现象乃源自身心结构（特别是脑部）的机能失常，这自然是个人无法以理性加以控制的。但是，"理性"的假设又要求"责任"总是要归属于个人，那么，"精神异常"所衍生的背离常轨行为，谁应负责呢？无疑，想办法把一个"精神异常"者扳回"正常"状态，而让对自己行为负责的"义务"得以恢复，就成为社会里处理"精神异常"最典型的做法。基本上，这个工作就交给精神医师与其他相关的专业人员，其他的人则是完全没有责任，甚至也是无能为力的。于是，整个情形变得相当明显。在以个人为本位之自由主义思想传统的催化下，这样借助专家对脑部进行科学专业性的治疗所衍生的责任恢复论，其所预期的是，让一个"精神异常"的患者有恢复理性之"正常"处事能力的机会，继而，让他能够成为一个具自主、自立而自我负责能力的独立个体。

二、理性的现代社会与焦虑

正是这样的"精神异常"责任恢复观，使得"精神健康"的概念内涵反而变得相当薄弱，也相当局限。首先，这导使整个社会对"精神健康"的注意力集中在少数例外的异常者身上，而其特别强调的则是上面提到过的，乃透过治疗来恢复他们承担社会责任的能力。于是乎，"精神健康"并没有，也不必要有属于自己的正面定义，成为只是"不正常"（或"失恒"）此一概念内涵的对立词汇而已。换句话说，一个人没有"不正常"（或疾病）的症状显像出来就是"健康"了。更重要的是，在这样的认知模式导引下，精神异常又被认为纯然只是个人的问题，"社会"是不必要负任何责任的。在这样的情形下，一般"正常"人的精神健康问题自然而然就被忽略了，甚至被视为是不成问题的，因为"多数"即是"正常"①。这也就是说，多数人所实际呈现的行为状态即说明"正常"是什么，也就具备正当性。或者，换一个说法，那就是：不管在怎样的社会状况之下，由多数人的"脑部"所导引出来的心理状态，自然就是"健康"最具体，也是最恰适的指标。"社会"所转嫁而呈现在人们身上之"实然"的实际状态，就这样轻易地界定了"精神健康"所指的应当为何。这么一来，倘若我们说一个社会的大部分"正常"人口的精

①　有关"多数"即是"正常"，特别是涉及统计学之"均值"概念的讨论，参看叶启政（2001）。

神状态有着健康的问题，那将会只是危言耸听，人们是不会接受的。然而，情形真的是如此吗？或者，以更保守，也许也是更恰切的方式来说，这样的立场真的不成问题吗？这值得细细琢磨。

英国精神分析学家莱茵曾指出，在一般人的现实世界里，人既要求独立自主，但同时却又无法避免与别人产生互赖的关系（Laing, 1969）。就现实来说，人们乃需要在独立自主与互赖要求之间找到一个适当平衡点。无疑，在个人为本的自由主义传统下，独立自主的确是确立生命意义的基本文化性要项，但是，与人互赖则是塑造独立自主的生命意义时不可避免的必然条件。很明显，这样要求与人互赖的必然要件，撑出了二十世纪初德国社会学家齐美尔所说的社交性（sociability）的现实意义（Simmel, 1950）。这也就是说，人之主体性（也因而人的独立自主性）的确立，乃必须在以人的互动过程作为基本表征形式当中被证成。显而易见，这个表征形式的本质是"社会"的，而非纯属个人。于是，整个问题的症结转而在于，这个适当的"社会性"平衡点如何可能的问题上面。这么一来，"社会"呈现的特殊历史—文化表征为何，遂成为重要的课题。套用佛家的语言，这就是：作为人们精神表现基石的"社会"所承担的"共业"为何，乃是重要的课题。下面，就以这样的命题作为认知的前提，让我们从历史的角度来对"精神健康"与其社会条件的问题进行一些讨论。

对我来说，"精神健康"是一个具历史与文化意涵的概念，一直承受着伦理与美学价值的滋养，反映着特定的集体性期待。这也就是说，怎样才算是"精神健康"，基本上是人们界定的，而这反映的是在特定时空条件下之人们对"人应当是什么"的共同期待。准此前提，理解"精神健康"的概念于是乎无法不关照到社会面向，而且必然是以具特定文化色彩的"人的图像"来设定。这么一来，"精神健康"涉及的已经不是单纯的个人，而是社会整体，乃至是整个时代之文明表征的定义问题。没错，"脑部"的生理机能是一个不能否认的物质性"介体"，没有脑部的作用，健康与否的状态是表达不出来的。但是，一般"正常"人的精神状态是否"健康"，其影响的根源并不是单纯来自人的"脑部"生理构造，而是与整个社会所体现的文化样态的结构特质有着一定的关联。于是，"精神健康"的概念涉及社会集体对人之存在状态的"理性"设定问题。这中间自然会牵涉权力的运作问题，也就是说，谁有权力来界定，且获得正当性的问题。在这儿，我不准备对这样一个有关权力的问题做进一步的讨论，只把焦点摆在这样一个"理性"的设定体现在现代社会情境里所可能内涵的问题上面。

在此，所谓"理性"设定指的是，人们以某种特定的伦理与美学价值为基准来为人的生命设定一些共同期待，并且进而以有效率与效益的方式予以落实的实践过程。显然，十八世纪的西方启蒙运动，正是这样一个"理性"之社会设定过程的最佳历史典范。就近代人类整体文明发展史的角度来看，正是这样一个"理性"社会设定过程所呈现的特殊历史－文化发展形式（如科技与民主政治体制），确认了人类的"希望"与"荣景"。但是，却也正因为"理性"引出了这样的特殊发展模式，促使人们陷入一种自我束缚与自我缠绕的两难困境。关于这样一个两难困境，我将在下面做进一步的说明。

基本上，这个具特殊历史意涵的"理性"文化所以成为"祸源"，可以说是"持具个人"（possessive individual）[①]为本位之自由主义的思想传统持续发酵的结果。特别是当它与资本主义的经济体制紧密结合之后，其所形塑的"存有"生命观更是产生了强而有力的制约作用。以最简单的语言来说，西方以个体人为本的启蒙人文精神强调的是：个体人以外塑的占"有"形式（如拥有权力、财富、知识、地位等等）来证成自己存在的价值，并以此供奉着人的生命图像。这样的生命观指向的是，以一个人是否具备着足以拥有更多、更大、更好的资源而不断向外扩展的能力（特别是具体表现）来证明自我的存在与存在的价值。看来是顺理成章的，这样的生命观很容易向着美国社会学家莱斯曼所说之"他人导向"的生命态度倾斜而靠拢，人们乃倾向以能否得到别人的认同和肯定来界定"自我"（self）（Riesman, 1950）。尤有进之的是，这表现在整个社会层面的，就是我们社会里（尤其执政者）常所强调的诸如"成长""发展"与"进步"等等观念内涵的东西。于是，人们最在乎的莫过

---

①　有关"持具个人主义"的阐述，参看 Macpherson（1962）。

于：必须严肃地关照到人的欲望，并且给予正面的肯定，也予以有无限延伸的契机，因为这是追求"成长""发展"与"进步"所必需的。成长再成长、发展再发展，就是进步，也就是表现优异且负责的政府。准此基础，体现在实施自由民主的资本主义体制里，这种生命观内涵的理路于是乎被西方人视为是展现"理性"与智慧的一种"自然"来源。在此，我要特别强调，也是认为最为吊诡的是，正因为这种生命观内涵的理路作为一种历史来源，而且，其所呈现的又是如此的"自然"，所以，它成为整个问题的根源所在。

就社会的层次来看，启蒙理性乃意涵着整个社会是一个"理性的表现体"，而且也努力引导社会往这样一个假定的方向迈进着。就西方的历史发展轨迹（特别是十六世纪绝对王权形成之后）来看，这原意味着社会（特别透过家庭与社区，尔后是国家）不断地以"牧羊者"的姿态观察、审判与规训着人们，它要求个体必须懂得"自我克制"，以成就"成熟人"的理想人格图像（参看 Elias, 1978, 1982, 1983; Foucault, 1979）。这样要求"自我克制"的历史期待，经过"理性"的设计，乃以"制度"的形式被高度体系化。其中的结果之一，即诚如德国社会学家韦伯所指出的，是形成了"科层制"，并使得现代社会形成一个绵密而细致的控制"铁笼"，人存在的意义（特别是独立自主的要求）无形之中被压缩了（Weber, 1968）。最为吊诡的是，以个体为本位的自由民主体制的"理性"理路却又同时一直释放出"解放"的能量，要求人们把个人的自我高高地供奉着，一再地向"社会"争取着更多可以"自我放纵"的自由空间，而开启更多界定自己之存在意义的机会。无疑，在这要求具外放性的个人自由解放的过程当中，高度体系化的制度形式所带来对存在意义之不终止的压缩，使得人们处于两难的情境。套用精神医学家贝特森（1971）的概念，这样的困境所呈现的即是一种双重束缚（double bind）的情形。其结果基本上是，人们产生了意义迷失的焦虑（anxiety）感觉，进而形塑出"焦虑社会"。说来，这样一个内涵在"理性"背后的集体性焦虑，正是使得现代人的"精神健康"状态有"问题"的历史—文化元凶。

三、意义空洞化的后现代社会与冷漠

依据现代西方社会的基本价值观来看，从十九世纪以来，表现在职业场域上的工作成就，即逐渐被视为人们（特指男人）形塑自我认同，更是缔造生命意义的最重要指标。然而，倘若我们往深处一探，经过专业特化之"理性"的历史潮流冲击，高度竞争的工作表现所带来的自我认同与生命意义的缔造，基本上是经由一股"非理性"地追求"成就"的外塑压力所促成的。在这样的压力下，人被要求不断地区分与归类，也一再被划分出等级。这样的压力不只来自工作场域中的同事，也来自同侪，更是来自家庭。显然，处于这样的历史场景当中，人们的典型身心状态只有一样，那就是：人普遍处于焦虑的精神状态之中。其结果是，在追求"意义"乃确立生命价值之集体文化期待的前提下，对绝大多数庸庸碌碌的"非成功者"，工作事实上并不足以孕生自我认同，更未必能为生命塑造终极意义。至于对在职场中表现成功者，情形则是：即使工作上的成就证明了自我，也使之获得了肯定，但是，不停伴随工作而来的焦虑，却也如影随形地引来了当代英国社会学家吉登斯所指陈的"本体安全"问题，这连带地不时牵引出意义断裂与迷失的问题（参看 Giddens，1991）。

对我来说，这一切都是因为人类高高地供奉着"有"的欲望而引发出来的。尤其，当人们被要求把彼此看成都是具备相同能力，且又有着相等机会的同类存在体，并且以这个世界的主人自居时，追求无限的发展荣景遂成为历史为人们命定的"义务"。整体来看，无疑的，这样的历史意识使得人类变得既傲慢又自大，以为可以随着性子来宰制这个世界，而且以种种宰制的具体表现形式来证成自我的存在意义。然而，很讽刺的是，这个世界现实上既是处处不平等，机会更是人人不一样。况且，大自然更不是那么温顺听话，正相反的，它是不时反扑着。总之，说到底，这一切文明荣景只不过是人类自我创造出来之一种正负情愫交融（ambivalence）的幻境，不只扑朔迷离，而且，正向与负向的情愫总是相互缠绕纠结着。其结果常常是让人类生活在不断编织着美景的自我欺骗当中。无怪乎，法国社会思想家德勒兹与瓜塔利会说当代的资本主义社会是一个不折不扣具精神分裂特性的社会（Deleuze & Guattari, 1983）。

在此，我不能不再多说一些话。我要指出的是，身处于台湾社会里，人们是已走出了政治（革命）作为优势主调的历史格局。相对来看，这是一个经济理路主导一切的时代，资本主义的经济体制逻辑所衍生的消费哲学，更是早已成为现代人，特别是年轻一代之生命哲学中最为核心的部分了。在这样的历史场景里，从生产面向出发来追求内涵着"合理""自由"与"平等"等等理念的社会正义，已不是身处于这个时代之人们感知得到的集体意识。在人们的现实世界里，我们可以看到，而且取而代之的，毋宁是普遍追求体制所设定之流行风尚的消费现象。消费构成一个人生活中不可分割，且不可化约的"基本需要"，也是生存下去的基本价值，更是界定"自由"之最新，也是最为关键的指标（参看 Bauman, 1992, 2000）。

在这样的经济体制下，人们受到高度体制化的符号逻辑（特别是广告）的层层包围，符号所创造出来的虚拟世界甚至比真实的世界更为真实，尤其是当人们发现他可以自由，且几乎毫无障碍地进出的时候（参看 Baudrillard, 1981, 1993, 1994, 1997）。人们再也不用在意"真实"与"虚拟"的区分，"真实"与否的问题，已经不是问题了。此时，幻想不是真实的对立面，而是建构真实中最为"真实"的部分，就像电影情节所描述的甚至比人们现实的生活情景还更为"真实"一般，鲍德里亚即称呼这样由心理感受所衍生发放的情景为"超高实在"（hyperreal）。很明显的，这样把虚拟世界真实化，往往就成为化解在现实世界（特别职场世界）中遭遇种种压力、挫败与意义流失的最佳治疗药方。当然，我们更常看到，有些人甚至借助药物（如摇头丸）来创造那"快乐"的准"虚拟实境"，让在现实中一再冲撞"自我"尊严的挫折，在这样准"虚拟实境"里可以被撤销掉，尽管那可能只是短暂的。于是，不停以短暂的遗忘来"撤销"，成为应对长期而连续之压力和不断出现之挫败的最佳，甚至是唯一的药方。结果是，在这样虚拟与真实的界限不断被撤销的过程中，意义不是迷失，而是完全流失，终成为与人的存在完全无关的历史残存物。

　　这怎么说的呢？我个人认为，在当代的富裕社会里，个人主义的信念是以种种具体的制度形式（如民主的政治体制在法律上给予个体更多自由的保障、社会里尊重个人自由的习惯增强等等）在社会里落实。尤其，消费导向的发展带给人们更多的"自由"感觉，因为人们透过更多的消费机会，让感官可以更容易而自由地得到满足，而且还是即时的满足。对世俗的芸芸众生，这样的即时满足相当实际，这不但证明了自己的存在，而且，也具体地证成了个人的自我。这一切，固然促使了社会里的价值多元化，但却也使得整个社会的价值系统进一步地空洞化。

　　是的，在这样的社会情境里，更多的人（其中，所谓的中产阶级就是最主要的对象）确实可以轻易地得到身体上的当刻欢乐，而且，人的欲望不是以"缺乏"的姿态，也非以有意识的方式被呈现出来。毋宁的，欲望是被整个资本主义消费促发机制的结构理路不断喂饲着，最后，它像空气一样地弥漫在人们的四周，成为理所当然的"自然物"。于是，欲望不再以本质上具"匮乏"性质之需求（need）的主人身份浮现在人的意识里，而是以"不在场"的方式被悬搁而架空地移到了旁边，仅仅充当介体载具。这也就是说，不必经过需求作为必要的基础，资本主义的消费理路所经营的物体系本身，即可以轻易地窜入人们的"欲望"世界里，带起了引发行为的作用。

　　站在世俗凡人的立场，欲望被悬搁起来，乃意味着意义的追求可以被撤销。我在前面提过，此时，人的问题症结已不是在于意义的迷失，而是根本就不需要意义。在这样的情况之下，虽然社会里充斥着炫目耀眼的符号，但是，这为人们所带来的，却只是一种真实与虚拟界限不分，且让符号无限膨胀的自渎性麻木而已。假如"理性"的要件是要求人们具有一定的自我克制，而生命的意义也必须是在学习自我克制的过程中才可能逐渐被塑造的话，那么，正相反的，这样透过高度体系化的理性方式（如广告）来开发消费品，尤其一再创新的消费品，以对人类的"非理性"情愫不断予以"引诱"，正是现代人所面对的共同经验，也是现代人精神状态的基本特征。这为我们带来的是不断发生，且浮荡更替的变动，既没有起点，也没有终点，一切都只是在不停的流动之中运转着。因此，人类的精神状态没有不断调适而带来的"失恒"（或谓失衡）

问题，因为问题感被撤销了。勉强说是有问题的话，那只是因流动变易过快所带来那让人窒息的"空虚"与"冷漠"感觉吧！

四、精神健康的问题已不是问题了吗？

这么一来，整个人类文明的演进状态变得相当明显。假若初民社会的主调特质是躁症性，那么，启蒙理性所开展出来的现代文明则是一种深具郁症特质的文明（参看 Moscovici, 1993）。然而，到了今天这样一个虚拟与真实不分的时代里，整个文明的状态既非躁症性的，也不是郁症性的，而是分裂症。整个后现代的时代精神是一种因过度自由带来的任性放纵心理，它所衍生的是不想，也不必负责任，随性而为，正反情愫交融，但又不必认真追究的生命态度。这是我所以会说，假如问题有的话，那或许只是与意义失落无关，也不想让"意义"来填满的一种流动而飘荡的分裂性的"空虚"。

说来，意义被悬搁的"空虚"不只是一种文化的形式，而且也是文化的实际内容，更是现阶段人类文明所展现最主要的文化内容。在这样的情况之下，人们并没有，也不需要担心"精神健康"的问题，因为定义健康的历史性意义早已被打入冷宫了。然而，倘若我们倒转来看，正是这样之问题意识被撤销的历史场景，使得"精神健康"问题的历史感更形加重，因为再怎么说，要求一个人具有诸如自我负责、恒定的生命态度、对人与世界展现爱心与积极而进取的生命观等等，正是向来人类界定的，也是期待"精神健康"的基本文化要素，而这些恰恰又是当代文明中的主流意识——消费理路所欲去除的。是的，"不健康"的社会理路可以撑出"精神健康的问题已不是问题"这样的命题。或许，这才是整个人类文明最大，也是最严重之问题的根本所在吧？

最后，让我对当前台湾社会的场景表示一点意见。首先，我要说的是，对生活在当前之台湾社会里的我们来说，处在以西方理性文明为主调的全球化当中，分享着西方的历史命运，似乎是不可避免的趋势，而事实上这早已发生，且正在进行着。只是，对台湾人来说，我们却是比世界其他地区的人们多一个负担，这值得在此特别提出来讨论。

　　过去两三百年来，台湾人一直是身处于一个特殊历史背景下，社会本身的本体安全系统一直是相当不稳固，人们有着根本的集体认同危机。长期生活在这样一个社会里，在人们（特别是不同族群之间）的意识（尤其是潜意识）里，彼此之间存有着相互猜忌、怨怼、敌意，乃至鄙视的心理，特别是体现在五十岁以上的世代。无疑的，这样的心理为整个社会埋下了难以化解的信任危机，也因此带出了信心危机。这一切为社会种下更多促发空虚而冷漠心理的不良因子，同时也加重了焦虑心理质素的纠结程度。

　　特别是，在这样的极为特殊的历史背景之下，来自现代消费导向的发展趋势俨然已成，且持续发酵着，我们的社会里所弥漫的焦虑情绪带出来的，是更加的漠然和更深的空虚。就在这样的情况之下，严格来看，台湾已经很难说是一个体质相当健康的社会了。或许，正因为这个社会已经不健康太久了，人们根本就忘了什么叫作"健康"，而且也不需要追问，于是，"精神健康"自然也就可以不是问题了。显然的，假若我这样的说法有点道理的话，这个基金会所要做的，自然不是精神医师对个别"精神异常者"进行治疗的单纯"个人"问题，而是针对整个台湾社会进行"精神治疗"的总体社会工程的问题。在这个过程中，毫无疑问的，首要之务即是对整个台湾的历史发展轨迹，也对人类整体文明所彰显的时代精神（尤其是新世代的历史性格）进行逆向的反省。对知识分子来说，这将是一项伟大的集体使命，需要勇气，也需要让自己傻得可爱。

（原文刊登于《中华心理卫生学刊》，

第 14 卷第 4 期，2001: 99-109）

参考文献

叶启政

2001　《均值人与离散人的观念巴贝塔：统计社会学的两个概念基石》，
　　　　《台湾社会学》1: 1-63。

Bateson, Gregory

1971　*Steps to An Ecology of Mind*. New York: Ballantine Books.

Baudrillard, Jean

1981　*For a Critique of the Political Economy of the Sign*. St Louis, Missouri:
　　　　Telos Press.

1993　*Symbolic Exchange and Death*. (translated by Iain H. Grant)
　　　　London: Sage.

1994　*Simulacra and Simulation*. (Translated by Sheila F. Glaser) Ann
　　　　Arbor, Michigan: The University of Michigan Press.

1997　《物体系》(林志明译)。台北：时报文化出版社。

Bauman, Zygmunt

1993　《自由》(楚东平译)。台北：桂冠出版社。

2000　*Liquid Modernity*. Cambridge, England: Polity Press.

Deleuze, Gilles & Felix Guattari

1983　*Anti-Oedipus: Capitalism and Schizophrenia*. Minneapolis, Minn.:
　　　　University of Minnesota Press.

Elias, Norbert

1979　*The Civilizing Process: The History of Manners, Volume One*. New
　　　　York: Urizen Books.

1982　*The Civilizing Process: State Formation and Civilization, Volume
　　　　Two*.Oxford: Blackwell.

1983　*The Court Society*. Oxford: Blackwell.

Foucault, Michel

1979　*Discipline and Punish: The Birth of Prison*. New York: Vitage
　　　　Books.

1998　《古典时代疯狂史》(林志明译)。台北：时报文化出版社。

Giddens, Anthony

1991　*Modernity and Self-Identity*. Cambridge: Polity Press.

Laing, Ronald D.

1969　*The Divided Self*. New York: Pantheon Books.

Macpherson, C. B.

1962　*The Political Theory of Possessive Individualism: Hobbes to Locke*. Oxford: Oxford University Press.

Moscovici, Serge

1993　*The Invenetion of Society: Psychological Explanations for Social Phenomena*. (translated by W. D. Halls) Cambridge, England: Polity Press.

Riesman, David

1950　*The Lonely Crowd*. New Haven, Co,, .: Yale University Press.

Simmel, Georg

1950　*The Sociology of Georg Simmel*. (translated by Kurt H. Wolff) New York: Free Press.

Weber, Max

1968　*Economy and Society*. (*two volumes*)(ed. by Guenther Roth & Claus Wittich) Berkeley: University of California Press.

全球化趋势下学术研究"本土化"的戏目 ①

一、前言

在华人地区里，行为与社会学科的学者们关心学术"研究本土化"②的问题已有二十七八年的光阴③。尽管，在这段不算太长，也不算太短的时间里，不少学者投入这样的学术运动之中，确实有了一定的成果④，但是，依我个人的看法，总的成果并不是那么耀眼，尤甚的是，整个运动似乎遭遇到瓶颈，甚至，令人有着后继无力的感觉。譬如，杨中芳就认为，在华人世界里提倡"本土化"的先驱——心理学家杨国枢教授，晚近即因受到学术界强调所谓"国际化"风气的影响，甚为重视国际学界对"本土化"研究的评价，力主以英文在国际期刊发表论文，并向国际（其实，乃以美国为主）的学术研究潮流"靠拢"⑤（杨中芳与杨宜音，

---

① 基本上，本文乃作者在 2000 年写就之《全球化与本土化的搓揉游戏——论学术研究的"本土化"》一文的延续（参看叶启政，2001）。其中有些论点不免有所重复，乃为了让整个论述的理路顺畅而做的不得已安排。在此，尚祈读者鉴谅。

② 为了行文方便，下面，凡使用"本土化"一词乃概指"研究的本土化"。

③ 对台湾地区之学术研究本土化的历史发展过程与相关文献的引述，参看叶启政（2001）。若算到 2017 年，则已有三十五六年了。

④ 其中，最有表现成绩的莫过于环绕着杨国枢创办的期刊《本土心理学研究》所发表的论文。至于杨国枢领导之研究团队的研究成果，可参考杨国枢、黄光国、杨中芳（2005）。

⑤ 另一个一向致力于研究"本土化"的心理学家黄光国在最近的著作中亦有类似的主张。他认为，目前心理学本土化运动已走到一个十字路口，在此刻，应当"走向国际，采取'多元典范的研究取向'，遵守各种典范的游戏规则，严格采行应对的方法论判准，并在国际学术期刊上发表论文"，而不是"拿'多元典范的研究取向'作为借口，在'本土化'的盾牌之下，用'素朴实在论'的方法，建构出'独树一格'的'理论模式'，自得其乐；或者用'素朴实证主义'的方法，累积充满'本土原味'的实证资料，以量取胜；甚至写些'没有人懂，只有我懂'的文章，喃喃自语；然后自己办杂志，自己登自己的'论文'，'关起门来作皇帝'"（黄光国，2005：75）。

2005: 353-358, 362)。杨宜音即做了这样的评论：这样的导向其实只是一种跨文化研究，而非纯粹的本土化研究，因为"……写给中国人看的是同一文化影响下的差异或相同之处，以及找出其本土原因，而写给外国人看的是中国人与外国人的差异或相同之处，原因已经设定在文化上的不同了"（杨中芳与杨宜音，2005：357）。

我所以引述杨中芳与杨宜音对杨国枢本土化立场的评论，目的并不在于加入她们的阵营，乃至完全同意她们的论点，而只是希望透过她们的论述蕴涵的意思[①]来隐示一些可能的端倪。我要说的是：甚至，连一向追随杨国枢坚持镇守"本土化"路线的学者都感受得到，即使如杨国枢这样一位提倡学术研究本土化的先锋人物，到头来，也对自己坚持的主张立场有了某种程度的欲振乏力之感，甚至可以说，走到了一个必须考虑有所回转的十字路口。

其实，我真正要指陈的是，经过近三十年的努力酝酿，"本土化"所以面临一定的挑战，情形并不单纯如杨中芳与杨宜音指出的，乃来自于华人学术界本身对自己学术研究成果的"国际化"期待与要求这样的结构性压力而使得其路线必须有所调整[②]，而是有着内涵在"本土化"概念之中更为深层的认知因子使然。正是这样因子的存在，尤其并未在学术圈里获得适当的认识与共鸣，以至于使得"本土化"在诸多回道中徘徊摆荡，不但彳亍难行，阻碍多多，而且歧路纷扰多端，导使整个运动的推展倍感受挫。当然，话说回来，即使学术界的同仁们对这个内在的因子有着共鸣的认识，也未必立刻就可以使得"本土化"的表现成绩立刻改观，因为这中间又涉及一个现实的困境情势：西方的学术传统所形成

---

① 在此，我无意完全同意杨中芳与杨宜音的见解，指陈杨国枢因主张以英文在所谓国际期刊发表论文，即意味他已放弃本土化的立场。况且，我并没有其他更为具说服力的充分具体证据来予以支持。但是，杨中芳与杨宜音两位可以说一直是杨国枢之"本土化"主张的追随者，她们对杨国枢之路线的调整有这样的评论，显然，其内心的感受应是有着一定的"一手"，且难以言喻的体味，只是由于种种原因而无法畅所欲言。因此，虽无任何具体的证据可以证实杨国枢已弃守"本土化"的路线，她们的评论还是具有一定拟情性（empathic）的参考价值。

② 这样的要求几乎已成为亚洲甚多地区的学术界判断学术成果良窳与否的共同期待标准，并实际行诸为奖赏制度。

的感知模式早已绵密而细腻地布了局，有着极具绝对优势的主导地位。毕竟，要颠覆一个有着悠久而稳固基础，且已成为普世趋势的感知体系，并不是一件轻而易举的事。然而，作为关心学术的基础问题的非西方社会学科的学者，我总认为，我们有义务认真思考这样的课题，尽管，现实上，或许，我们并没有能力扭转整个学术界早已被西方学术的特定感知模式几近完全侵蚀的现象——至少在一段时间内，情形极可能就是如此。况且，除非是基于不可救药的民族主义感情，我们实际上并没有坚固的理由必须对西方学术的感知模式怀着敌意，以为非得予以完全颠覆不可。

二、经验实证思维模式下的"研究的本土契合性"说与其衍生论说

累积数年的思考与诸多经验实证的研究成果，杨国枢为"本土化"提出这样一个总结性的说法：研究的本土契合性乃是研究本土化程度的判准[①]。至于什么才是"研究（的）本土契合性"，晚近，他整理过去持有的看法，给它一个新的定义：

> 不论采用何种研究典范、策略或方法，在从事心理学研究的过程中，研究者的研究活动（课题选择、概念厘清、方法设计、资料搜集、资料分析及理论建构）与研究成果（所获得的研究结果与所建立的概念、理论、方法及工具），如能有效或高度显露、展示、符合、表现、反映、象征、诠释或建构被研究者之心理与行为及生态的、历史的、经济的、社会的、文化的或族群的脉络因素，此研究即可为具有本土契合性。不同的研究具有不同的本土契合性，只有具有足够本土契合性的研究，才可称为本土化研究。以本土化研究所产生的知识，才可称为本土化知识（杨国枢，2005：31）。

①　参看杨国枢（1997）与 Young（1999，2000）。

在这个定义当中，不管它指涉的到底是被研究者之心理与行为所赖以形塑的生态、历史、经济、社会、文化或族群条件中的何者，杨国枢甚为强调呈现在被研究对象世界中的所谓"脉络因素"，基本上是可以肯定的。为了突显此一因素可能彰显其所符合之"本土契合性"的要义，杨国枢回到他在 1997 年对"研究本土契合性"所提出的分类，强调其中的两类：脉络化本土契合性（contextualized indigenous compatibility, 简称 CIC）与非脉络本土契合性（decontextualized indigenous compatibility, 简称 DIC）（参看 Young, 2000）。前者乃用来意指此一涉及生态、历史、经济、社会、文化或族群条件的"脉络因素"。他说道：

> CIC 是指研究者的研究活动与研究成果不但能有效或高度显露、展示、符合、表现、反映、象征、诠释或建构所研究的心理与行为，同时又能有效或高度显露、展示、符合、表现、反映、象征、诠释或建构所研究之心理与行为所处的生态的、历史的、经济的、社会的、文化的或族群的脉络因素。CIC 亦可称为依赖脉络的本土契合（context-dependent indigenous compatibility）（杨国枢，2005：31）。

依循着此一说法，杨国枢指出，他在 1997 年的论文中虽提到"脉络契合性"，但却未涉及 CIC 此一"依赖脉络契合性"。继而，他区分了"脉络契合性"与 CIC 此一"依赖脉络契合性"，"脉络契合性与 CIC 不同，前者强调研究者的研究活动与研究成果要**单独**[1]与所研究之心理行为的脉络因素相契合，后者则强调研究者的研究活动与研究成果要与所研究之心理行为及其脉络所形成的**整体组合**[2]相契合"（杨国枢，2005：31）。准此，二者的区分重点乃在于研究者的研究活动和研究成果与所研究之心理行为及其脉络到底是以"单独"或"整体组合"的方式相契合的问题上面。尽管，两者之间如何区隔，作者并没有明确地予以阐明，但是，从其文脉来看，杨国枢在后来的论述中特

---

[1] 为了突显，笔者特别以粗黑字形予以强调表示。
[2] 理由同上。

别强调的，显然是舍"单独"，而以"整体组合"方式来谋求契合的课题。

依我个人的见解，于肯定研究者的研究活动与研究成果可以"单独"地与所研究之心理行为及其脉络相契合的前提下，杨国枢能够更进一步地强调被研究者的心理行为及其脉络所形成的"整体组合"，确实是碰触到了"本土化"的核心意涵，有了更能掌握人们身处之环境的"历史—文化质性"可能开展之意义的契机。然而，这样的说法是否真的妥帖地具有这样的契机，我个人仍然存有疑虑，值得在此进一步加以探究。不过，在探究之前，让我们先看看杨国枢如何安顿他所举出之所谓 DIC 此一"非脉络本土契合性"的类型。他说：

> ……DIC 是指研究者的研究活动与研究成果能有效或高度显露、展示、符合、表现、反映、象征、诠释或建构所研究的心理与行为，但不必同时探讨其所存在的脉络因素。此种研究认为心理行为与其脉络不但在概念上是可以分割的，在实证操作上也是如此。研究者可以将所研究的心理行为视为研究的焦点，将其脉络视为该心理行为形成、存在及维持的既有条件，在研究心理与行为的本身时，其脉络可以暂时存而不论。……在此类研究中，心理行为现象是焦点，脉络只是静默的既存因素。研究者的主要责任是使其研究活动及成果与所研究的心理行为本身之契合性最大化。基于以上的特征，DIC 也可以称为独立于脉络的本土契合（context-independent indigenous compatibility）。美国的本土心理学中的主流心理学研究，大都采取此种本土化契合性，其中采取实证论与后实证论两种研究典范的美国心理学者，尤其偏好从事非脉络性的研究。采取这两种典范的华人心理学者，亦可从事非脉络化的本土化研究（杨国枢，2005：32）。

经过这样简扼的引述，我们不免会发现，在杨国枢的心目中，研究"本土化"的取径可以是强调"脉络"，也可以是把"脉络"予以悬搁不论。对于后者，只要，在从事心理学研究的过程中，我们能够"确切"地保证，"研究者的研究活动（课题选择、概念厘清、方法设计、资料搜集、资料分析及理论建构）与研究成果（所获得的研究结果与所建立的概念、理论、方法及工具）"是掌握了心理行为现象本身的"本土性"，那么（特别采取实证研究策略地），以"单独"（而不必是"整体组合"）的方式来探讨"变项"间的因果关系，就具有了完成"本土契合性"的正当性。准此，重视"整体组合"的"脉络"研究，只是完成"本土契合性"的一种可能的另类策略，顶多，它只是更具有说服力或更周延而已，并非绝对不能不具备的考虑要件。

在此，我愿意特别提醒，杨国枢这样主张"以'单独'的方式来探讨'变项'间的因果关系，就具有了完成'本土契合性'的正当性"的说法，诚如他自己明白指出的，是以"美国的本土心理学中的主流心理学研究"为基点来确立的。在这样的认知中，有一个极为根本的现象必须特别予以指明，这是：美国作为一个领导整个世界学术研究转向的第一强国，它的研究基本上即是美国"本土"的，根本就没有如边陲社会一般，有着"本土化"的提问，并让它成为议题的焦虑性需要。准此，对美国心理学家来说，美国的心理学，不管主流与否，基本上，可以说都是"本土"的研究。只是，在"强调经验实证之自然科学肯确普遍真理可证成的科学迷思"与"美国学术典范具绝对支配优势"此二现象的交互影响之下，美国的"本土"研究成果偷偷地越了位，特别是被留学美国之边陲社会的知识分子（或至其他西欧中心社会者可能亦然），供奉成为具普世效准的知识，而以之作为从事研究的依据典范[①]，如此而已。所以，"以'单独'的方式来探讨'变项'间的因果关系，就（可以）具有了完成'本土契合性'的正当性"这样的说法，原则上，只适用于具有主导优势的中心社会，并不能施用于有着"本土化"焦虑之边陲社会的学术场域，因为，这样的"本土化"焦虑所以引起，基本上，即因边陲社会的学者们日渐意识到，中心社会的诸多"本土"研究因居绝对优势的地位，导致在认知上产生了严重的越位，被当成是具普世效准的知

[①]　无论就认识论、方法论或实质的论述内容，都是如此。至于潜藏在整个经验知识体系背后特定的哲学人类学存有预设，绝大多数学者们根本就没有意识到，更遑论认清其中种种有关人与社会基本存在基础所内涵的特殊意识形态了。

识典范。

总之，当我们把对一个社会的"历史—文化质性"予以"脉络"考量，并看成只是完成"本土契合性"的一种可能另类策略的时候，无疑的，它将有着"矮化"了"历史—文化质性"对确立研究"本土化"的基本内涵所可能具有不可或缺之深层意义的疑虑。我个人认为，杨国枢所以有这样的主张，其中内涵一个至为关键的观念。简单说，这个观念是：预设一个外在于个体之可观察（乃至可测量）的客观现象是"如实地"存有着。基本上，这样一个充满着实证主义色彩的认知立场，首先乃确立了现象的客观可证性，进而，纵然承认有着所谓"历史—文化质性"的话，这个质性乃被认为，可以（也必然地）从可实证的现象所彰显的种种特征中"自然"地呈现出来，我们大可不必（也不可能）大费周章地来加以预设。易言之，研究的"本土性"既不是来自于研究者本身参酌日常生活场域中的经验体验来形构"历史—文化质性"的想象预设，也并非关涉语言的文化意涵问题，而是对于可实证的经验素材是否有了适当且客观的"契合"掌握上面。于是，"本土契合性"为的是确立科学的客观性，涉及的是后设可证性之经验真实的问题。"脉络"的考量与否以及如何选择和定调的种种设想，于是乎并不是形构和证成"本土契合性"的必要条件。提出"主体对'历史—文化质性'的设定乃确立研究'本土化'的必要条件"这样的说法，自然也就是不可想象，更是不可能被接受的主张了。

这些年来，另一心理学家——黄光国教授，就方法论的立场来审视心理学研究本土化的问题。他力主研究的本土化还是要有一定的普同一致"规矩"作为依据，而这一个普同一致"规矩"的最终依据即是西方的科学哲学（黄光国，1999a，b，2005）。他是这么说的：

　　……科学哲学（则）是西方学者反思其科学活动所找出来的游戏规则。我们不懂游戏规则，当然也可以"从做中学"，用"土法炼钢"的办法，慢慢揣摩，悟出其"窍门"所在。可是，我想强调的是：科学哲学毕竟不同于"禅门心法"，非要靠"身体力行"，才能悟得其中三昧。科学哲学只不过是西方科学家建构其"微世界"的

"游戏规则"而已。倘若我们学会这些"游戏规则",便可以"站在巨人的肩膀上往前看",收到事半功倍的效果:我们为什么舍大道而不由,非要坚持"土法上马",靠"两条腿走路","摸着石头过河",一定要摔得鼻青脸肿,还不肯悔悟?(黄光国,2005:76)

至于西方科学哲学传统中的众多"典范",黄光国独独欣赏"建构实在论",且被他认定是当前西方科学哲学中最值得依靠的游戏规则,可以用来作为对研究"本土化"的推动予以定调的方法论依据。他即这么说道:"……我从西方科学哲学的视域,以'建构实在论'的思想作为主轴,检讨了心理学本土化运动中的方法论问题,希望能为心理学本土化运动奠下坚实的方法论基础。"(黄光国,2005: 75)至于如何运用"建构实在论"来彰扬心理学本土化,他认为,

> 从建构实在论的角度来看,"心理学本土化"运动最主要的意涵之一,便是要用西方社会科学的"技术性思考",建构各种"理论"或"模型"的"微世界"来描述:在其文化遗产影响之下,本土社会中的人们如何在其生活世界中和不同的社会对象玩各种不同的语言游戏,这种根植于其生活形式的语言游戏,又如何影响他们的思想与行为(黄光国,2005:69)。

以此为基础,黄光国更进一步地主张采取所谓的"多元典范的研究取向",即:视问题的性质,采取不同的研究典范,而非以"本土/非本土"的两分方式来判定心理学研究的好坏(黄光国,1999a,b:2005:71)。

很显然,既然,在黄光国的心目中,"建构实在论"作为一种科学哲学的典范,其可能蕴涵,并推衍出来的,是使得"心理学本土化"最主要的意涵之一在于成就西方社会科学的"技术性思考",那么,至少单就方法论的立场来说,其实,也就没有必要"本土化"的问题,更是没有任何的可能性了,因为"建构实在论"之"任何实在都是建构的"这样的基本命题即已充分保证了"本土化"必然是内涵在"建构"之中。于是,"建构实在论"本身即自动地保证了知识"本土化"必然是可能的。

在此情况下，研究者自然就不必时时刻刻地把"本土化"的意识放在心上，而"本土／非本土"两分的思考方式也就跟着没有任何意义了。

在这样的思维基础上，作为"技术性思考"的方法论，"建构实在论"的要旨于是乎并不在于提供研究者任何具体而可行的实际研究操作技术或策略或适当之概念语言的选择，而只是作为一种导引研究的基调，提供基本立场，如此而已。简单说，这个立场是："肯定"任何社会研究基本上都是研究者以其自己建构的"微世界"观来逼近一般人的日常生活世界的一种语言游戏。因此，就对人的心理行为与社会现象推动实际观察研究的立场而言，整个问题乃转而在于，我们如何判定这个具语言游戏特质的研究者的"微世界"观具有多大的正当性与价值（或谓其意义何在），可以作为逼近一般人之日常生活世界的依据？显而易见，就此角度来看，"建构实在论"本身并无法有效地提供任何具特定历史—文化意涵的意义，更罔论对人们理解自己的处境有着怎样的启发作用。换言之，"本土化"的问题核心，并非如黄光国认为的，被安顿在确立西方科学哲学（特别指涉"建构实在论"）在方法论上作为游戏规则所彰显的绝对必要性。况且，情形是否即是如此，本身就有着讨论的空间。依我个人的见解，研究的"本土化"毋宁有更为深层的课题值得提问。除了方法论之外，它尚涉及认识论，乃至存有论的层面；或说，至少必然涉及一些具特殊"历史—文化质性"的实质概念与经验命题。

进行到此，让我再举另一位推动"本土化"运动不遗余力的社会心理学家——杨中芳教授的见解来予以阐述，以彰显诸多致力于"本土化"运动的先驱学者们常持有的认知模式。在研究华人的心理行为时，杨中芳相当重视所谓的"文化／社会／历史"脉络（杨中芳，1993a，b，1999，2005）。以此一强调为基轴，她采取相当务实的态度罗列了一系列进行"本土化"的实证研究策略：

1. 以实际观察当地人在现实生活中所进行的活动及呈现的现象为研究素材，从中找寻值得做的研究问题；
2. 用当地人在日常生活中熟悉及惯用的概念、想法、信念及经验来帮助审视、描述及整理问题中所显现的样式；

3. 发掘当地人运用以彼此沟通及相互理解的意义系统，从而用之理解所呈现样式背后的意义；

4. 凭着这一理解，提出一套对研究问题的解说或理论；

5. 研制适合探研当地人的程序及方法；

6. 来对解说或理论进行实证验证、延伸或推广；

7. 从而建立更能贴切地理解当地人及对他们更有用的心理学知识（杨中芳，2005：100）。

根据上面的引述，杨中芳认为，最能具体体现重视"文化／社会／历史"脉络的所谓"从叶中求根"研究策略莫过于，

在人们的日常生活（包含他们所使用的语言、概念，以及对他们行动的解释等）中直接去寻找可以理解及解释其具体行动背后的意义系统及意义。……顺此策略而下，对"如何把'文化／社会／历史'与个体的具体行动扣连"的策略选择，很自然地就是"个体生活在文化之中"这一有关"文化与个体之关系"的策略（杨中芳，2005: 102; 同时参看杨中芳，1993a，1999）。

无疑，杨中芳这样强调"文化／社会／历史"脉络与人们行动背后的意义系统的主张，多少隐含着"本土化"乃具有黄光国所认为之语言游戏的特质。尤有进之的，这更是指陈着，充分理解人们在日常生活中如何实际应对其"文化"脉络的行动策略是"本土化"的核心议题。平心而论，这样的主张已经碰触到了我心目中之"本土化"的核心要旨，即"历史—文化质性"的选择和确立的问题。只是，对此，她并没有提供我们更详细、有系统，且具有说服力的论述，而仅以上述之实证研究的方法纲领给予我们一些步骤性的指引。至于她为"本土化"所赋予以肯定的理想期待标杆："贴切地理解当地人及对他们更有用的心理学知识"，亦即呼应杨国枢所关切具实证色彩的"契合性"问题，则留给我们自己去想象了。

三、余德慧、林耀盛、李维伦的"文化间际交互参引"说

　　与杨中芳一样，余德慧强调"文化/社会/历史"脉络对"本土化"的重要性（余德慧，1997）。但是，不同于杨中芳所呈显的实体论立场以及把"本土化"定位为方法论之课题的主张，余德慧认为，"本土契合性"涉及的，基本上是以语言运用的文化意涵为基调所形塑之"陈述"性论述系统的发展问题。对此，余德慧提出所谓"历史救济"[①]的说法来加以申论。

　　作为心理学者，余德慧认为，心理学本土化的根本问题并非在于方法论或认识论上面出了问题，而是用来描绘现象的语言系统失妥。易言之，"本土化"的根本议题在于选择"适切"的语言来对所欲处理的对象予以陈述，因此，关键在于运用怎样的语言，才得以宣称是"适切"（或谓"契合"）。对此一议题，余德慧指出，一则，借用自西方（特别美国）的学术语言与人们在本土经验的感知模式脱了钩；二则，本土的文化场域又没有凝铸适当的心理语言，得以"适切"，且具反身性地来阐述人们的心理状态。显然，在这样的双重"失协"情况下，企图回到传统对人们行为与社会现象所可能提供的"理想"论述典范（如儒家思想本身或其表陈之诸多核心概念［如孝道］的理想字义内涵）来作为研究"本土化"的切入点，基本上是一种以零星打点来进行的游击战方式，并无法

――――――――――

　　①　余德慧于其文中（特别是在标题处）使用的是"文化救济"（cultural redemption）一词，而在文本中则使用"历史或文化救济"（余德慧，1997）。他似乎有意把"文化救济"与"历史救济"等同看待，也就是说，论及其中之一（如"文化救济"）即同时意涵其中之另一（如"历史救济"）。以宽松概约的立场来看，对此一用法，是可以支持的，因为二者确实相互扣连衔合着。但是，在此，我使用"历史救济"，而弃"文化救济"不用，最主要的理由是，我个人认为，在讨论此一议题时，时间向度是最值得关注的根本因素。因此，使用前者比使用后者，相对地更能贴切而传神地把"本土化"此一向度的深刻社会学意涵表达出来，且又能够把"文化"的意思蕴涵进去。另外，可以略加说明的是，英文的"redemption"一词原本承载着基督教"原罪"精神内涵之厚重的"赎罪"意思，但是，在此，我不使用"救赎"，而仍旧采用余德慧原用的"救济"一词，理由就正在于企图降低西方原本的文化色彩，避免此一来自基督教传统的厚重"赎罪"文化特质安套在我们原无此意涵的文化底蕴之中，而衍生过多不必要之缺乏任何本土历史意义的"误识"。

充分掌握当前的人们实际对现实世界所做之行为反应的整体文化意涵，因而，是不切实际，也是无效的。

针对这样的现象，余德慧认为，一个比较恰当的做法是，先与传统的经典论述典范决裂，直接回到一般人在具历史向度的日常生活场域里实际展现的种种现象，特别是被经典论述典范刻意不说出或无意间予以忽略之"未说"（unsaid），且"先见"（pre-understanding）的文化体现部分（如问卜疗病）来加以考察，其重点乃在于从中凝铸足以反映人们之生命韵律的共享"文化样态"①（余德慧，1997：268；同时参看余德慧，1996）。因此，第一，使用的语言不能完全受制于西方既有的心理学概念；第二，它也不能被当成只是一种表达概念的工具；第三，它更不是内在于知识论的。毋宁的，研究时所使用的语言需要从历史的空隙之中去寻找、挖取（即所谓"救济"），以俾能够展现本土的蕴生力，发挥文化特有的历史效果（余德慧，1997：241）。

顺着这样的思维轨迹，文化指涉的不是一个定型不变的静态实体，而是一种不断流动、更易的生成过程，尽管，相对地来看，其中的"核心"成分可能持续存在，并没有明显地易动。准此，我们不能以简单的"东／西"两分思维模式来理解"本土化"现象，应当采取不同文化之间交叉互映的观念来接近。就在这样的思维架构下，李维伦、林耀盛与余德慧更具体地为"文化间际交互参引"的说法做了进一步的综合阐述（李维伦、林耀盛、余德慧，2007a）。其说法相当具有启发性，值得在此引述②。

首先，他们指出：

本土化之可行并非在本土传统论述的范围打转，而是在现代全球化知识的回流里，为己身文化取得陈述的视角，而这视角的取得

---

① 更广泛而抽象地来说，套用列斐伏尔的用语，即所谓的历史质性（historicity），亦即本文所使用的"历史—文化质性"（Lefebvre, 1971, 1991）。同时，在此，值得一提的是，有关主张研究本土化的关键乃在于历史与文化意识的生成的说法，尚可参看林耀盛（1997）。

② 同时参看余德慧（2002）。

则在于将己身文化的差异加入新的元素，而不是将他者（强势）文化直接覆盖于己身文化，使己身文化逐渐消退或被取代，亦即，他者文化一旦输入于己身文化，必须加以细切、打碎或混音，被本土陈述消解，这无关原来输入文化的"原典"正确与否。然而，实情经常是学界以他者文化是否可以增益本土文化为原则，径行接枝工程。严格来说，既曰"接枝"，其实是移花接木，误识而已（李维伦、林耀盛、余德慧，2007b：12）。

于是，李维伦、林耀盛、余德慧再度肯确，唯有以本地场域为根本来发展陈述系统，才是"本土化"真正的栖居所在，而所谓"本土契合性"的所在也得依靠"陈述"这样一个形式来确立，并非实证论者所谓的"实证的契合"（李维伦、林耀盛、余德慧，2007b：12）。然而，现实上，我们如何能够如他们三人所愿的，避免对他者文化（在此，特指西方的现代学术典范）仅以"增益本土文化"为原则来进行单纯移花接木的接枝工程，而得以让他者文化输入于己身文化后，起细切、打碎或混音的作用，以被本土"陈述"融化呢？

对此一有关心理学"陈述"的文化生成，李维伦、林耀盛、余德慧提出了所谓的"双差异折射"理论。对此，他们是这么说的：

文化间对话逻辑的观点在于：将他者的观点吸纳于关系项，使得他者文化所显示的内部差异系统被限定在其文化的意涵，不得溢出。然而，作为关系项的位置会是一种移动值，其差异强度与差异方向不应该只有"同一"（"华人文化也是如此差异着"）与"对立"（"华人文化则有相反的结论"）两个范畴，而是去探讨两种同体异形的差异（homological difference），亦即我们把两文化都视为独立的相关项，他者文化所获得的差异体系不应影射任何本土系统的差异，就如同橘子系统不介入柳丁系统，本土文化的差异体系应当被提出，拒绝将他者的文化做平移吸纳，而是独立获得其自身差异的逻辑条件，然后才将两套差异的"形式"、"逻辑条件"以及知识论做比较，这时我们才透过比较指出本土文化的逻辑生成。这个知识生产的方法，我们称之为"双差异折射理论"（李维伦、林耀盛、余德慧，2007a: 165）。

接着，他们以此理论描绘"文化间际交互参引"的意涵和实际操作的基本策略原则，并提出这样的说法作为总结：

> 首先，文化差异绝不能一下子就跳跃到文化之间的差异，而必须确保各文化内部差异的本体性，也就是说，一个文化内部差异首先应是"意义生产的差异"，那是各个文化在自身的生活处境里头所孕育的"意义生成"，不能移植的部分，此差异是透过各文化内部自身的其他"后设系统"互相对差出来的，例如"语言系统、后设语言系统"相对于"处境生成与建构、社会结构、文化意识形态"等。这些差异系统以块茎（Rhizome）[①]的方式，以各种异质对立方式彼此相依相制，而形成协韵的生成。既然文化内部的差异系统是无可化约的，因此，文化内部的差异必须以自身为本体，其意义收成之脉络以系谱学的方法获得，而无法直接以与他者文化之交互参照来获得（李维伦、林耀盛、余德慧，2007a: 165-166）。

四、"本土化"是一种知识社会学的社会实践

行文至此，似乎已到了必须表明我个人对"本土化"之基本观点的时刻了。总的说，基本上，我分享着余德慧、林耀盛、李维伦三人的立论。其实，他们所提出之以"文化间际交互参引"的"双差异折射"理论来阐述具"文化生成"意涵的"本土化"过程，与我个人过去十多年来对"本土化"的认知和主张不谋而合，只是他们以更为抽象的概念语言来予以陈述，可以说为我的见解做了更形理论化的进一步注脚[②]。下面，

---

① 作者们明示出，此一概念引自 Deleuze & Guattari（1986）。

② 有关我个人对"本土化"的见解，参看叶启政（2001：第5—7章）。

就以余德慧、林耀盛、李维伦的论述为基础,对我个人过去提出的"本土化"主张再做一番整理,并从中粹炼出一些可以进一步思索的论题,尤其,确立探索的基本立足点和方向。

首先,我要再度特别指陈的是,揭橥有特定"客观先存"事实的实证主义观点,并不是我心目中为"本土化"议题设定的提问方式,因而,纵然"契合性"依然可视为重要的课题,问题的关键自然就不在于如杨国枢说的:

> 特定社会或国家的特定社会、文化、历史、哲学及其成员的遗传因素,一方面影响或决定当地民众(被研究者)的心理与行为,同时又影响或决定当地心理学者(研究者)的问题、理论与方法。也就是经由这样的一套共同因素与机制,才可保证当地心理学者所研究的问题、所建构的理论、所采用的方法,能够高度适合当地民众之心理与行为(杨国枢,1997:77)。

在这样的认知下,连带的,"本土化"的意涵自然就不会是企图透过对所谓"地方殊性"予以评比以累积知识,并为获致自然科学一向强调的普同性铺路。再者,"本土化"涉及的更不是仅及于方法论的层面,容或这可以是一个值得进一步探讨的重要向度。更重要的毋宁是,它尚触及以语言(特别语意与语用)为基调的认识论,尤其有关哲学人类学的存有论预设的根本问题[1]。

尤有进之的,既然"本土化"关涉语言的问题,它也就不得不牵涉语言作为一种社会行动形式的文化演进意涵与其引生的感知模式问题,而这基本上是一个关涉到具知识社会学之反省批判的实践课题。准此立场来看,"本土化"本身即是一种社会现象,只是,它是发生在学术界的论述现象。更具体地说,这乃意味着,"本土化"基本上即是,针对"现代化"而至"全球化"的历史演进过程,一个认知主体(特指研究社会与人之行为现象的学者)在经营知识的过程中,所展现一种具"历史—

---

① 有关作者本人对此一立场的论述,参看叶启政(2001:第5—7章)。

文化质性"之回转反省功夫的社会实践行动。因此，"本土化"是一个以特定历史与文化条件为基础来省思的特定"社会"问题，涉及的是研究者的认知取向与再概念化（或谓二度诠释）的问题，包含着诸如议题的选择、陈述的设定、概念的铺陈、语言的掌握与诠释的取向等课题。在这中间，人们强调的是形塑，并确立得以让人们（特指研究者）逼近世界的一种身心状态、文化感知模式与对时代氛围的适当定位（与选择）的问题。其中，我们最可能且必须做的是，从中爬梳整个可能内涵或衍生的核心文化意义。

在这样的认知架构下，所谓知识社会学的取径最重要的，乃在于帮助我们掌握潜藏在问题意识背后可能引生的特殊（特别是具"症候"潜在性的）"历史—文化质性"，连带的，更是希望借以有效地理解"本土化"可能回转出来之具摩荡攻错作用的"治疗"内涵，尤其，在予以推动时，它呈现的关键要旨。显然的，在这样强调"历史—文化质性"之意义转折的情况下，"能否客观而高度契合"地掌握被研究者的实际行为体现的"本身"并不是考虑的重点，甚至，这样的提问根本就不可能回答，因为我们既无法确定被研究者的实际行为体现的"本身"确实是（或应当是）什么，自然也就无从论及"能够客观而高度契合"的期望了。

假若我们把"本土化"定位为一种具实践行动性质的社会现象本身，并且采撷知识社会学的角度来予以关照的话，它首先碰触到的理当是，在"传统／现代"与"本土／外来"的双元力量的双重攻错下，边陲社会的文化体现所面临的课题。就此而言，最根本的问题无疑乃呈现在以下所标示的历史现象里头，即：十九世纪以来，以西欧与北美世界为代表的所谓中心社会挟持着优势的军事力量向亚、非、中南美洲等世界拓展，以谋求政治与经济利益，并同时宣扬基督上帝的理念。为了免于灭亡或遭受中心社会的完全宰制，许多边陲社会的人们认为，向中心社会学习以科学理性为主调而形塑的"现代"（特别是有关器用的科技）文化，乃自救必要之途。

在这样的学习过程中，中心社会的文化产生了一种优势影响的扩散作用，导使边陲社会的人们逐渐发现，他们所应向中心社会学习的，不能仅止于原本强调的科技器用面向，而是同时还得学习种种的制度形式。

之后，他们又发现，应该学习（且是深受影响）的根本乃在于文化思想、基本认知模式与行事理路等等涉及人们之意识和态度的深层面向 ①。这么一来，现实地看，一路学习到底，最后导致了边陲社会原本的整体文化传统产生了迹近完全崩溃的情形，以至于整个社会的文化主调几乎单向地朝向西方现代文明倾斜着。显然，当这样的情形波及知识体系的营建时，我们不免发现，绝大多数的知识（特别是所谓的科学知识）都是自西方倾销而来的不折不扣"舶来品"。

在这样的历史格局里，西方中心社会带给非西方边陲社会的一连串知识典范，基本上是一套极具体系性的"整体"，包括最基础的概念表意、基本预设、思考模式、理论架构、方法铺陈，乃至现实问题的认定、议题的选择等等，彼此之间莫不环环相扣，相互呼应着。在这样迹近完全倾斜的历史场景里，边陲社会学习到的知识，无疑只是发生在西方特殊历史背景（尤指启蒙时期以后）底下的文化产物。透过"中心—边陲"不平等关系所导引之优势文化的倾斜扩散作用，这套来自西方特殊历史背景底下的知识典范，遂成为看起来具全球"普同性"的知识体系（以及社会现象），有着作为确立绝对真理之后设性的现实效准作用。然而，在任何边陲社会里，本土（尤指传统）文化的力量都会有磁滞作用，尤其是有着悠久文明的社会（如中国与印度）更是如此。只不过，面对外来之西方现代的系统化知识体系，本土传统文化的元素经常是以非系统，且理所当然而不待言说的姿态体现在常人的日常生活世界中，构成了人们日常生活中种种生动活泼的文化故事（如谚语、儿歌、道德箴言等等）②。

如此一来，显而易见，经过了一百多年之西方现代文化的强劲冲击，当前边陲社会实际体现的文化现状，其实已是经过"外来（西方）现代"和"本土传统"两种文化彼此相互搓揉攻错而形成一种混合的现代"本土"形式。假若允许我们相信文化有着所谓的历史原型的话，今天存在

---

① 有关"文化优势的扩散作用"一概念的阐述，参看叶启政（1991）。

② 更具体地来看，在华人世界常可看得到的讲究算命、风水、针灸、民俗治疗等等，就是最典型的极端鲜明例子。

于边陲社会里的种种文化体现，已经看不见任何的纯粹历史原型（不管是外来或本土的）了。况且，特别就语言内涵的社会特质的角度来看，对来自西方诸多基本概念的学习，边陲社会里的人们原本就极为缺欠让他们充分掌握西方文化之元神的认知能力与社会条件，因此，他们更是往往学不到西方文化的精髓原味。情形特别值得注意的是，受到西方现代文化冲击日久后，边陲社会对于本土自身的传统文化更是难以有回归历史原貌的能力，况且，现实地来说，也未必需要如此的。总的来说，若说这是边陲社会的困境，那么，我们有的只是，在同时对外来（西方）现代与本土传统进行文化意义的移植时，总是因为时空背景的不同，人们不断有几乎无以避免的双重误认与误释。

五、"全球化"下"本土化"所具文化解码的意义

今天，整体人类面对的现实是，以西方之"现代化"文明为主轴所经营出来的"全球化"已是，且至少在一段时间内将继续进行，乃是不可避免的发展趋势。这更是导致边陲社会采撷西方现代的知识，成为不得不面对的现实条件。在如此必须同时对外来（西方）现代与本土传统进行文化意义的移植，且误认与误释又是无以避免的情况下，"本土化"基本上即是，也必须是从事着，如余德慧、林耀盛、李维伦所指出的，某种的文化意义（平行）移植的功夫，即所谓意义的"同质化"。在此，"同质化"乃意指"'意义的朝己翻转'，亦即他者的文化生成被我夺取，我将之翻转成为'我的视域内部的意义生成'，而不必顾及其原来的意义脉络，也就是对他者文化的独异处的否定"（李维伦、林耀盛、余德慧，2007a: 166）。

依我个人的看法，情形显得特别值得注意的是，这样的"意义的朝己翻转"的"同质化"现象，不只发生在与外来的西方现代文化交接之际，在回溯本土传统文化的当刻也一样地出现。诚如前述，这样的意义平移，不管针对的是外来现代的或本土传统的，总是把原有的文化意义结构予以冻结，乃至破坏掉，而且，往往也同时将自身的经验掠夺掉

（李维伦、林耀盛、余德慧，2007a: 166）。情形是如此的话，问题的重点毋宁乃转而在于，我们如何"适当"地同时对外来现代的或本土传统予以"移位"，以进行一个属于"本土现代"之自身文化的意义生成，而有一定的历史（尤其，当前此刻的文化）意涵，足以用来启发人们的想象与期待空间，以开创更合理而适切之未来世界的理想蓝图。

　　在此，我个人同意李维伦、林耀盛、余德慧的说法。他们指出，文化间的差异不是用来区隔，而是攻错。"所谓'攻错'指的是两个文化之间在相关领域上有所对应，但是对应之间是不一致的，这种差异可以提供相互观看的斜角，也就是透过他者文化与母文化的不一致，产生母文化的问题意识，使得母文化的存在不再是理所当然，而是必须成为思考的对象，并借着他文化的错位观点，对母文化的物象化过程进行剖析，即可深化母文化的生成机制"（李维伦、林耀盛、余德慧，2007a：187）。

　　显然，以外来的现代西方概念来对照、挤挖、凸显本土的传统想法，乃是一种如李维伦、林耀盛与余德慧所说的"文化间际交互参引"之"透过移位到外边，观看自己文化知识的性质"的策略（余德慧，2002：172-173；李维伦、林耀盛、余德慧，2007a：163）。其中，与他们的立论不同的是，我个人采取接受历史现实的立场，特别强调外来之现代西方的诸多概念（与命题）在整个知识建制过程中确实具有优势导引的位置，而这是寻找回转的分离点时极具现实之关键意义的决定枢纽。换句话说，就概念（与命题）使用的角度来看，"本土化"的首要功课是，在参照（且不可能完全舍弃）本土传统性所留存的文化磁滞效应的前提下，对来自西方的诸多概念（尤其是核心概念）与基本命题进行具"历史—文化质性"的反思，以分辨其用来理解和解释本地社会与人们行为时的"适用"性（同时也是"对差性"）。一样的，这样的分辨功夫也应当同时施用于检讨来自本土传统的概念与命题，以重新判定其运用于本土现代的"适用"性[①]。

___

　　①　此处所谓的"适用"性意涵的，基本上，不单纯是契合与否的问题，而是涉及对人类未来社会处境是否有足以引发具启发性之"历史—文化质性"的意义认定问题。

在对概念与命题进行分辨功夫的过程中，特别需要提示的是，不管整个检讨与判定的指向是外来的西方现代或本土传统的概念与命题，有一个基本功夫是必须做到的，即我们需要对概念与命题所承载之文化殊性的高低（或强弱）有所区分。简单说，我们所使用的概念或命题本身内涵的文化质性承载着不同程度历史殊性，需要加以区辨，否则，会产生严重的误识与误用，而有了"适用"性的问题。譬如，市民社会（civil society）乃发生在西欧历史场景中一种极为特殊的历史现象，是一个承载着"高"文化殊性的概念，一旦运用来分析或理解非西方的边陲社会时，着实有着"适用"性的疑虑。相反，诸如社会化（socialization）或增强（reinforcement）之类的概念，基本上则是具有"低"文化殊性，用于描绘任何社会中人们的学习历程，相对的，可以说是"适用"的。同样的，过去费孝通提出诸如"差序格局"与"同心圆的社会关系"来作为刻画过去的中国社会的特质，在当时，容或是有着一定的贴切适用性，但是，用来刻画今天已改革开放的中国社会（特别大都会地区或某个特殊阶层），是否依旧有效或必须做修正，就有再斟酌的必要了（参看费孝通，1993）。因此，在"本土化"的过程中，就经验实证的角度来说，当我们对概念与命题本身以及其承载的文化殊性进行分辨判定的功夫时，依据的基本参照准点既不是过去的本土，也不是西方的过去或现代，而是内涵在"本土现代"中已呈显出文化"混合"特质的"现在性"。无疑，对概念与命题本身以及其承载的文化殊性从事具时间序列意义的考古学或系谱学的考察，固然确实有助于我们掌握特定概念与命题的基本意涵，但是，到头来必须紧贴这个在经验面向上可证的"现在性"来进行理解与剖析，才可以说是整个"本土化"过程不可更易的基轴。李维伦、林耀盛与余德慧所说的"文化间际深度的交互参引渗透"为的，即是企图丰富任何讨论到的概念与命题的此一"现在性"的知识内涵（余德慧，2002：172；李维伦、林耀盛、余德慧，2007a：164）。

显而易见，经验可证的"现在性"确立了本土文化的独立性。纵然它吸收了外来文化的底蕴而获得一定的神韵，它所生成的意义毕竟还是人们自身在本土的特殊生活处境里所孕育出来的，是不能移植，也不可化约的部分。特别对边陲社会来说，这样的文化"现在性"的呈显，基本上乃反映着"外来现代"与"本土传统"两种文化基素以某种特定方式纠结混合的成形体现，乃深植在人们潜意识深处，构作出一堆极为"吊诡"的基本思维模式与行事理路。准此，追本溯源地对其背后之哲学人类学存有预设的历史原型有评比性的理解，并进行文化解码功夫，遂成为一项必须探究的严肃课题（同时参看叶启政，1997）。

　　内涵在"本土化"中的文化解码功夫，不只是以经验实证的方式针对文化的"现在性"进行事实性的确认，而且，更是一项可能为人类未来文明架设理想的自我期许工程。易言之，"本土化"乃为（学者）知识分子设定了一种由自身自地处境出发的文化实践活动。在今天这样一个已明显"全球化"的时代里，此一以（学者）知识分子为主的"本土化"实践活动指向的，当然不会只是局限在谋求"契合"本土区域特性的经验实证考量上面，而是进一步地期冀为西方现代性优势所主导的整个人类文明历史，注入另一股足以导引"质变"的回转力量。就此历史期待的角度而言，"本土化"意涵的，不只是针对特定区域之"现在性"的现实经验探索，更是对未来"全球"文化发展的一种深具"期待"性质的知性思考。换个角度来说，诚如在前文中提到的，它既可以帮助我们掌握潜藏于当前人类文明（当然，特别指涉西方的现代理性文明）中诸多问题意识背后的特殊"历史—文化质性"（特别是具潜在"症候"性的部分），连带的，我们更能借此回转出具"摩荡攻错"作用之"治疗"意义的文化内涵。

六、"本土化"具"留白"功夫的社会学意义——代结语

　　西欧世界出现以所谓"现代化"的形式来对人类予以"启蒙"，发展至今业已经过两百多年了。特别是在科技理性以迹近完全垄断的姿态支配下，固然，历来许许多多的人们认为科技的发展为人类带来无比的"进步"景象，但是，颇多的知识分子则意识到，人类整体文明似乎已面临着严重的灾难威胁，他们尚且不断地谋求改进与补救之道。在此，姑

且不去细论问题是否严重以及灾难是否即将来临等等经验可能性的问题，而让我们假定人类整体世界确实已有着问题的存在（诸如能源的短缺、环境的污染、地球的温室效应发酵、人性的贪婪与奢华浪费等等），是一项不争的事实。准此，单就人类寻求理解、解释与化解之道的现实角度来说，我们固然不能，也不愿轻率地下结论地说，西方人已经支付的努力是不够，理解与解释有误，或乃至提出的方案是无效的，但是，有一种现象却是常常可以看到的：针对"现代理性"所带出来的历史—文化场景而言，西方人基本上是"局内人"，长期以来惯性地承受了一个庞大而悠久之文化传统（特指来自希腊、罗马与希伯来的文化，以及笛卡尔主客双元互斥的哲学观）的体系性的熏陶，他们对整个文明早已有着相当定型的感知模式与行事理法，以至于在面对当前的"困局"而谋求化解之道时，视域往往被既有感知模式的理路所限囿，缺乏孕育具颠覆性的"另类"回转契机。

然而，对具不同文化传统背景的非西方边陲社会的人们来说，相对于西方现代（科技）文明，他们原本就具"局外人"的特质，承受不同的历史—文化经验，理论上，这些正是使得他们有更多蕴生具回转作用的"另类"感知模式的机会。当然，此种机会要能蕴生，有一个条件是必备的，即此社会中的知识分子（特指学者），必须同时对本土传统与外来现代的文化基素，具有批判反思的意愿和能力。然而，一两百年下来，非西方边陲社会的知识分子所缺乏的，正是孕育这样的批判反思意愿，尤其是能力。情形特别严重的是，诚如前文中陈述的，整个西方现代文明具有的压倒性优势早已促使整个边陲社会的基本结构形态往西方世界倾斜，这使得人们纵然对西方现代性有批判性的反思，在现实里，还是难以有效地颠覆西方文明在边陲社会所搭构起来绵密细致的体系基架，以让他们有营造另类社会形态的可能契机。说来，凡此种种情形恰恰反倒成为形塑了整体人类历史共业的现实基础。

尽管，过去的历史显示，针对西方现代性引生的历史场景，非西方的边陲社会确实一直缺乏透过批判反思来颠覆以营造另类文明的实质机会，而且，甚至，在可预期的未来也未必有这样的条件。但是，透过"本土化"的努力尝试，来自非西方边陲社会（特别其文化传统）的"另类"感知模式，确实有潜力可以用来作为检讨内涵在西方现代性里的"历史—文化质性"（如"理性"所衍生的矛盾两难困境）与其潜含的文化"症候"基轴，并借此回转出有效的"治疗"方案。在此，让我再说一遍：在人类文明必然走向"全球化"的不可逆趋势下，这正是"本土化"对探索"整体人类文明的发展应当往何处走"此一极为严肃的课题所具有的历史"使命"。

在我的观念里，对西方现代性内涵的"理性"此一"历史—文化质性"进行"症候"的揭示性考察，基本上即是针对西方现代文明的"留白"部分，从事一种借由特殊例外的文化基素来启发崭新文化意义的翻转显露功夫，以俾有化解西方现代性带来致命问题的契机①。显而易见，就契机蕴生的概率而言，非西方社会即是提供这个特殊例外之文化基素最可能的另类来源。准此，"本土化"所进行的，基本上可以说即是一种针对语言"留白"予以对照彰显而臻至翻转的一番思想事业。对我个人来说，其终极的鹄首先在于拆解西方主流社会思想背后的哲学人类学的存有预设，以重建一个对未来人类文明的缔造具有发挥想象力，且富启发性的"另类"感知模式与哲学人类学的存有预设命题，而其中一个最重要的现实目的即是，借此经营一套更具前瞻性的社会论述，以提供人类有经营更"合理"之生活方式的机会②。

简单说，"留白"是被遗漏而不曾被说过，或不可说，或甚至是完全阙如的部分。基本上，它并不自在地存在于原有的形式之中，而是需要仰赖人们从既有原已充塞挤满的"整体"中以"创造"翻转的方式来寻求（或释放）另类的"非凡而例外"部分。这可以说是人们对既有"整

---

① 此一研究策略的原始灵感来自阿尔都塞（1979）。阿尔都塞认为，马克思主义的论述最显著的成就乃在于，以所谓"症候沉默"（symptomatic silence）的方式，针对传统政治经济学分析资本主义社会时所"看不见"（invisible）的部分予以颠倒披露。

② 譬如，其中一个重要的课题即是针对潜藏在个人主义信念背后的基本存有预设进行剖析，以用来理解消费社会的特征，并进而提出具回转契机之另类哲学人类学的存有预设。如此对人类的形象有另外的基本想象，可以用来作为重建与理解人类社会与文明的基础。有关这样之取向的讨论，参看叶启政（2008）。

体"的理想图像进行具创造转化性的摩荡攻错功夫，体现的是一种同时
兼具破坏性与建设性的"发现"。借用伽达默尔的说法，这即是视域融合
（fusion of horizons）的一种运用（参看 Gadamer, 1975），更加特别值得
提示的是：它更是以与原有的"整体"内涵的理路具有某种"拨反"（尤
其是对反）回转而体现的部分 ①。

　　准此，"本土化"即是，透过一个认识主体的本地特殊经验的立场，
把已显开的"全球现代化"论说中内蕴的（对反）"留白"部分予以解
蔽地开发，以彰显具有创造"另类"足以丰富人类之存在意义与价值之
"历史—文化质性"的可能回转面向。譬如，针对现代化的冲击（而非现
代性之"本真"内涵本身），由"人"本身之处境出发的一种具特殊历史
质性的"感应"方式，即极可能是一种对我们所处时代具有揭露"症候"
特质的回转功夫 ②。因此，这样由"留白"而开显的"本土化"的基本课
题，绝对不只是与既有的实际彰显现象谋求意义的"契合"③ 而已。更且，
倾听"留白"散出的讯息，并不是为了在未来的世界成就"普遍平凡
例行"的实证经验事实，而毋宁是企图缔造另一个更具深刻意义的"历
史—文化质性"，且又可开展迸发的"特殊非凡例外"文化基素，以作为
参照基架来回转对整个人类文明的理解和期待。如此，对人类的历史—
文化处境而言，由"留白"而开显的"本土化"可以说是一种具反思性
的人为努力，它给予人们充分发挥想象创造力空间的机会。这样创造力
的发挥并非毫无根据，它乃指向于以酝酿、形塑具启发性的另类"历
史—文化质性"为基轴来发射特定的理念期待，进而作为创造新文明之
社会动力的基础。

（原文刊于《社会理论论丛》，第 4 辑，2009: 158-185）

---

　　① 在此，我所以使用这么拗口的说法，为的是避免落入黑格尔所主张之具内在性
（immanence）的"正、反、合"辩证思维圈套，而得以让现象的回转应变具有更多可
能的走向空间。
　　② 由于此一议题涉及整个西方社会学思想中复杂的论述历史，在此，无法以简单
语言说清楚。有关作者本人对此见解的论述，参看叶启政（2008）。
　　③ 更遑论实证的"契合"。

参考文献

余德慧

1996　《文化心理学的诠释之道》,《本土心理学研究》6: 146-202。

1997　《本土心理学的现代处境》,《本土心理学研究》8: 241-283。

2002　《本土心理学的基础问题探问》,见叶启政（编）《从现代到本土：庆贺杨国枢教授七秩华诞论文集》,页 155-183。台北：远流出版社。

李维伦、林耀盛、余德慧

2007a　《文化的生成性与个人的生成性：一个非实体化的文化心理学论述》,《应用心理研究》34: 145-194。

2007b　《东方心灵的内在织锦》,《应用心理研究》35: 11-14。

林耀盛

1997　《社会心理学本土化：反殖民主义与后现代论述之间》,《本土心理学研究》8: 285-310。

费孝通

1993　《乡土中国与乡土重建》,台北：风云时代出版社。

黄光国

1999a　《多元典范的研究取向：论社会心理学的本土化》,《社会理论学报》2（1）: 1-51。

1999b　《由建构实在论谈心理学本土化》,见南华大学教育社会学研究所应用社会学系（编）《"社会科学理论与本土化"学术研讨会：论文集》,页 1-40。嘉义：南华大学。

2005　《心理学本土化的方法论基础》,见杨国枢、黄光国、杨中芳（合编）《本土心理学》（上册）,页 57-79。台北：远流出版社。

杨中芳

1993a　《试论如何研究中国人的性格：从西方社会／人格心理学及文化／性格研究中汲取经验及启发》,见杨国枢、余安邦（合编）《中国人的心理学及行为——理论及方法篇（一九九二）》。台北：桂冠出版社。

1993b 《如何深化本土心理学：兼评现阶段本土心理学研究》，《本土心理学研究》1: 122-183。

1999 《现代化、全球化是与本土化对立的吗？——试论现代化研究的本土化》，《社会学研究》1: 57-72。

2005 《本土心理学的研究策略》，见杨国枢、黄光国、杨中芳（合编）《本土心理学》（上册），页 81-109。台北：远流出版社。

杨中芳、杨宜音

2002 《从"本土"回到"现代"》，见叶启政（编）《从现代到本土》，页341-363。台北：远流出版社。

杨国枢

1997 《心理学研究的本土契合性及其相关问题》，《本土心理学研究》8: 75-120。

2005 《本土心理学的意义与发展》，见杨国枢、黄光国、杨中芳（合编）《本土心理学》（上册），页 3-54。台北：远流出版社。

杨国枢、黄光国、杨中芳

2005 《本土心理学》（两册）。台北：远流出版社。

叶启政

1991 《文化优势的扩散与"中心－边陲"的对偶关系》，见《制度化的社会逻辑》，页 1-31。台北：东大出版社。

1997 《"本土契合性"的另类思考》，《本土心理学研究》8: 121-139。

2001 《社会学与本土化》。台北：巨流出版社。

2008 《迈向修养社会学》。台北：三民书局。

Althusser, Louis

1979 *Reading Capital.* (with Etienne Bailbar) London: Verso.

Deleuze, Gilles & Félix Guattari

1986 *Anti-Oedipus: Capitalism and Schizophrenia.* (the third printing) Minneapolis, Minn.: University of Minnesota Press.

Gadmer, Hans-Georg

1975　*Truth and Method.* London: Sheed & Ward.

Young, K. S.

2000　"Monocultural and cross-cultural indigenous approaches: the royal road to the development of a balanced global psychology," *Asian Journal of Social Psychology* 3: 241-263.

缺乏社会现实感的指标性评鉴迷思

一、前言

美国文化史家雅克·巴尔赞在其著《从黎明到衰颓：五百年来的西方文化生活》一书中曾经指出，在十四世纪的文艺复兴以后，欧洲其他各国都心悦诚服地自居化外之民，奉意大利为文化正朔。"这种心态其实并不是一种平衡的价值判断，而是有一种汲汲钻营者嫌弃自己出身，却赴外取经，以养成正确高尚品味、言行的味道。"（Barzun, 2004: 129）我个人认为，把这段话运用在我们的学术界，从过去一直到现在，都可以说是相当地传神，也甚为贴切。

长期以来，身处已成形之既有世界体系的边陲地带，在我们的社会里，许多人对西方中心（尤其美国）怀有着类似巴尔赞所形容之十四世纪的欧洲人的心态，说真的，并不令人感到讶异。只是，假如我们没有意识到，甚至是不愿意承认这样的心态的存在，那么，一旦这样心态长期存在于人们的心灵底处，就容易形成理所当然的惯性认知模式，而自以为即是真理常轨了。尤其，当它成为厘定整个学术发展之制度化政策的主导潜在意识的时候，其影响所及更是深远，而依我个人意见，这恰恰是我们当前所面临的处境。

首先需要表明的是，我个人自认并不是一个不顾现实而蒙着头只从理念出发的理想主义者；毋宁的，我是一个知道顾及社会现实的"务实主义者"。这句话的意思是，针对当前学术的发展趋势，我已深深体认到，进行评鉴是一个无以避免的时代潮流，更具有一定的"政治正确"性，没有人敢违逆，也没有人抗拒得了。因此，对我来说，纵然我个人有着百般的反对意见，但却已深深地体认得到，这几乎可以说是一个不得不接受的"现实"，再多的反对说词或动作，都不足以撼动这样的趋势成形发展。这么一来，剩下的问题很明显只有一个：如何进行评鉴才合理，也才对整个人文与社会学科界的发展具有建设性的助益？或者，换个角度来说，当前学术行政单位所推动的评鉴政策是否合理，尤其，对提升和强化整个人文与社会学科界的"素质"，到底可能具有怎样的影响作用？这是下面我要讨论的重点。

这几十多年来，整个社会产生了剧烈的变迁，套句大家常用的概念来说，社会由农业为主的形态迈进以科技为主导的工商业社会形态。在这样的发展过程中，所谓经济起飞是首先看得到的"成就"。在这儿，我不准备讨论这些"成就"是否真的是一项成就的认定问题，首先只想检视一项我认为与此"现代化"发展相伴而来的重要社会期待与要求——讲求效益与功绩的价值观所衍生的社会意义。

二、"效益""功绩"与"卓越"意识主导下的学术发展

在我们的社会里，经济生产领域的快速而高度发展，早已使得企业界视决策的经济效益以及员工的工作绩效为理所当然的"理性"考虑。风气影响所及，这样的一种"理性"期待与要求也逐渐扩及公领域中行政人员的身上，尽管实施起来容或是无法充分予以贯彻。如今，在学术界推动建立并实施评鉴制度，说起来，无非即是这样讲求效益和功绩的一种另类的"理性"表现形式，呼应的正是当前社会里的主导期待。

除了讲求效益和功绩的"理性"表现形式是推动实施评鉴制度的一股现实力量之外，我认为，于已创造了经济与其他"奇迹"之外，人们似乎变得愈来愈对自己有信心，其所期盼的已经不是局限于谋求温饱或物质的丰裕，而是追求卓越与文化生活的精致化。这样的企图心反映在学术界，简单说，就是企图缔造另一个"奇迹"（即学术"奇迹"）的高度企图心。于是，于讲究效益与功绩之外，追求所谓的卓越，成为学术界"领导"阶层为全体成员设定的期许目标。毋宁的，这样的企图心值得尊敬，也可以予以肯定。然而，整个问题的关键就在于，如何对一个学者的学术研究成果与教学表现的效益和功绩（因而，卓越的肯定），确立一个合理、可行且为大家共同接受的判定准则。

在经济领域里，效益与功绩是比较容易"客观"地被确立下来，最常见的是转换成为可以使用金钱来核算一个人的工作产值"业绩"来确立，而一个企业的卓越与否，也可以诸如总产值、盈利额、组织的大小等等具体数字来认定。尤其重要的是，这样的指标所具有的意义，几乎可以说是内涵在"经济"的概念里头，作为普世的判定标准，基本上，大家都不会有所质疑，至少，在市场经济信念盛行的社会里，情形是如此的。

至于公领域之行政人员的效益与功绩（即一般所谓的考绩），虽说比不上经济领域那么容易以实际的产值来"客观"认定，但是，毕竟，一般而言，公务行政人员都有相对明确的固定业务，还是可能谋得一个大多数人相对可以接受的绩效判准。 在我个人的认知里，要把这样一个评判的课题移摆到学术界来看，意见的分歧恐怕只有更多，不会更少的。总的来说，对一个学者的表现，不管是任教于大学或供职于研究机构者，我们能够找到类似上述这样一个合理性可以获得共识，且又足以普遍被认定是对社会产生有价值之贡献的绩效指标吗？基本上，我个人是持着相当保留的态度。

话说到此，当我们回过来审视当前人文与社会学科界的领导阶层为我们所订定的评鉴准则的时候，虽说他们所提出的政策性建议并非件件不合理，但是，我个人认为，其中被认定为核心的一些判定指标，却是有着过犹不及的荒唐，而且，设定得极端草率，乃至可以说是粗暴不堪。同时，这更显现出，在参与订定整个学术发展的总体政策时，这些具有左右决策之人文与社会学科界的领导者，对整个人文与社会学科知识的基本意涵，尤其西方人文与社会学科知识的发展史与隐藏于其后之哲学人类学存有预设的背景，并没有应有的起码认识。基本上，他们乃单纯呼应自然科学与工程科技学界的霸权势力所订定出来的学术评鉴规则，仅仅以东施效颦的方式仿行着。于是乎，对此一建制化的规则，不但缺乏反省，更别说有着说"不"的勇气。

我想，大家很明白，我指涉的这套由自然科学与工程科技学界所主导的评鉴制度是什么。说白了，这就是由强调美国学术界所发行之 SCI（Science Citation Index）所衍生出的 SSCI（Social Science Citation

Index），并进而建立起自己的SSCI以作为制度化之评鉴指标的重要依据。下面，针对此一比照自然科学与工程科技学界，而在人文与社会学科界建立此一具标杆性之评鉴制度的政策推动，我分成三个部分来表示一点个人的意见。它们分别是：（1）到底我们对学者（特别指大学教授）作何期待；（2）强调SSCI具有怎样的社会意义；（3）建立所谓TSSCI作为制度化的评鉴指标可能内涵着怎样的非预期的"负面"社会效果。

三、大学教授的双重角色要求

　　作为教师的一环，大学教授不同于中小学教员，自有其特殊的社会角色，其中最为明显的莫过于担负起创造与批判具承先启后之文化象征意义的社会任务，而若以当代人所持有之典型的意识形态来说，担负起科学与技术创新又被认为是其中最为重要的社会责任 [①]。在此，我不拟对这样特别强调科学与技术的论点多做讨论，仅只希望指出，这样对大学教授的期待，无疑是把其作为专业"研究者"的角色期待特别地予以抬高。在今天这样一个科技昌明、强调经济发展，且一切讲求效益的时代里，把大学教授定位为引导科学与技术发展的领航者，说真的，确实已成为一股难以抵挡的潮流，并且享有确立其角色的正当性，而这一切不是那么容易颠覆的。事实上，以如此经济发展挂帅之功利实用主义的意识形态来期待大学教育，在我们的社会里，早已不是新闻。无论是一般老百姓或社会精英（特别政府官员），多有的是持着这样的意识形态来"要挟"大学教育的发展。对此，我也不拟做任何进一步的评论，在此，我所要特别指陈，并加以讨论的只是，当大学教授扮演着所谓"教师"此一社会角色的时候，他是否有着一个可予以普遍要求的应然责任？若是，此一责任所具有的时代意义为何，理当是需要严肃正视的问题。

　　在我的观念里，大学教授作为"教师"，确实是有一个应然的责任要

　　[①]　有关此一角色的讨论，参看叶启政（2001）。

求的。简单说，这可以借着中国唐代的韩愈在其著《师说》一文中所说的一句话"师者，所以传道、授业、解惑也"来加以概括。准此立论，大学教授的社会角色于是乎应当是双重的。他们既是担负着创造与批判整个社会之文化象征的任务，同时也肩负有传递知识给（尤其教育）下一代的责任。在此，为了方便讨论，姑且让我以"研究"一词来称呼前者，而以"教学"来概括后者。这也就是说，一个理想的大学教授同时肩负着研究与教学的任务，而这正是他们作为教师，但却不同于中小学教师的地方[1]。显然，如此一来，一个大学教授如何在研究与教学的双重角色要求之间寻找到一个妥帖的平衡点，自然就成为关键的问题。固然这或许是任何一个大学教授自身必须（或至少可以）思考的问题，但是，更重要的，这是大学自身，或乃至整个社会（或至少政府有关部门）应当考虑的制度性课题。换句更为具体的话来说，期待一个大学教授同时在研究与教学上面均有着优异的表现，或者，以研究为重心来引导教学，在制度上会不会是一种"过分"的不当要求？

是的，我们并不排除可以找到在研究与教学上均有着"优异"表现的"天纵英才"型的教授，但是，毕竟，这是少数。无论就人格特质、聪明才智、意志能耐等等角度来说，事实上，绝大多数的教授都是与一般人一样的平凡。或许，由于职业角色的关系，我们顶多只能要求他们比别人多用功一点，而资质上也可能比较优秀一些，但是，我们却并无法祈求他们同时兼顾研究与教学而均保持着优越的表现品质。现实来看，研究与教学就像鱼和熊掌一般，不可能期待是兼得的。当然，二者均具有一定起码水准的表现是可以要求的。

或许，正由于大家有这样的现实体认，在制度上区分所谓研究型与教学型大学，于是乎被许多人认为是整个高等教育体制势在必行的发展趋势。显然，在这样的发展模式的指导下，我们是可以把一些大学界定成为研究型大学，而且，政府也确实可以透过种种行政机制来予以导引而贯彻执行着。但是，对于占绝大多数的大学，平心而论，政

---

[1] 我的意思是，基本上，"研究"不是我们期待中小学教师应有的基本任务，而且，就教学而言，我们也并不充分期待他们具有创造与批判文化象征意义的"重责"。

府实际上是管不着，也难以管得着，只能让高等教育的市场机制中那一只"看不见"的手来自动调整，或让特殊学校领导阶层的特殊自我期许来导引。

四、SSCI 制度化对研究型大学之人文与社会学科发展的可能冲击

谈论到此，可以牵引出来的问题似乎比预期的还多，我当然无法一一讨论。在此，我只能选择其中一个有关的课题来表示个人的意见。简单说，这个课题是：推动研究成果 SSCI 化（下面简称 SSCI 化），到底对整个高等教育，特别是有关所谓研究型大学的人文与社会学科的教育功能，可能带来怎样的冲击？

首先，我要指出的是，很显然的，这种 SSCI 化的制度，对绝大多数的大学（特别是这些年来新兴的大学），在可预期之未来的一大段时间内，是不会产生任何作用的，因为，对这些学校来说，他们若非把办大学当成经营一般的企业一样，为的只是"赚钱"（或扩展影响势力），就是根本没有以研究为重点的客观条件，甚至也未必有此意愿。事实上，对他们而言，连把教学的部分办好，就已经是大成问题了。假若这样的说法是可以接受的话，那么，我们在此讨论的重点就得摆在所谓的研究型的重点大学了，而这也正是 SSCI 化冲击最大的场域。

就历史进程的发展轨迹来看，一个社会的经济繁荣发展，是使得大学的运作品质得以更形卓越的基本后盾条件。若是这样的发展阶段论可以接受的话，那么，今天学术界对提升大学的品质，进而追求卓越所做的努力，可以说是处于才刚起步的阶段。平心而论，在过去五六十年间，单以我曾经任教三十年的台湾大学作为一个领头学府的例子来看，其整体的学术水准与教授们所付出的努力表现，无论就教学或研究而言，确实是可议的。其所以如此，自有诸多的特殊历史、文化与社会条件作为原因，我不拟多加论述。在此，我所关心而希望提出来与大家分享的是，在此一有决心提升品质的初期阶段里，SSCI 化对被定位为研究型大学的重点学府里头的人文与社会学科，到底可能产生怎样的影响？

在我的观念里，人文与社会学科的知识所处理的，最终必然关涉当地社会的文化（与历史）意义以及期待，因此，无论就教学或研究来说，人文与社会学科的学者必须讲究适当"身心状态"的熏陶和养成，也需要孕育敏感的历史与文化性"感觉"触角，而且，这些必然是要以"在地化"的姿态来进行的。换句话说，人文与社会学科之知识的经营是需要在地的泥土来滋养，才可以有社会意义，也才可能展现出其学术价值和贡献。即使在今天这样一个所谓"全球化"的结构形态俨然已成的情况之下，情形亦复如是。

职是之故，在人文与社会学科知识的经营过程中，我们基本上既无法超脱在地特殊时空的必要制约，更是难以如一些（甚至是绝大部分）理工科系的知识经营乃高度仰赖把自身之身心状态抽离的客观"实作"（最典型的例子是做实验）来成就。相反，整个人文与社会学科知识的经营，乃要求人们把整个身心状态收拾起来而以关注的方式投入自己的文化场域，并且需得强调人们彼此之间具备主体互通之感应的可能状况。

倘若以上的说法可以接受的话，它其实传递了一条基本的信息，即：无论就教学或研究的角度来看，人文与社会学科的知识在在需要以在地文化作为底蕴，并且以论辩的方式作为累积知识的基本形式。因此，沟通不只是达致知识累积的条件，而且是会通知识的文化内涵所绝对必要的介体。用句简单而通俗的话来说，对一个人文与社会学科的教授来说，若欲善体文化底蕴的意义，教学是促发自己的研究有所精进最有利的一种作为，更遑论教学本就是一个大学教授作育下一代的"天职"这样的伦理性要求了。

基于以上的论证，我个人认为，一旦 SSCI 化的制度予以贯彻，下列四项现象将极可能会发生：

（1）固然，对某些人文与社会学者，这个制度的运作并不会影响他们既有的学术作为，他们一样可以在研究与教学上有所成，但是，这毕竟是少数具备"天纵英才"资质者才做得到。对绝大部分的学者，多少势必需要牺牲教学的品质与热诚来换取成就研究成果要求。尤其，审视当前一般学子选择就读大学的行为模式，这样的研究导向的大学发展趋势，势必使得教授们走向了牺牲教学而以研究为重的道路。结果是，一批聚集在顶尖大学的最优秀的未来社会精英（指大学部的学生）即可能得不到应有之高品质的知识训练与人文熏陶的机会。

（2）纵然教学还是被肯定，但是，也极可能走向以个人特定的研究旨趣来引导教学内容，而有产生僵固片面化，且与本地现实脱节的情形之虞。对此，我必须做一些进一步的说明。在上面我提过，在有关人文与社会学科的学术发展这个议题上面，我个人是一个"务实主义者"。基本上，我接受学习西方的知识乃是不可以避免的时代潮流，过去如此，今天如此，未来的一大段时间内亦复如此。但是，诚如我在前面提到过的，作为身处以西方文化为主调之世界体系的边陲地带的学者，当我们吸收西方的知识，并加以运用时，不能只是单纯地采取自然科学所惯用之（具实证性格的普遍性的）断代横剖（尤其次领域化）方式来进行知识的研究和传递，而忽略了形塑整个西方知识体系的社会思想史与社会史的背景，尤其是把支撑整个知识体系背后的哲学人类学存有预设完全予以忽视而架空掉。然而，遗憾的是，长期以来，这恰恰是整个人文与社会学科界最常见的实际操作方式。我认为，这样的现象更可能因 SSCI 化的制度予以贯彻而愈形加剧。结果将会使得我们更一味紧密地向西方（其实是美国）倾斜靠拢，如此一来，我们对西方人文与社会学科知识的理解将更形片面化、技术化、僵固化，也愈来愈缺乏反省与批判的能力，更遑论有所自我精进的契机。

（3）更严重的将产生已在理工科系普遍发现的一种"偏离"的教育现象。简单说，这个现象是，学生（尤其研究生）被卷入整个学术研究的生产体制，成为教授从事论文生产时被"剥削"的劳动工具。对学生而言，他们所祈求的，只是从中学习并累积一些从事学术生产所必要之仪式性的成规，更重要的是换取到将来在学术界谋求晋升所需要的社会资本。在这样知识生产模式的循环过程中，一代又一代地因循、迎合着这样之 SSCI 化的生产逻辑而相互提携与奥援，美其名是为了提升学术水准、进军国际学术界，但是，事实上，却只是在诸如揣摩美国学术界的时尚热门研究议题与论文写作的特定偏好形式等等同一实理理路下，进行着毫无反省意愿的惯性生产模式。没错，个人的产量是增加了，也在所谓的国际学术界上显露一定的能见度，甚至拥有一定的知名度，然而，对我们的社会，尤其子子孙孙，或甚至只是对我们自身的学术传统，到底有何意义，却变得无关紧要了。尤其，这无形中将使得原本已经向着美式知识经营体系严重倾斜之既有主流知识力量的霸权势力有着更形加深的机会，终成为绝对的主导力量。

五、SSCI 与 TSSCI 制度化的相互加持——被扭曲之异化的功绩主义

事实上，黄厚铭已经很清楚地指出，不管拿着已有的 SSCI 或借着本地建立的 SSCI 来作为评鉴大学教授的成就品质，是一项严重的误导作为（黄厚铭，2004）。我们必须知道，美国学术界发行 SSCI 此一索引性的东西，原只是充当资料库性质的检索功能，并无用以作为评量论文品质的优劣良窳的意思。我们如今把它当成评鉴论文品质的"指标"来看待，从根本上说，就是"不科学"，既不合理，又相当粗暴。说来，这是严重的越位，而且，不免有着拿着美国人的羽毛来当自己的令箭之虞，说是十九世纪以来非西方世界的历史屈辱所衍生之集体"自卑情结"的一种残存表现形式，应当是不为过的。总的来说，环绕着这个问题的前前后后所衍生的议题，黄教授讨论的已够多了，我不再赘言。下面所将讨论的，只是把焦点摆在 SSCI 与衍生的在地 SSCI 化的制度所可能衍生的社会意义上面，并进而提出一些个人初步的看法。

撇开对教学的影响不谈，依我个人的意见，强调 SSCI 化的生产理路与在地之 SSCI 化的制度理路，对整个人文与社会学科界的发展，具有不同的意涵。首先，我要指出的是，强调 SSCI 化的生产理路，乍看之下，极像过去几十年来所呈现之最典型的经济发展模式——"出口导向"，但是，仔细一想，却是具有不同的意义，也产生不同的影响。其中，最为明显的是，有能力条件，且愿意依循 SSCI 化的制度来进行知识生产的人文与社会学科的学者，在整个社会的学术人口中，终将是极为少数的。同时，不同于一向所展现之出口导向的经济生产模式，这样出口导向的学术生产，至少在未来可见的一大段时间里，基本上并不是为了类似赚取外汇或拓展贸易版图的向外性的势力扩展。它毋宁是一种希望透过向

外求得中心学术体系的认定转而向内取得正当主导权的认证过程，因此，其意义是对内而非对外。易言之，其所反映的基本上并不是向外拓展影响版图的高度企图心，多有的只是体现着集体历史经验所累积之潜在自卑情结反射出来的一种缺乏自信心的心理状态。只是，如此的心理状态经常是为"西方（特别美国）的学术乃'客观'地优于我们"这样的"事实"认知所掩盖着。

其实，不管我们对其心理基础做了怎样的历史性诠释，都是不紧要的，因为，在居领导地位的学术行政单位极力推动以 SSCI 化来落实评鉴制度的情况下，这批具 SSCI 化能耐的少数"秀异"学者，不但夺得绝大部分的荣誉与利益机会，而且，也顺理成章地成为学术界中有权力决定且强化整个制度之走向的举足轻重"领导"人物，他们说的话总是一言九鼎，深具影响力。如此以借助向中心学术体系（特指美国）靠拢的SSCI 化方式来证成"提升学术水准"与"追求卓越"，被许多人认为是迈向所谓"国际化"的必要过程，纵然其中可能是有一些必要的"恶"。然而，对我个人来说，这些必要的"恶"正是可能带来一些"非预期效果"的关键，对整个人文与社会学科未来的发展将产生严重的影响。如果让我们转个角度来看，其中最值得关心的是，一旦 SSCI 化推到极端，"提升学术水准"与"追求卓越"作为努力的目标，其实只是一种自我定义与自我生产的必然结果，因为它早已为这批具 SSCI 化能耐的少数"秀异"学者靠着制度化的体系自我界定，也自我证成了。尤其，在异议力量没有足够能量来匹敌对抗的一面倒情况下，SSCI 化无异于是企图对学术界内部的自身进行一种价值"均质净化"的"整肃"运动。说来，这是以极具迂回性之美丽而眩惑的语言词藻来缔造绝对霸业的努力功夫，当然是展现不出儒家所宣扬之王道作为的风范的。

对本质上不可能，也不应当规避在地文化与历史意义问题，尤其是正处于起步发展阶段，且体质脆弱而纤细的在地人文与社会学科界来说，这样企图挟洋以自重之定于一尊的 SSCI 化霸业，无疑，在一开始就把整个可能的多元发展（尤其具特殊文化与历史个性）的生机给扼杀掉了，因为这批具 SSCI 化能耐之少数"秀异"学者早已不自主地成为市场经济思维主导下的"生产机器"，毫无在地的人文关怀，也缺乏历史—文化意识。毫无疑问，SSCI 化确实是具有一股力道，足以把人们（当然，尤其是这批具 SSCI 化能耐的少数"秀异"学者）在从事研究思考时推向一个方向去的。简单说，这个方向是：西方人（特别美国老大哥）所订定、所喜好、所习惯的思考、认识与表达方式，以潜移默化的方式确定了我们应当以怎样的方式来对我们自己的文化与社会进行理解、认识和建构的工程。尤其，在这个被宣称已是全球化的时代里，原本只是具备优势地位的特定西方学术传统，却因其文化优势长期以来高居不下，甚至变本加厉，以至偷偷地被供奉成为具有普遍有效意涵的"真理"知识。它享有普世的价值，也普遍地被我们当中许多的"秀异"学者当成具绝对真理性的"科学"来崇拜着、"信仰"着。

就其基本内涵来说，在地的 SSCI 化是不同于 SSCI 化的，虽然二者总是相互辉映，也相互奥援着。基本上，在地的 SSCI 化与 SSCI 化有着导使学术界为其成员创立一种"啄食次序"（pecking order）的作用，就像在鸡群中似乎总是定有谁可以先啄食，谁必须等到最后才有啄食的机会一般。换言之，SSCI 化不同于在地的 SSCI 化的，乃在于它特别以"挟洋以自重"的形式来形塑学术声誉与建立学术霸业的"啄食次序"。就此一区隔条件来分殊，作为评鉴的依据，SSCI 化基本上是比 TSSCI 化更具权威性，也更为学术领导者所看重。别的不说，单就国际化的"崇高"理想目标来说，情形必然就得是如此的。

因此，在强调评鉴指标化的制度运作下，SSCI 化基本上是比在地的 SSCI 化更高一等。假若 SSCI 化是用来达成区分、筛选出极少数"秀异"学者的功能（诸如决定有否条件获得种种特殊奖项、荣任讲座教授或院士等等殊荣）的话，那么，在地的 SSCI 化最主要的意义则是用来区分这些剩下"平凡"学者的学术表现的良窳，而于其中找出属于"优等"范畴者，尽管未必是"秀异而杰出"。于是，SSCI 化与在地的 SSCI 化既是可以区分开，又是以阶序的方式关联在一起，成为构作一个既分又合之霸权集团的制度性机制，而这也成为领导整个学术发展的标杆，参与其中之学术游戏有成者往往即成为许许多多后进者学习、跟随与瞻仰的对象。

其实，在学术界中，存在阶序的格局，原是一种常见的社会现象，甚至可以说几无例外，关键在于这样的阶序以怎样的方式来表现的问题上面。简单说，优质的阶序可以砥砺、刺激后进，有助于让学术界产生具正面意义的发展空间，尤其形塑学术传统。但是，一旦整个学术领域是向着某一特定的思维模式、认知样态、方法论立场，或存有预设命题等等一面倒的倾斜的话，呈现的阶序就不免有着产生绝对"统制"现象的疑虑，变成"整肃"异己或彼此相互砍杀的工具。此时，其所可能产生的负面功能，就不能不特别予以正视了 ①。

　　在此最后时刻，我要特别再提醒的是：当我们轻率地拿着原只扮演着"索引"功能的资料库来当成评鉴指标，而且甚至是最重要，乃至唯一的指标的时候，这除了表明一种极不合理，且不负责任的草率而粗暴作为之外，它也涉及了韦伯所一再提示之学术作为一种志业的基本伦理问题。这个伦理首先指向的是，作为人文与社会学科的学者，我们应当以怎样的态度来看待来自西方的"现代知识传统"这样的历史产物。这是一个相当严肃，且牵涉复杂的问题，在此，我不拟从事任何进一步的阐述，而只是把这样的议题抛出来，留给大家来讨论。

　　其实，纵然撇开伦理的问题不谈，我敢在此大胆地预言说，以 SSCI 化挟持着在地的 SSCI 化来进行评鉴的加码作用，无疑将加速人文社会学科界里（至少隐形）霸权集团的形成，并且渐渐地予以固着化（参看叶启政，2003；苏国贤，2004）。尤其，这样的霸权集团的形成带来的是一种要求基本认知意识模式予以"均质净化"，这对整个人文与社会学科界这样一个处于发展初期之学群的发展，在在都是不利的。

六、剩下的一些话

　　对发展刚处于起步阶段的人文与社会学科界，这一切以 SSCI 化夹带在地的 SSCI 化来进行所谓"提升学术水准、追求卓越与推动国际化"的制度设计，无疑是一种近乎以揠苗助长方式来操作的急功好利的做法。

---

① 我曾就台湾社会学界的发展做了分析，详细内容，可参看叶启政（2003）。

依我来看，这充分地显现着现实功利的浅薄心态，同时，也披露了长期处于文化劣势地位，但却又具有力争上游之强烈企图心背后深藏的自卑情结。一向，我们太习惯于接受"一切需要靠着洋人来裁夺，才可能评定出品质来"这样的想法了。说来，这样"长他人志气，灭自己威风"的现象会发生在一个缺乏自信心的人身上，其实并不足为怪。只是，一旦这样的心理情结被予以集体化，尤其制度化，问题就显得特别棘手，而这正是发生在今天之人文与社会学科界的情形。

在我的观念里，在刚起步发展的阶段里，理应让不同的想法与说法可以充分发展，以培养相互激荡的创新契机。此时，在制度设计上，应当是摆在营造足以让多元化的声音呈现的环境氛围上面。然而，如今，我们的学术领导者所提出来的却是背道而驰，看来，他们乃企图以"一言堂"化的作为，在这刚起步的时候，订下如此一般泾渭分明，弄得你死我活，且相互砍杀的竞争规矩，把整个可能更为开广、更和谐、更具对话机会的发展空间给弄死。我真的不明白，这难道就是他们所以被肯定是"卓越"有成之学者所剔透的睿智吗？

（原文刊登于《全球化与知识生产——反思台湾学术评鉴》，反思会议小组编，台北：台湾社会研究季刊社，2005: 111-125）

参考文献

黄厚铭

2004　《SSCI、TSSCI 与台湾社会科学学术评鉴制度》，台湾社会研究季刊社等主办，"反思台湾的（人文及社会）高教学术评鉴研讨会"。2004 年 9 月 25—26 日。

叶启政

2001　《大学教授的角色和使命》，收于《社会学和本土化》，页 3-33。台北：巨流图书公司。

2003　《台湾社会学的知识—权力游戏》，《政大社会学刊》35: 1-34。

苏国贤

2004　《社会学知识的社会生产：台湾社会学者的隐形学群》,《台湾社会学》8: 133-192 。

Barzun, Jacques

2004　《从黎明到衰颓：五百年来的西方文化生活》(*From Dawn to Decadence: 1500 to the Present, 500 Years of Western Cultural Life*)(三卷)(郑明萱译)。台北:猫头鹰出版社。

面临严峻考验的高等教育——何去何从?

台湾高等教育的内在环境有着明显的变化。在这样的情形下,无论就体制的结构、课程的安排或教育的宗旨内涵等等而言,整个高等教育必须有所改革,可以说是不可避免的趋势,问题只是在于如何改革。在提出具体的方案之前,我个人认为,首先必要针对三个层面来进行检讨,改革才可能有明智的方向,足以引导整个社会的发展有更具体而合理的成效。这三个层面分别是:(1)传统对高等教育的期待;(2)将来临之人类文明的社会特质;(3)台湾社会的特殊状况。

在这篇文章里,我不准备引用众多的"经"与繁复的"典"来论述,只打算就这三个层面表示个人的看法,希望能够引起回响,有进一步的讨论。

一、高等教育的理念传统与问题

就社会整体的立场来说,我个人认为,教育的宗旨乃在于,透过对其成员给予某种具集体形式的学习机会,提升人们实现作为社会成员(尤其"公民"身份)的角色时所具备的应对素质与能力,其目的基本上是确保整个社会有更形合理的有效运作。倘若以更具使命感的理想视野来说,让整体社会得以有朝向更为理想境界发展的机会,应当是高等教育(甚至,所有的教育)更高的期待。回顾整个教育(特别高等教育)制度的发展历史(当然,特别是西方的发展史),我们不免会发现,这样对教育的期待一直就存在着,而且,几乎成为基本的信念。只是,在不同的时代与社会里,对于理想境界,人们或许有着不同的定义和期待。

当我们说"确保社会有更形合理的有效运作"时,"有效"意涵的是具经济意义,涉及的是社会获得如预期的运作效益(和效率);"合理"

关涉的则是文化的，也是伦理与美学的，涉及的乃是足以证成一些共享具终极意义（与价值）的正当性与启发感应性的问题。倘若前者是世俗而现实的话，后者则是神圣而理想的。这二者一向即被认为是教育必须同时兼顾的基本"社会责任"，施及于高等教育，尤其是如此，尽管，长期以来，此二面向到底孰重孰轻，人们彼此之间有着不同的见解，极是有所争议。

其实，早在十八世纪末的德国就已有了"实用"与"真理"（或谓"理想"）之争，康德（Kant）在1798年出版的《学院冲突》一书，即企图为当时存在于德国大学里的高等学院（包含神学、法学与医学）与哲学这个低等学院的地位与意义做了分殊，并提出改革的基本方向。就当时的德国社会背景来说，康德认为，高等学院乃训练作为政府施政工具的知识分子，而哲学这个低等学院则是造就追求和服从真理的学者。以当时德国的大学运作情况来说，很明显的，康德是为哲学这个低等学院请命，认为应当受到适当的重视。自此，如何在二者之间找到平衡点（连带的，教学与研究孰重），乃成为整个德国（甚至其他西欧国家）大学教育深具历史性的重要课题。

当十九世纪人类文明进入强调以科学技术来带动生产的工商业时代之后，除了已有的教学与研究孰重的争议之外，大学尚涉及了"服务"社会的使命问题。这样的提问，不但深化了传统已有的"实用"与"真理"之争，更是为日益被看重的"实用"面向带出了更形复杂的问题。其中，重要的问题涉及：到底，"实用"地"服务"社会的具体指涉对象为何？无疑的，审诸整个文明发展的轨迹，除了政府之外，以具工具理性性质的科学技术知识来"服务"企业（或谓整个经济生产体制），乃其中最显著的目标，这尤其明显地体现在美国的高等教育体系中。于是，早已因为长期以来王权与教会（或谓政治与宗教两股势力）争夺主导权而为高等教育（特别指涉英国与德国）所带来之蔚为传统的"实用"与"真理"之争，更因科学与技术的结合而带动工业发展，进一步地夹带上了所谓"科学与人文学科"的拉扯纠结，这无形之中使得问题更形复杂、难解。

英国的斯诺爵士即于1959年提出"两种文化"的概念来说明当时英

国知识界（当然，也适用于大学教育）的分裂情形。他认为，代表古典知识传统的，是所谓文士知识分子（literary intellectuals），而代表当代优势知识体制的则非科学家（特别是物理学家）莫属。基本上，这两种人（也是两种文化）相互争论着，并且处于对立，乃至抗衡的局面。斯诺的说法广为流传，常被引用作为讨论人文与科学（包含科技）二元对立情况的经典依据，并援引作为讨论高等教育之内部结构的引子，极具历史意义。

或许，波兹曼在 1992 年出版之《科技专制》（*Technopoly*）一书中所做的评论是有道理的。他指出，斯诺的两种文化说误置了整个问题的根本，不但给了错误的论题，同时也提供了不相干的答案，因为，对"科技"存在的必然性，文士知识分子和科学家之间并没有明显的争论。尤其，对大部分人，这样的分殊，更是没有明确地带来足够引起兴趣的议题。这也就是说，就现实来说，环顾人类文明发展的进程，至少到今天，甚至可预期的未来一大段时间里，以科学知识为基础的技术发展还是会以相当优势的姿态一直进行着。在接受这样之现实的前提下，整个问题的关键似乎并不在于文士知识分子与（特别物理）科学家之间对科技有着分歧的看法，而是从事科技研究与发展的人士作为一端以及其他所有人作为另一端彼此之间所形塑的基本态度到底为何的问题。当然，这并不意味其他所有的人均体认到问题的存在，也不必然有一致的意见。然而，总的来看，情形似乎是，许多人始终相信科技是一个忠实的朋友，当然，这个朋友也有着黑暗的一面，因为它赐予人类的礼物并非全然无需付出沉重的代价。因此，以最戏剧性的词汇来陈述，我们可以控诉的，或许是毫无控制的科技成长破坏了我们的生存环境和人文性（humanity）中最具生机的源头，它甚至创造出一个没道德基础的文化。

准此，就人类对科技之期待的历史发展角度来看，科技既是朋友，也是敌人，才是整个问题的关键所在。假若文士知识分子与科学家彼此之间形成了一条不可沟通，或乃至不可共量的鸿沟的话，这条鸿沟乃在于，把科技看成是朋友或敌人的分殊点上面，他们之间有了分歧的见解。于是，这样的问题扣连传统的"实用"与"真理"之争，更具体地说，即涉及以企业与政府为服务对象的实用科技知识与具真理宣称的人文理想知识之间寻找平衡点的问题。在这样的情况下，假若教育的宗旨是让人们做好准备的话，那么，为了化解这样之知识传统彼此之间的紧张，我们有理由把焦点摆在：如何让一个人同时作为有品质的“公民”①与在职场中（包含企业与政府）是称职的“专业工作者”上面。

　　就培育称职的“专业工作者”而言，如何安排适当的专业课程，以确保整个大学的专业教育对形形色色之职场的需要可以发挥最大效益，自是最为重要的课题。关于这个问题，因为所涉及各种不同专业的知识内容既分歧，且有不同的发展背景，在此，由于我个人所知有限，没有能力表示意见。至于涉及“公民”品质时，“谁具备提供‘正统’的诠释资格权”则是一个有所争议的课题，值得进一步探索。然而，不管怎么说，透过所谓的通识教育来培养学生在待人处事时具备“明智”②的判断和决定能力、伦理意识与美感鉴赏能力，以及更有品味的人生观，始终是培育优越的“公民”品质应当予以肯定的教育目标。因此，顺着这样的历史发展轨迹下来，在课程上，如何在“通识课程”与“专业课程”的安排之间取得一个适当的平衡点，可以说是首要的课题。

---

　　①　在此，所以特别以“公民”一词来形容乃因为，在当今普遍重视法治，且强调权利与义务的社会里，社会成员基本上是以“公民”的身份被看待着的缘故。

　　②　亚里士多德把灵魂用以追求真理或解除障蔽的方式分为五类:技术（tekhnee）、科学（episteenee）、明智（phroneesis, prudence）、智慧（sophia）与理智（nous）。明智乃居其中间，指的是在实践生活中的智慧，亦即人的行为选择需要经过事先的思考与策划，尤其是对自身的善和有益的事情。因此，明智必然是以理性来指导实践的真实德性品质。Phroneesis 源自 proairesis，原先，proairesis 这个词是由 pro（在先）和 hairesis（取得）两个词汇组成，乃意涵取得有先后，要想在先取得，就需进行思考。明智这个词的词根 Phreen 原本是心脏，西方古人把它看成思维器官，所以派生出一种专门的思维方式。它是一种依理性而实践的品质，乃以可变事物为对象，所以不是以不可变事物为对象的科学。为了自己的目的，明智在实践之外并创制不出什么东西来的，所以它不是技术。作为一种对个别事件的实践智慧，它被认为是一种政治品质，以个人为终极对象，有别于以普遍定义为对象的理智。明智的人就事论事，适可而止，具有明辨善恶与是非的能力，所以，明智是以伦理德性为本原，而伦理德性则以明智为准绳。

二、面对"后现代"文明的高等教育

从大学首现于欧洲到今天已有了七百多年的历史，在这中间，整个人类文明早有着相当巨幅的改变，特别是在十九世纪工业革命结合着民主政体与资本主义，为人类带来了几乎可以说是史无前例的"巨变"。尤其，至迟从二十世纪七十年代以后，更因资讯与传播科技（如电视、卫星传讯与互联网等等）的快速发展，整个人类世界的结构更是起了甚大的质变。这样的质变不只发生在经济向度的职业结构上面，更是同时蔓延及政治、文化、家庭以及人际互动的面向，扩及人们每日生活世界里点点滴滴的行止。面对这样巨幅的且几近全面性的社会结构质变，大学教育自然也受到冲击，无论就塑造具人文素养之"公民"品质的"通识教育"还是就培养称职之"专业工作者"的"专业教育"而言，在课程设计与搭配、科系调整等等上面在在都面临了严峻的考验。

首先，就专业教育的面向来看，无疑，科系的结构是必须调整的。尽管经过七百多年的演变，传统社会对知识的"古典"认知需求（如哲学），因结构自主性的效应，至少还发挥着磁滞作用，与当代不断兴起的"实用"知识需求潮流始终是并存着。因此，就组织结构而言，今日的大学科系可以说是新旧并呈；就现实俗世的实用效益来说，则是残存的与显新的罗列。诚如上引斯诺的人文与科学知识的对彰所衍生意涵的，它们彼此之间确实是常有龃龉，甚至以敌意的态度相互倾轧着。因此，如何适当地重新安顿这样之新与旧的知识系统，可以说是重思高等教育与重构大学教育结构的首要课题。

对此，我个人认为，首要之务在于，先行确立源自古典认知需求的基础学科（至少有一些）在现今高等教育知识体系中是不可或缺的核心部分。所以有这样的主张，那是因为，特别是十九世纪以后，西方的技术是以系统化的科学知识作为理论基础，才得以发展出来的，技术的创新需要科学理论作为后盾，两者乃相互镶嵌着。更重要的，在理性化的强力推动下，这样理论与实作知识系统的相互镶嵌，推到最后，又是脱离不了哲学的思维。这么一来，哲学遂成为一切知识之母，是具奠基作用的思想座架。

这样的知识金字塔现象推及于有关人自身与社会（包含历史与文化等等）现象的人文与社会学科，情形亦复如是，甚至是更加明确。同样地在哲学思维作为基石的导引下，譬如社会学、心理学、政治经济学乃至法理学等等，成为整个西方知识体系中的所谓"基础"学科，扮演着诸如数学、物理学、化学等等在自然学科与其应用学科中的奠基角色。因此，纵然"经世实用"是整个高等教育的重要鹄的，它总是需要有一些所谓的基础学科扮演着建构一切"应用"学科知识基础的奠基角色。以此为前提，假若源自西方的知识体系是当今整个世界高等教育的基座，那么，西方人所特殊定义下的哲学，可以说是共同的知识基础。至少，发展至今，情形尚是如此，倘若就学术发展史的角度来说，情形更是如是。这意味着，不管实用与否，在基本感知模式上，任何知识的演进发展都有一定的历史质性作为后盾，这个历史质性基本上乃反映在基础学科的核心质地之中，尤其是其背后的哲学思维体系（特别是本体论与知识论）里面。

假若上面的说法可以接受的话，那么，大学作为提供创新知识，并对人类所处之（物理与社会）世界进行诠释的社会场域，必得超乎单纯强调世俗实用的功效，而担负起更具神圣性的高尚任务，为社会（与人们）激发更加丰富、更具品质的存在意义。简单，但却具体地说，若要让这样的任务得以实践，延续，并强化具有（并创造）历史质性的基础学科（尤其是与人文素养有关的科系），无疑是不可或缺的。这也就是说，让诸如哲学系、物理系、数学系、化学系、社会学系或心理学系等等与具"实用"性格之现实俗世无直接"功能"关系的"古典"学科，存在于大学是必要的，关键只在于怎样予以安顿，才恰如其分，也合乎经济效益原则（倘若这需要予以考虑的话）。在诸多问题之中，有一个具关键性的考量，我个人认为相当重要，将在下面予以讨论。

其次，但可能是我们需要予以特别重视的是，我们所处的时代还需要（或有可能）透过教育来培养集体精神（如爱国意识）吗？对一个处于剧烈变动，并有着"改革"之集体焦虑心理的社会（如十八世纪中后叶后的西欧世界）的人们来说，迫切地需要集体精神来支撑社会秩序，自是可以理解的。但是，处在今天这样一个肯定个体是独立自主，且整个世界基本上并无"大议题"（如十九世纪马克思主义所揭橥的）的安逸时代里，自由主义的传统信念已经深嵌进入社会的结构底层，成为人们日常生活世界里极其自然的成分。特别是透过立法的程序，这个信念一再地促使社会（道德）规范的施用范围与幅度限缩，赋予人们自由的空间也因此愈来愈多。在这样之历史质性的支撑与推动下，具"解放"意涵的"个体化"遂吊诡地成为形构具集体意涵的结构原则。这于是意味着，社会里潜存着一股结构性的力量，不时提醒人们意识着，自己是一个独立自主的个体，也驱动着他们要求充分"解放"。无疑，这样"个体化"的结构性动力，推到极端，乃在无形之中把"社会化"的要求降到最低，集体精神（或集体意识）于是乎被边缘化，或至少被"自然化"，变得像空气一般地自然，不需要特别去强调。

再者，我们发现，大众传播媒体与互联网科技愈来愈发达，这意味着"图像"（如动画、视觉影像等等）在人们的日常生活中扮演的角色日益重要。其中，最显著的现象莫过于，加速了一向符码所具（虽是武断，却是）固定的意指丧失，让过去人们看重的象征意义（特别是因此而形成的传统）被架空，或至少变得易变、破碎而飘荡，以至于价值中空化。在这样的历史场景里，人们（尤其新世代）的感知由强调线性思考的文字世界观转变为重视非线性之情绪感应的图像世界观。这刺激着资本主义之牟利逻辑的思考导向由生产面向转至消费面向，同时，刻意经营符号以引诱人们消费，遂成为操纵人们的致命策略。其结果是，人们经常陶醉在图像符号的消费当中，只有"生"，没有"死"的迹象。加以，诸如产业结构的改变促使职业行为多元化，物质生活水准普遍提升（或至少就最低程度的自我保全而言，有更多的保障），社会福利与保全制度的保护等等，更是在在地增强着人们把生活重点由生产面向转移到消费面向。

如此一般的消费导向现象也在教育面向上产生了发酵作用，其中最为显著的莫过于，年轻一代不觉得迫切需要"人文素养"教育来成就生命品质。对他们，存在的意义毋宁在于能否恒定地耽溺于安逸与及时行乐之中，片刻的愉悦就是永恒的幸福。与死亡相关联的诸多概念（如苦难、挫折、困顿等等），乃与"生"完全决裂，以至于"生"毋庸置疑地成为唯一永远的可能。显而易见，当人们有这样当下导向的生命观的时候，他是不需要预先规划未来，既没有任何要求自我之素养精进的动机，更是缺乏责任意识的。时下惯称具这样之人格特征的为"草莓族"，他们看起来光鲜亮丽、甜蜜可口、活泼可爱、清纯洁白，但是，人格却经常是相当脆弱，经不起挫折的折磨。

总的来说，在今天这样一个符号消费导引的个体化时代里，"没有集体意识"即是一种实际体现的优势集体意识。除了"个体至上"的信念之外，人们并不需要任何其他的集体精神作为"兴奋剂"来提神，或充当标杆来砥砺，更不需要它来凝聚集体意志，人们要的只是更多"互不干涉"的自由、自主以及及时行乐的机会。在这样的情形下，若有"伦理"的话，顶多是随着情境流动之权宜性的"情境伦理"，伦理的底线设定在以"不犯法"为考量的主观认定与自我约束，否则，一切均可以做。如此一来，传统以信念条目（如忠孝节义）来确立之定型性的"德行"逐渐失效，起不了约束行为的作用。

显然，处在这么一个"尊重个体自由与自主"成为"政治正确"的信念，及时行乐是基本生命价值，且"情境伦理"乃确立行为正当性之判准的时代里，对大学生而言，他们已经不再是温驯的羊群，相反的，有一股潜在的趋力催化着他们"不受教"。即使仅是施之以具美学意涵的人文"品味"素养教育，他们也未必领情。况且，图像主导的虚拟世界以排山倒海的姿态大幅地介入日常生活场域，这不仅使得真实与虚拟的界线变得模糊不清，人们（当然，特别是年轻一代的网络族）更是愈来愈排斥（或不习惯接受）分析陈理。在这样的一般氛围之下，教师着实无法如过去一般，扮演着牧羊人的规训与照料角色。他们顶多只是充当具诠释功能的"咨询者"而已。在这样的文化氛围里，过去传统重视具塑造"人文典雅"品质的"通识教育"，现实上，几乎难以再有产生自上而下之"启蒙"作用的着力点。若说"通识教育"（尤其其中的人文典雅教育）尚能吸引年轻一代的，恐怕只有充当慰藉寂寞心灵的镇静剂或类似"大麻"这样的麻醉剂，根本就没有条件发挥过去具形塑"知识分子"的古典期待，因为这样的时代是不需要"知识分子"的。

三、台湾之高等教育的"从"与"去"

　　长期以来，台湾的高等教育发展可以说是先天不良、后天又失调，一路走来，总是想依着西方（特别美国）的模子学画葫芦，但画出来的却成为丝瓜。当然，我们的高等教育发展没有理由一定要贴着西方的模子走，可以有自己的路子。几十年下来，看起来似乎也确实有了自己的模子，但却一直缺乏坚实深邃的核心思想作为依据，以至于一旦问题发生了，只能见招拆招，做些有洞补洞的修补功夫。

　　不过，话说回来，批评台湾的高等教育没有核心价值，其实是不公平的。我们的高等教育是有所谓核心价值的，至少是隐约地存在着。只是，这个价值反映的是一般人的求学期待，基本上是短见而世俗，缺乏具历史深度与文化幅度的人文精神作为后盾。假若允许我们使用简单的语言来说，对社会整体而言，这个核心价值乃是强调以不断追求经济成长来证成生活富裕之生命存在意义的"现代化"。对个人而言，接受高等教育则是为了将来可以谋求到一份有往上流动机会的职业，或者，至少，当成找到一份足以安身立命，且有"尊严"之职业的敲门砖。显然，两者的教育观基本上都显现出极具经济意涵的实用功利取向。

　　回顾西方社会的发展史，就经济领域而言，透过科学技术来促进生产一直被供奉为成就"现代化"的基本条件。体现在现实世界里的职业是否能够在市场中激发出生产"价值"，很容易被人们当成判定职业重要性与实质意义的判准。这样的现实世俗的功利价值观，无疑催化着人们把大学教育当成是单纯的"高阶"职业的训练所，为的是在现实职场里谋取较好的工作机会，并进而界定了一个人一生在世的成就。依我个人的意见，正是这样现代版本的准"学而优则仕"观念主导着整个台湾高等教育的发展，它不但普遍地存在于一般大众的脑海里，更是深嵌在主导教育政策之社会精英心目中的基本"集体意识"。

　　是的，就人类整体文明发展的现实历史脉络来看，大学作为提供经济生产体系（特别体现在职业市场）所需知识的生产来源，乃是不可否定之既成结构性的要求。在此，即使允许我们暂时不去理会看起来似乎是更为高尚的人文素养教育的理想，单就此一现实的世俗功利目的来看，过去，我们的高等教育值得检讨的地方仍然可以说是罄竹难书的，我仅择一二来表示意见。

首先，过去试图模仿德国的技职教育制度而设立了形形色色的二专、三专或五专等不同受教年限的技术专科学校，姑且不论其实际具体安排的课程是否妥当，至少，意图为工商企业的发展提供不同层次的技术（或技艺）人员这样的构思，基本上，其立意堪称是良好，算得是一项具建设性的"正向"教育政策。但是，很不幸的是，其中有着一个最严重的"失算"以至于被后来教育政策的决定者扭曲地导向"错误"的方向，致使今天的技职教育完全沦丧殆尽。其中最为关键的原委，简单地说，乃因教育当局忽略了一般人对高等教育有一项"庸俗"，但却清纯得毫不掩饰的文化性期待——重视学位。显然，正是在于这样深具普遍性的学位主义驱动下，各方（尤其是学校本身的主事者）不断要求让各级职业专科学校与各种技术学院不断"升格"，而且，不分皂白地，都争取增设研究所。倘若当时官员能够坚持地撑住，此一分流分级的职业教育或许还能发挥一点实用功利的作用，但是，遗憾的是，有权主导教育政策者不只对整个西方（特别是德国）高等职业教育的文化—历史背景缺乏明智的认识，而且态度软弱，屈从于种种来自各方的"失智"势力，并呼应了一般人重视学位的心理要求，以至大开其门，采取了几近完全开放的"升格"政策，满足了这些力求"升格"之学校当权者的虚荣心（因为都成为可以授予学士学位的"大学"，继而还可以进一步地升格成立研究所，授予硕士，乃至博士学位），尤其是谋利的意图（因为可以延长受教年限与增收学生）。结果，一项原本深具洞见远见的政策，最后却导使整个高等教育的体制落得千疮百孔、遍体鳞伤，至今还不知如何来善后。

其次，这二十多年来，或许为了选票，或许由于对高等教育有着特殊的偏好期待，地区政府应地方有力人士的要求，把创办公立大学当成各县市均应有的地方建设，其结果是，公立大学到处设立。这意味着，政府必须运用百姓纳税钱来支付的教育经费大幅增加。如此一来，不只导致大学分层分级的"功能"性质混淆，更是使得整个教育预算产生过度分割的现象，以至于既无法把教育办好，又把所有公立大学的品质一起往下拉①。尤其，私立大学在短时间内快速膨胀，结果是，不只毫无品质管理，而且导致高等教育贬值。如今，更因少子化现象日益突出，在可预期的未来，势必将使得一些"大学"面临关闭或至少转型的命运，而这无疑将是整个高等教育的一大挑战。

在少子化愈来愈突出的情况下，面对一般大学过度膨胀的现象，重新思考分流分级的制度、同一地区的公立大学合并，并协助招生日益困难的学校转型（如成为类似美国的社区大学），应当是必要的。对此，我个人认为，首先应把公立大学的学费提高至私立学校的水准，如此可以让每个学校的经费更充裕，有自己发展的空间。况且，我们实在没有理由用纳税人的钱来补贴部分人，让他们享受公立大学较优裕的教育机会，而却让更多的人（甚至，他们多的是来自经济情况较差、社会地位较低的家庭）必须花费较多的学费来接受（往往是）受教条件较差的私立大学教育。甚至，有关当局应当进一步地松解学费的管制，并考虑让私立大学的经营（包含学系与课程的安排等等）完全自主化，也就是说，学费与办学理念同时回归市场机制，让学生（与家长）作为知识的消费者有自由选择的机会。

对于私立大学所以提出这样予以松绑的建议理由在于，既然政府已经几近完全开放大学的设立，它本身已经没有透过"家父长"的姿态来实践"品管"的功能与角色之自我期许的可能了。尤其，今天，整个高等教育已经产生供多于求的情形，政府纵然还有心，但事实上已无能力维持龙应台女士所称呼之所谓"教育部大学"的可能了。在这样的现实情况之下，实有理由让整个高等教育的经营"自由化"，让市场机制来淘汰"劣者"。同时，可以借此机会使得有心办学的私立大学有"翻身"树立崭新之办学目标（如创办强调人文博雅教育的学院），相信，只要教学品质提升，课程设计新颖而合理，自然能吸引到更多的优秀学生。总之，政府应当扬弃传统"家父长"的管理心态，尽量地松绑，给予各大学（特别是私立大学）更多自由发展的空间。至少，现行以管制学费、学系

---

① 很明显，以甚具"额外恩赐"性质之"五年五百亿"的所谓"追求卓越"计划来补贴少数"卓越"大学，可以说即是此一"错误"政策下的"补救"产物。

设置、学生名额等等的措施，并给予种种经费补贴的方式来操控所有大学的做法，是一种不合时宜，且极不明智的"过时"施政作为，实有改变的需要。

诚如前面一再提到的，在我们所处的这个时代里，有一项历史现实是无以回避的，即高等教育的重要职责之一是为社会提供现实世界需要的实用知识。尤其，现实职场的性质不断地改变，新类型的职业层出不穷，为了因应快速变迁的窘境，添设新科系着实是有现实的需要的，但是，却也绝不是毫无章法地任随各方势力的喜好与利益，或为某些个人的遐想、或为自保、或为扩张势力范围、或为特殊政治目的等等的理由，以讨价还价的方式来设立。然而，这些年来，实际的情形却是如此，各方各显神通地运用种种的势力，犹如诸侯割据，随性地成立了许许多多匪夷所思的科系，以至于有了诸如生死学系（或谓殡葬事业学系）、出版与文化管理学系、网络应用科学学系、儿童英语教育学系等等高等教育史中难得一见的科系出现。

假若以上的论述值得参考的话，我们确实有必要以严肃的态度来检讨现行既有五花八门且层出不穷之所谓实用学科存在的"怪现象"。对此，首要的课题不单单在于审慎地检讨各个学科的"专业课程"内涵（与分量），也还不是重新评估诸多既有科系的存在价值，而是配合着上述基础学科的安置，重新考量整个大学的组织操作背后应有的基本结构理路①。我个人的初步看法是，就大学部而言，完全撤销现行入学前学生即必须选定科系的做法，改以顶多选学院或最大领域区分（如分成"人文社会"与"自然工程与生物"两部分）的方式来安顿。基本的做法乃是，在仅规定最低修业总学分的前提下，让学生得以于特定学科（门）修满特定学分（譬如 40 学分）后即认定为"主修"。至于对于某些将来从事的职业深具社会重要意义的学科（如医学、兽医或法律等等），则可以参考美国高等教育的做法，于大学修业完毕后再修习一定年限的方式

---

① 这样的说法并非意味着教育主管单位应当以"主管单位"的身份（尤其，以"家父长"的姿态）介入，而纯然是就关心高等教育之知识分子的立场所提出之具分析批判性的建议。

来安排。

　　依我个人的意见，如此结构性的调整至少有着四个特点，可以让整个高等教育的体制更加具有弹性来因应时代（尤其职业性质）的变迁：（1）各个科系（特别是基础学科，如哲学系、社会学系、人类学系、甚至数学系、物理学系等等）不必然一定要有"自己"的学生，其功能乃在于从事高阶的研究以及提供学生从事种种专业所需要的基础知识（特别是有关人文品质的知识）；（2）合并相关科系（特别是"实用"者）成为"学程"，让学生有更宽广的选择机会，也有着较大的空间，可以随着新职业类型出现，有更大的弹性从事修改、更替或撤销；（3）让具有培养"人文素养"作用的通识教育更有正当地位，得以扮演人们一向对它所期待的教育角色。纵然它不再扮演创造具"先天下之忧而忧"风格的"知识分子"，至少透过所谓"经典"来接触伟大的心灵（如老子、孔子、柏拉图、尼采等等），或许尚可起点"净涤心灵"的作用；（4）可以有更多的契机以避免现行科系主义所带来的本位主义，尤其，重理工医与管理而轻人文社会以及排斥通识教育的"偏差"现象。总之，透过这样的安排，或许可以使得一路下来严重地向科技专业倾斜的职业"器用"教育得以有所调整而更趋平衡，尤其，可以为下一代提供一点懂得认真思考"人之所以为人的基本存在价值与品格"这样之终极关怀的契机，尽管，他们想的或许一直只是让自己"酷索"（kuso）一辈子而已。

四、结语

　　不论从整个世界或单就台湾社会来看，处在快速变迁的情况之下，高等教育（甚至整个教育）体制确实面临着严重的挑战，有"改革"的必要，而"改革"挑战的根本对象，基本上并不是指向受教者，而是教育者。唯有教育别人者自己先养成终身学习与自我反思的习惯（包含心灵境界的不断创造、对人类文明的更高期待，以及体认新时代之社会结构的变迁等等），否则，整个教育将沦为只是充当资本主义体制下之生产逻辑的"道具"，人将因此丧失精神之自我更生与追求生命品质提升的主导机会。当然，对下一代的"草莓族"来说，这样的诸多自我期许与精神修养，或许并不是他们需要的，因为，他们所期待的，毋宁只是如前面提到的，让自己"酷索"一辈子而已。

如此一来，这样的"酷索"生命观，其实是不需要任何其他"意义"来支撑整个生命的（尤其是启蒙时期以来所经营的理性意义，如自由、自主、平等、民主等等），因为"酷索"是唯一的终极意义，假若这还算是"意义"的话。情形若是如此的话，无疑，整个高等教育的古典"博雅"精神势必是要萎缩，甚至是消失掉的。于是乎，除了继续作为为俗世职业提供必要的技术性知识的"工具"，高等教育剩卜而多有的，或许只是充满愉悦、戏谑，但略带知性的一种有趣"游戏"而已。情形将显得特别的是，大学作为一种有意被设计的社会互动场域，尤其是经由互联网，人们将经营并表现出一种具有某种集体分享性质的生活方式，而这成为大学带给"社会"最具特色的文化传统（当然是极具"游戏"意涵的文化形式）。

高等教育"国际化／在地化"的吊诡与超越的彼岸 ①

一、全球化下的世界体系——具生机控制性之文化优势的扩散效应

从十五世纪以来，西欧诸国致力于海外的拓殖，带动了所谓的地理大发现。到了十七世纪，早发的西欧各国（西班牙、葡萄牙、荷兰、英国等）更是积极向外扩张，企图建立广阔的跨洋帝国。此时，君主专制达到巅峰，中央集权高度发展，但是，单就各国国内而言，各种势力（譬如，贵族与资产阶级——或谓穿袍贵族之间）相互竞争，充满着矛盾，彼此需要妥协。有趣的是，其间势力的消长，总是随时产生变动，以致需得重新组合。至于国家之间，彼此之间的斗争更是不遑多论，剧烈万分。因此，单就政治面向来说，整体而言，既是统治家族之间的斗争，更是强国与强国之间的斗争。

情形显得吊诡的是，尽管整个西欧世界的时局动荡不定，但是，王室扩张的野心却造就了特殊的社会气候，整个统治阶层（包含教会、王室、贵族，乃至某层次的资产阶级）追求奢侈消费。影响所及，特别的是表现在艺术的发展，追求豪华气派的艺术风格蔚然成为风尚（十七世纪的巴洛克 [Baroque] 艺术即是一例）。君王、教皇（主教），乃至贵族之间彼此互相竞争，都想把最优秀的艺术家吸引到自己的宫廷来。于是乎，艺术家既属于教会，也隶属于国家，同时为教会与国家创造了许多传奇故事。连带的，诸多数学、科学与技术上的发明（与发现）以及有关政治经济现象的思想，都发轫于此一世纪。这些林林总总的发展，让

---

① 基于篇幅和作者个人之能力的双重限制，本文的讨论原则上仅限缩于高等教育体制中有关人文与社会学科方面的知识传授以及其中可能衍生的诸多现象（问题），当然，其中有些现象与问题可以同样地施及有关自然科学（包含工程、生物、医学等等）的教育。

整个西欧世界迈入新的纪元。总的来说，十七世纪的西欧世界乃是由文艺复兴进入所谓巴洛克与殖民主义发展的世纪。对此，伏尔泰（Voltaire）称之为路易十四的时代，而就科学史来说，怀特海则称之为"天才的时代"，至于就经济层面来说，则是迈入商业的时代。

之后，经过十八世纪之启蒙理性的洗礼与继续加持，到了十九世纪，终于带来了波兰尼在其著《巨变》（The Great Transformation）中所刻画之市场社会的诞生，把整个西欧世界带入一个"巨变"的局面。在这样的局面下，西欧社会动荡着，许多史无前例的问题丛生，但是，吊诡的是，西欧国家却创造了前所未有的强势国力，产生了所谓的"帝国主义"，大举地向非西方世界侵略、掠夺。

以最简单的语言来说，十九世纪的西方"帝国主义"（之后，当然，包含了兴起的美国），可以说是强调贸易之商业主义衍生的一种变形表现，而其所以得以产生，有三股力量的加持不容忽视，堪称是根本：工业化、资本主义与科学理性的发展。基本上，以当时的政治体制来说，不管一个社会实行的是民主或君主立宪的体制，这三股力量都一直交织作用着，带出的是以市场为导向之工业资本主义的形式，而科学理性则为工业化提供了厚实的知识基础。就在这样的历史背景下，诸多西方国家于是挟持着"先进"的科技武力（诸如威力猛烈的枪炮与军舰等等）作为后盾，积极向外拓展，直接威胁了非西方世界的既有文化模式、社会结构，尤其是谋求独立自主的基本生存条件，带动了所谓的"现代化"现象普遍浮现。换句话说，就文化上的体现而言，十九世纪以来的西方世界所以展现了绝对的优势地位，乃在于它掌握了得以让一个社会足以"自主生存"的机会控制优势，而其长期所经营起来之科技的发展优势，正是掌握此一生存机会控制优势的重要基础。更重要的是，此一生机控制的优势性会产生扩散作用，推及于其他的结构层面（如社会制度，乃至文化象征层面），终至于对原本看似只是"生机控制性"处于劣势的社会产生具整体性之被垄断压制的现象。1840年鸦片战争以后中国所面对的历史局面可以说即是一个最好的例子。

自从对英国的鸦片战争后，中国清政府一再失利，接连败在西方（乃至日本）列强优势的武力压迫之下。咸丰年间，重臣如曾国藩、李鸿章、左宗棠以及在中枢执掌大权的恭亲王奕䜣等人，主张采取"师夷长技以制夷"策略，摹习西方列强的工业技术和商业模式，并强大军事力量，意图借此奏收富国强兵的目标。此即所谓的洋务运动，或称自强运动、同治维新，时间自1861年至1895年，持续了约35年。这可以说是中国谋求"现代化"的第一个阶段，当时掌权的"有识之士"以为中国之所以不如西方列强的，只不过是在于物质层面上的"科学技术"，是为所谓的"器用期"。

清政府在1895年对日本之甲午战争失利后，不少有识之士开始体认到，中国的问题不单单在于"科学技术"的"器用"层面上落后，尚涉及整个社会的制度层面，特别是政治面向。于是，光绪二十四年（1898），在康有为与梁启超等人的领导下，启动了建立君主立宪的"改革运动"，是为俗称的戊戌变法、戊戌维新或维新变法，因仅及百日（1898年6月11日—9月21日）即告失败，又名"百日维新"。变法失败后，引发了民间对清政府的失望，舆论甚多支持孙文、黄兴等更为激烈的革命主张——推翻帝制，建立共和，而终于1911年结束了清政权的统治。这一系列的改革（与革命）涉及的是制度层面（特别是政治面向）的问题，堪称"制度期"。在此同时（1898年），时任两江总督的张之洞曾提出"旧学为体，新学为用"（后来称为"中体西用"）的主张，在采纳西学的同时，企图维护中国传统伦理纲常，以与戊戌变法的"激进"主张保持距离。尽管此一主张涉及的是文化象征层面的问题，但是，基本上，可以说还是针对着"制度"层面而来的。

到了1919年，胡适与陈独秀等人推动了所谓的"五四运动"，提出以"德先生"（即民主）与"赛先生"（即科学）作为中国推动改革的首要标的，此时，其所涉及的已不是单纯的物质器用面向或社会制度的本身了，而是直指社会里头有关文化象征的深层面向，我们可以称为"文化象征"层面。假若借用旅美历史学家林毓生教授的说法，此时中国所面对的是过去悠久之文化传统面临全面失落的窘局，他称之为"偶像的全盘破坏"，其所牵涉的是社会之整体文化表征与深层底蕴的重建问题。

从上述之十九世纪中叶以来中国社会所面临的危机过程来看，很清楚，由"器用期"而"制度期"以至"文化象征期"这样的变迁推进过程,乃显现着现代西方文化具有了绝对的生机控制优势性,而且,此一优势乃由科技器用面一路扩散出去而至其他面向,终至产生了全盘优势掌控的局面。这带来的是以"西化"为基架之所谓"现代化",以至"全球化"的历史格局。今天我们所谈的"国际化",其实即是依附在这样的历史格局主导下所衍生出来的概念产物。追根究底地来看,其文化—历史本质即是"西化",而以当今的世界局势来看,所展显的更是以"美国化"为主调。

二、从教育的社会特质谈起——理想与规范性,且承载历史—文化质性和集体期待

在我的观念里,纵然是以传授专业(甚至自称为"客观")知识为基本任务的高等教育,其所传授的知识内容必然是兼具理想性和规范性的。所以说任何的知识(特别是有关人文与社会的知识)都具有理想性与规范性,意指的是所传授的知识内容有一定的理想典范用来作为规范知识正当性(以至"正统性")的依据。这也就是说,任何的知识都是"社会"的产物,乃在承受着特定之文化—历史质性的制约,同时也呈显着社会之集体期待的双重条件下被形塑出来的(以下简称为"文化制约论")。

就拿有关"社会理论"的知识构作作为范例吧!今天在各大学所传授的所谓"古典理论",诸如马克思、韦伯、涂尔干与齐美尔等理论家的论述(当然,还包含有其他的理论家)尚被公认是必须纳为教授的基本内容。说真的,对于当初到底是谁决定把这些大家的理论论述列为学院里社会学系学生必读的经典材料,我必须坦承,自己是孤陋寡闻的,从未追究其源起,所以,对此一提问的可能回答尚有待考证和追问。但是,不管如何,全少,自从有了所谓的"教科书"以来,这些大家的论述就一直被纳入作为基本教材。结果,整个西方社会理论的论述,即使延续到当代,基本上即以这些思想家的论述而逐渐开展出来。于是,这些理论家的论述因缘际会地抢得先机,获得"正当"名号,成为学院里传授

的"经典"内容。如此一来，在大学的制度面上，两者相互支援、交相强化，建构出一套学院里社会学的"正统"知识。易言之，在特定优势文化模式的主导下，这些"大"思想家的论述有意地被选择成为构作理解当代社会的认知基础。一旦此一选择逐渐扩散地被接纳而成为学院建制内的"标准"教材，如此制度性的安排将反过来增强这些大家理论论述的重要性与影响力，结果是，无论就认知或制度面来说，它们顺理成章地获取了"不可或缺"的权威地位。只要是教授"社会理论"的课程者，倘若不包含诸如上述诸位大家的理论论述，那么，授课教师的专业知识水准就会备受怀疑，以为不足以胜任。

当然，所以必须至少包含上述诸大家的理论论述，绝非随机或单凭个人特殊喜好来选择的，尽管后者的因素可能存在着。进而言之，这样的选择也绝非众位社会学的理论专家采取民主合议的方式开会商讨来决定的。"社会理论"的知识所以如是安排，自然有一定的认知与思考理路作为后盾支撑着。在此，我仅依照个人的经验，对所以如是安排背后的可能认知与思考理路提出简单的阐明和诠释，借此来证成我在上文中所持有之"文化制约论"的基本论点①。

回顾西方社会学作为学院内知识体系之一门的发展，我们都很清楚地知道，发生在1789年之法国大革命和始于1760年左右持续至约1840年之工业革命是两股最主要的主导历史动力，而这两样现象可以看成是十八世纪的启蒙运动所揭櫫之"理性"体现在政治与经济面向的具体表现。就西欧世界本身而言，就在这两股力量的推动下，强调持具个人（possessive individual）的自由主义与挟持着工业化的资本主义产生了相当巧妙的结合，推动着整个西欧社会的发展，遂为十九世纪的西欧世界带来了前面提及之Polanyi所宣称的"巨变"情况，并带动"市场"社会的出现。在这样的发展过程中，无疑，资产阶级扮演着相当重要的角色，取代了过去的教士与贵族的联合体，跃身成为历史主体，充当起推动整

① 当然，我们可以看到有些大学社会学系开授与社会理论相关的课程时，已有些学者改变了内容，选择当代的社会理论家，诸如福柯、布尔迪厄、卢曼、埃利亚斯、哈贝马斯、戈夫曼或帕森斯等等作为讨论的对象。但是，纵然有了这样的改变，其所以如是选择背后所隐藏之如此一般的知识社会学理路脉络，基本上还是一样的。

个发展进程的推手。

处于这样之"巨变"的时代里，横跨十八世纪与十九世纪之法国的圣西门（1760—1825）即相当精准地观察到整个西欧世界将来临的变迁景象。譬如，他在1817年即提出了工业主义（industrialism）的概念，认定将来临的是一个以工业为主导，且重视功绩制（meritocracy）的社会形态。同时，他也指出，包含科学家、管理者、银行家、商人、工人等等的"工业阶级"（industrial class）将取代过去的贵族阶层，成为主导社会发展的主力。就其历史属性而言，显而易见，资产阶级可以说是此一"工业阶级"的核心代表成分。总之，圣西门这样的思想为他的学生孔德（1798—1857）继续予以发展，在1838年，孔德即采取所谓"实证哲学"的立场催化了社会学的诞生，以致后来许多社会学家恭称他为"社会学之父"。

就社会思想的发展进程来说，事实上，早在十八世纪，法国的孟德斯鸠（1689—1755）即以资产阶级作为历史主体来建构其政治哲学，他所提出之有关自由与平等乃一切法律的基础以及三权分立的主张，说穿了，可以说都是为当时已日益崛起的资产阶级（作为公民）背书的。至于后来之马克思、韦伯、涂尔干和齐美尔等人的社会论述，毋庸置疑的，更是直接冲对着"理性化"之自由民主的资本主义社会而来，只是他们采取不同的立场、视角与面向，更进一步也更直接地来捕捉，如此而已。

假若我们对至少十八世纪以来西欧世界如此一般的发展进程有了一定程度的认识之后，我想，大家一定会同意，当一个社会学者在教授"古典社会理论"时，必须把马克思、韦伯、涂尔干和齐美尔等人的论述包含进来。同时，大家也将会接受，在这样的课程里头，倘若连带地讨论到孟德斯鸠、圣西门、孔德，乃至斯宾塞的思想，亦是有着一定的正当性的。总之，不管如何安排整个"社会理论"课程的内容，我们可以从此推论地获得这么一个结论：大学里社会学系（其实，其他领域也一样）所有课程的内容所以如是地被安排，并非完全任意地由教授者个人的喜好而随意选择着，毋宁的，这是对源自西欧之"理性化"的现代社会场景，经过长期洗练后所产生之具一定共识性与期待意识的集体认知与意志成果。因而，扩大来说，整个学院内有关社会与人之行为的知识体系可以说是，至少十八世纪以来，西欧人面对"理性化"此一特定文化—历史质性的冲击，并同时呈显出某种特定的集体期待（如膺服共产主义或社会主义的理念）的双重条件下被形塑出来的知识产物。基本上，这原本只是属于西欧人，或顶多是再包含美国、加拿大、澳洲与新西兰等等的所谓"西方人"用来处理他们历史处境的思想产物。只不过，由于十九世纪以来西方帝国主义不断向亚非世界扩展，其文化所呈现的优势，对亚非地区产生了跨层面之总体（文化）扩散影响的效应，以至于得以形成了具"全球"意义的"现代化"之普遍现象。就在这样的历史处境下，原来自特殊文化—历史质性的西方现代知识，施用于原本具异质文化传统与社会结构形态的非西方社会，仿佛也具有一样的效果，也可以展现一定的现实社会意义。说来，正是因为西方所呈显的如此文化优势，使得非西方地区的大学院校可以，也必要传习他们的现代人文与社会学科知识。这是非西方世界不能不接受的历史命运，问题在于如何走出这样的历史命运所烙印下的格局。

三、中间插曲——以美国社会—心理学知识的发展为"国际化"的文化内涵折影

为了让读者们有更为深刻的印象，在此让我以第二次世界大战前后约三十年间的美国社会学与心理学（特别社会心理学）为例来对上述"文化制约论"做进一步阐述 ①。当然，所以选择美国的学术传统作为例子来讨论，理由很简单，只是因为时下远赴西方学习"取经"的乃以美国为最大宗，尤其是所谓"海归"学者最主要的知识来源"母国"，更别说，从第二次世界大战结束后，美国的知识体成为整个世界的基本典范，乃至影响着有悠久学术传统的欧洲国家。换言之，当今在大学院校

---

① 所以选择这个时段，因为美国社会学与（社会）心理学知识传统中的许多重要概念与议题基本上都是奠基于这段时间内。

里传授的最主要的即是"美制"的知识产品，因此，倘若我们需要批判与反省，当然，最主要的焦点自然是莫过于这批"美制"的产品了。下面，我仅只选择一些自认较为显著的知识"产品"，简单地叙述其所以产生的历史背景，以方便大家有具体的依据来感知自己所学到之舶来知识的"韵味"。

首先，我要举的例子是由德国移民到美国之犹太裔的社会心理学家库尔特·勒温在 1939 年发表的研究成果。在此一研究中，勒温指出，采取"民主"的方式来从事领导，比采取威权或放任的方式，更有利于组织之团体动力（group dynamics）的推动。早在身处德国期间，勒温即常与在 1923 年设立在法兰克福大学之社会研究所（Institute for Social Research）中的学者，特别是马克思主义者（其中大多是犹太裔）（后人称为法兰克福学派 [Frankfurt School]）来往。当 1933 年希特勒掌了权，勒温即于是年移民美国，隔年，许多法兰克福社会研究所的成员也先后移居纽约，并与哥伦比亚大学有着紧密的关系，当时社会研究所的领导者霍克海默即是其中一员。

再单就霍克海默来说，除了从事有关理论性的探讨之外，他尚以权威主义（authoritarianism）、军国主义、经济崩溃、环境危机与大众文化等等议题进行研究，奠定了后人称之"批判理论"（critical theory）的研究元神。在这些成员中，先是弗洛姆于 1941 年在美国出版了《逃避自由》（*Escape from Freedom*）此一脍炙人口的书籍。他从人性的特质来讨论自由的问题，具体的讨论则是指向纳粹兴起、德国人的基本心理——尤指权威人格（authoritarian personality）等等。于 1950 年，该学派的重要成员阿多诺更是以加州大学伯克利校区为基地，与布伦斯威克（Else Frenkel-Brunswik）、列文森以及桑福德等人合作，以较早前弗洛姆对权威人格所做的研究成果为基础，采取精神分析与社会心理的理论框架（尤其弗洛姆的理论）来探讨权威人格所展现的偏见心理，写就了《权威人格》此本旷世巨著，后人称此研究为"伯克利研究"。在此研究中，毫无疑问的，1930 年代德国法西斯主义的兴起是重要课题，但也同时包含了第二次世界大战之所以发生以及纳粹对犹太人的大屠杀等问题。倘若我们反折来看，这些研究可谓与勒温肯定民主领导形式的论说相呼应，无疑的，有着为以“自由、民主而开放”为基架的美国社会模式背书的意思。

综观以上简扼的历史性回顾，我们不难看出，从 1939 年勒温对民主领导的研究、弗洛姆有关自由的研究，而至 1950 年阿多诺等学者对权威人格的剖析，其研究的主题所以如是，除了彰显这些学者本身的学术网络关系，相当程度地反映着二十世纪三十年代以来整个西方世界之时代背景所呈显的基本问题意识。很明显的，二十世纪三十年代希特勒之法西斯主义的崛起（继而，第二次世界大战后美苏二大集团的冷战对立局面），在在彰显着从十八世纪民主自由思想与政治体制逐渐发皇以来受到了最严重挫败之历史“事实”所引起的集体焦虑。尤其，在西方世界里，美国被认定是证成民主与自由主义思想的历史性典范，借着特殊的历史因缘际会，促使了从事社会学科学方面研究的学者们（上述的社会学与社会心理学家只不过是其中的例证而已）特别拿“民主—自由”来和其对彰形式——“极权—压制”（因而，连带的，权威人格）从事系统性的研究，自然是相当可以理解的作为。

当然，特别值得注意的是，几乎所有研究的结论都采取正面的态度倾向“民主”，对民主的体制与作为有所期待。姑且不论这样的期待是否即是一种“意识形态”，或整个研究的过程是否早已预设了立场，以至于得来的结论有所“偏颇”，至少，在当时的时代氛围包围下，“民主/极权”的对彰构成了美国社会学与社会心理学研究中的重要课题。在此，仅随机地再列举三个具体的经验实证研究作为例证，其中，两个是关于 1933 年成立之田纳西河流域管理局（Tennessee Valley Authority，简写为 TVA）之“民主化”组织的研究，另一个是有关国际印刷工会（International Typographical Union）的统御领导研究。前二者中之一是 1944 年利林塔尔所写的《田纳西河流域管理局：前进中的民主》（*TVA: Democracy on the March*），另一则是 1949 年塞尔兹尼克所著的《田纳西河流域管理局与草根：一项正式组织社会学的研究》（*TVA and the Grass Roots: A Study in the Sociology of Formal Organization*）。第三个则是 1956 年由李普塞特、特罗与科尔曼三位社会学家合作对国际印刷工会内部之民主式之统御领导的研究，即《工会民主：国际印刷工会的内部政治》(*Union Democracy: The Internal Politics of the International Typographical Union*)。当然,不讶异的,如往昔的诸多研究所呈现的,这些研究一再地"证明"着"民主"的统御形式是优于极权或寡头(oligarchy)的统御形式的。我在 1968 年赴美国求学修习"社会组织"此门课程时,这些著作还被列为必读的作品呢!

为了让读者们有更深刻的呼应感受,让我在此再多举些美国社会学与(社会)心理学中一些概念与提问的命题来阐明"知识"本身所不可避免的"在地"色彩,但是,如今却因美国是世界强权而被"国际化"为"似乎是普遍适用"的概念或命题[①]。

首先,我要指出的是,过去,作为一个典型的移民社会,美国基本上是一个未来导向的国家,人们没有共同的过去,有的是对共同未来的期待[②]。因此,就此一历史心理学的角度来看,对美国人来说,理想即是实在,反之亦然,而且,在禀承欧洲以持具个人为本之自由主义信念的基础上,美国社会基本上是以个人为导向的。然而,情形却不是这么单纯。贝拉等人于 1985 年在研究美国个人主义发展的《心灵的惯性》(*Habits of the Heart*)一书中即指出,在美国,不管个人主义的信念是怎样被人们实际地予以实践,有一个核心成分是共同的:重视个人的尊严与强调个体的神圣性。但是,在奉行个人主义的同时,却同时强调自赖(self-reliance)与共同体(community),形成了所谓"圣经与合众政体并重的个人主义"(the biblical and republican individualism)。易言之,维护与成就某种属于共同的"东西"(这可以表现于社区、自愿团体、教会或校友会等等)是展现个人主体性的基本内涵,这可以说是膺服于基督教教义下相当具"社会化"特质的个人主义,乃把群体意识融入潜意识的一种个人主义形式。说来,这样的意识体现乃与美国作为一个移民社会的历史背景有关。我的意思是:当"白种人"从临靠大西洋的东部

---

① 至于与下面所将讨论之议题相关,但更为详细的论述,可参考即将由北京三联书店出版之《徜徉在经验实证之社会研究的迷阵里》一书的第一章《经验实证取向主导下的美国社会学——1880 到 2000》。

② 未来的美国是否会继续保有这样的"性格",将有所保留地,端看美国政府之政策的走向而定。

一路往西部开拓寻求定居以安身立命的过程中，困顿与风险一直伴随着，生命与家产随时都可能受到严重的威胁（当时，最大的相互威胁即来自原住民——印第安人）。显而易见，面对这样的险峻情况，人们必须学会团结起来以自卫，连带的，迫切需要强调犹如兄弟姊妹情的互助精神以及强烈的社区意识。

无疑的，基督教的教义在此时扮演着极为重要的社会角色。就学术活动的范畴而言，在基督教强调"邻人之爱"的教义影响下，这样同时强调自赖与共同体的精神影响了学院内之社会学科的操作，使得所谓的教会社会学（Christian Sociology）得以浮现。就在这样的背景之中，由西欧传进之（科学的）"社会学"在美国却成为世俗化的神圣知识，同时也是神圣化的世俗知识。这使 1892 年社会学一开始在当时（1890 年）刚建立的芝加哥大学成系后，系方即强调以社会改革与公共政策的推动和厘定作为重要的教育宗旨。说来，这也充分展现在 1894 年起开始任教于芝加哥大学哲学系之杜威的实用主义教育哲学之中[1]。在此，值得特别提醒的是，芝加哥乃地处所谓的中西部（mid-west），是当年美国白种人往西移民的重要地区，可以说是展现前面提及之美国精神的核心地带。所以，不是在诸如地处已开发之东部，且建校已具规模的哈佛大学（建校于 1636 年），或耶鲁大学（1701 年），或宾州大学（1740 年）等，而是在地处当时美国边陲地带的芝加哥大学成立全世界第一所社会学系，着实是有一定人文区位上的意义的。

推及整个美国社会的发展过程，这样的立国精神使得宗教、国家和市民社会结合在一起，形成一个极具神圣性的世俗政治—经济联合实体。再以当年在芝加哥大学哲学系任教之米德[2]的论说为例。在后来学生就其上课讲授内容汇编而成之《心灵、自我与社会》（Mind, Self and Society）

---

[1] 芝加哥大学社会学系早期训练出来的博士生绝大部分并不是任教于大学院校，而是投入实际的社会行政与福利工作，尤其是与教会有关的。

[2] 1894 年杜威受聘到芝加哥大学前，任教于密西根大学（University of Michigan）的哲学系，与米德同事。在受聘之前，杜威向芝加哥大学校方提出一个受聘条件，即要求校方同时聘用米德。当然，校方答应了，芝加哥大学也才因此有机会成为社会学（或谓社会心理学）中之"象征互动论"的发源地。

一书的最后一章中，米德强调"自我管理"（self-government）这个概念。其所以如此，实乃与美国以"郡"（county）作为地方自治之基本行政单位的历史背景有关，因为，作为一个移民且往西部不断开拓的国家，美国人需要足以具体产生相互依赖的自我防卫的行政体制。基本上，由以教堂为中心所散发出去的最小群聚单位——"邻里"（或谓"社区"），而至"镇"（township），再推下去可接受的有效行政单位最大的就是"郡"了。一方面，这充分地展现着，美国社会的主导力量在于地方，而非联邦，也不在于州（state）。另一方面，"自治"（即自我管理）于焉成为美国人在政治治理上的基本核心价值，顺理成章的，也就因此成为政治（社会）学中的重要概念，也是核心课题。上面所援引三个有关田纳西河流域管理局与印刷工会的研究，说穿了，就是在于证成此一深具美国意识色彩的核心概念。

其次，在1953年，心理学家麦克里兰等人为了彰显其所强调的成就动机（achievement motive）一概念，特别以当时在实证主义主导下流行的变项式思维，修改了韦伯在《基督新教的伦理与资本主义的精神》（*The Protestant Ethic and the Spirit of Capitalism*）中的命题，批评韦伯忽略了"成就动机"此一个最重要的中介变项，而"误导"了资本主义精神的精髓[①]。此说一时蔚为显学，许多经验如雨后春笋般涌现出来。显然的，这乃与上述美国社会的历史背景，特别是美国人相信"只要肯努力，就会有成就"这样的基本信念有关。说来，诸如，更早在1943年马斯洛所提之以"自我实现的需求"（need for self-actualization）作为其"需求层级"论中具最高层级的需求，1944年勒温的"抱负水准"（level of aspiration）概念，以及1954年勒温之弟子费斯廷格所提出之"社会比较论"（social comparison theory）等等，可以说是在相同的历史背景下催

---

①　毋宁的，麦克里兰等人才是"误导"（当然，更是误解）了韦伯之"理念型"（ideal type）在认识论（与方法论）上所具有之特殊意义，而此一意义则必须摆在当时德国社会学科的思想背景来看，才能够把其深层的问题意识彰显出来。美国的学者常常就因对欧洲思想缺乏这样的历史感而"误用"了概念，当然，可能带来了具有创造性的误解。毕竟美国是学术霸权，不管其论述或概念有着多么奇怪（乃至荒诞）的误解，其知识体系依旧被来自非西方的学者们所崇拜而援用着。

生出来的概念产物，它们能够迅速地广为美国（社会）心理学界所接受与推行，自然是可以预期的。

再者，作为原是以移民为本的国家，美国社会里的种族是多元的，尤其，曾经有以非洲黑人为奴的历史背景，种族关系可以说是开国以来美国社会的根本问题。在此背景下，有关对不同族群间的态度、认知等等现象的研究成为重要的课题。诸如，1925 年社会学家鲍格达斯（Emory S. Bogardus）提出的"社会距离量表"（social distance scale）以及后来陆续在 1946 年、1956 年与 1966 年的修订；1934 年拉皮尔有关态度与行动（attitude versus actions）间之落差，以至 1964 年戈登提出同化（assimilation）与美国社会是种族的大熔炉（melting pot）的说法，乃至1957 年费斯廷格提出的认知失调论（theory of cognitive dissonance），广义地来看，都是这样的社会场景所衍展出来的研究课题，且广被接受而成为重要的概念与命题。

行文至此，我不得不再多耗费一些篇幅来评介一项迄今仍然是美国社会学中的核心研究课题，甚至成为美国社会学传统中最具正统性的知识典范。这个是有关社会阶层与流动的现象。没错，引发美国社会学家兴趣的这个课题，有相当重要的部分可以说是来自欧洲古典社会学传统中马克思、韦伯与涂尔干的理论。但是，毫无疑问，最为关键的莫过于，要证成"美国是一个真正平等而自由，且竞争机会是公平而开放的社会"这样一个基本的美国信念。1953 年本迪克斯与李普塞特合编之《阶级、地位与权力：社会阶层的读本》（Class, Status, and Power: A Reader in Social Stratification）成为社会学系学生修习"社会阶层"与相关课程的经典教科书，而且历久不衰，保持着名列"必读"之经典作品的崇高地位，就是一个最好的证明。特别是，布劳与邓肯在 1962 年合著之《美国的职业结构》（The American Occupational Structure）此一研究成果发表以后，更是加速地带动了此一领域的研究。尤其，到了二十世纪七十年代，威斯康星大学麦迪逊（Madison）校区社会学系之休厄尔领导的俗称"威斯康星学派"（the Wisconsin School）的"社会地位取得"（social status attainment）论取得了主导地位之后，特别是与当时流行之量化技术的发展（如"马克夫链"[Markov chain]、因径分析 [path analysis] 等）

互相呼应，社会阶层与社会流动（尤其是社会流动的数学模式）更是一时成为美国社会学中的显学。譬如，《美国社会学刊》（*American Journal of Sociology*）即曾以专刊或大幅度的篇幅刊登与社会阶层、社会流动，乃至特别为威斯康星"社会地位取得"学派发行专刊 ①。美国社会学社的官方期刊《美国社会学评论》（*American Sociological Review*）亦不遑相让地有着同样的表现。在1970年至1979年的十年间，第35—44卷（每卷六期）中，卷卷均有有关社会阶层与社会流动，特别是"地位取得"论的文章。从1973年的第38卷起至1978年的第43卷，每卷六期中，刊登了与此相关的文章超过一半以上，在1973年至1977年间，每卷甚至有超过四期均刊登着相关文章，其中，甚有占该期文章总数的40%—50%。即使1972年第37卷第3期只有四篇相关的文章，但是，其中，三篇却是有关以相当技术性（如"马克夫链"）的方法来处理社会流动的现象。在当时量化方法是显学的氛围下，以这样的方法来处理社会流动现象，可以说是当时的"时尚"做法，甚受许多美国社会学家"敬重"且肯定着。显而易见，在这样的刻意推动下，社会阶层与流动现象，特别表现在透过职业的地位取得，成为美国社会学中最抢眼的课题，其累积出来的知识也顺理成章地成为整个美国社会学知识的核心，许多所谓"后进"国家的社会学研究与教学，几乎无不把这些知识成果看成神圣的典范来崇拜着。

在此，让我借用一个个人经历的小插曲来强化上面所叙述之强势主流研究课题所给人的印象。二十世纪六十年代末期至七十年代初期，我还在美国攻读博士学位时，有一次一位波兰的女社会学家来系里进行几天的短期访问。我记得很清楚，这位女社会学家对美国社会学最感兴趣、讶异，且自认有启发性的是有关社会流动与阶层的研究，她说，这是波兰社会学所没有的。其实，这没什么值得讶异的，当时的波兰是"无阶级"的共产国家，既然"没有阶级"，自然也就没有什么阶层差异以及

① 如该刊1975年第81卷第3期；1976年第82卷第37期（以"地位取得"为主题）；1977年第82卷第4与5期，以及第83卷第1期；1978年第84卷第1与3期（重点在流动与阶层）。

流动或不流动的问题了。很清楚，社会的实况不同，或更恰确地说，政治意识形态不同，自然就有了值得关心的不同课题。难怪，在二十世纪六十年代，社会学会被看成是资本主义社会特有的知识产物，乃顺应资本主义体制之意识形态而产生的。

总之，在此，我不拟再提出任何进一步的评论，也不想从事知识社会学的解析，我想说的只有一样：任何有关社会现象与人之社会行为的研究都承担着文化—历史质性的制约，整个思维与认知背后都有特定选择的"意理"作后盾。透过上面有关十八世纪以来西方文明（尤其美国社会学与社会心理学）发展历史趋势的简扼陈述，我们不难发现，不论是所谓的"全球化"或"国际化"，其文化核心质性是具历史性的，总体成分可以说是来自西方（第二次世界大战后，特别是来自美国）的；更具体地说，即以"理性化"为主轴的所谓"现代化"。从这个角度出发，所谓的"国际化"实则是西方优势地区把劣势的亚非地区的文化（知识体是其一）纳入其体系之内的一种极具"征服"意涵的文化渗透与移位现象。对劣势地区的人们，就根柢而言，"国际化"实则即是学习优势地区的知识体系与其思维理路，且向其紧密靠拢。结果是，倘若劣势地区的学者缺乏足够敏感的自我警觉与反省能力的话，优势地区的知识体系因其特殊历史—文化条件而形塑出来的特殊理想性与规范性，就会毫无保留地被移植到劣势地区，在知识的经营上面，获得了具普遍意涵的正统性。这也正是何以劣势地区至优势地区留学后返国任教的"海归"学者所以深具优越感，也被一般人看重，且有所期待的根本因素。无疑，在这样一种"失去准头"之集体心理的历史塑造下，对劣势地区的人们来说，难怪，"在地化"常常会被认为是一种自我设限，既保守、落后，且故步自封，甚至是一种愚蠢而无知的作为，乃是妨碍社会"发展"与"进步"的罪魁祸首。

总而言之，面对着这样将近178年"西风压倒东风"之一面倒的历史格局，说真的，除了少数的知识内容（如中国文学、哲学、艺术、音乐等等）之外，今天大学里传授的知识（特别是专业知识）基本上都是由西方优势地区输入的舶来品（诸如物理、化学、经济、社会、法律等等）。这已成为无可完全扭转的趋势，是历史"命运"，我们只能接受，纵然是痛苦，也百般不愿意。但是，倘若我们懂得反省（而且是批判性的反省）的话，那么，我们首先就得对源自西方特殊历史—文化质性的知识体系因历史偶然所取得之超越时间与空间的普遍真理正统性的迷思予以悬搁，并有所存疑。换句话说，单面地向西方知识体系倾斜"认同"的"国际化"，是一种对历史—文化质性的失忆症表现，更是因长期历史创伤而掏空了自信心之文化自卑情结的自然反应。在这样向西方一面倒地倾斜之学术体制的主导下，在地所呈显与内涵的集体深层文化意义被异化，乃至被扬弃，而且，学术对整体社会的责任更是迷失掉了。说来，让曾经自诩是文化"巨人"者（如中国）变成为不折不扣的"侏儒"游魂，其情景之明显莫过于此。

四、从高等教育的"贵族性"看"国际化"的迷思

在我的观念里，高等教育的理想目标有两个基本面向：传授专业知识与培养文化品质，而且，不论就专业知识的传授或文化品质的培育来说，高等教育都必然具有"贵族性"。我的意思是，高等教育有一项极为重要的社会责任，即培养具有自我批判与反省能力以提升整体社会之"文明"水准潜力的中坚精英领导者。顺着这样的理路，整个高等教育的良窳因此首在如何确立此一"贵族性"，并且有效地予以耀扬发皇。尤有进之的，不论是专业知识的传授或文化品质培育（尤其是前者），就社会实用性而言，必然是"在地的"——审视并谋求改进（或维续）整个社会的既有状态，以实践共同期待的理想目标（如发扬共同体的关爱理念、力求与自然和谐相处等等）。这也就是说，整个高等教育的首要理念，应当是在于"透过'历史'性的反省以检视自身社会的问题（如检讨隐藏在高度工业化或追求无止境经济成长与消费背后的潜在问题）"的前提下来从事专业知识的传授与文化品质的培育。我所以有如此的主张，理由很简单，乃因为教育的对象基本上都是生活在自己社会里的下一代，而教育最主要的目的之一——让我不厌其烦地再次强调——即是意图让受教者可以把习得的知识实际地运用在日常生活里头，得以有具批判反思性

的态度和能力同时反顾过去与展望未来，以对当下此刻的"现在"处境予以修饰、调整与规划，其最终的目标无非就是实践某种集体共享的理想。对所谓的后进国家来说，由于长期来毫无保留而一厢情愿地接受着居优势之"先进"国家的种种意识（包含问题意识，如认为所谓的"现代化"是绝对必要的），这样的教育目标毋宁更是迫切而要紧。唯有如此，对身处"后进"社会的人们，才有能力与习惯来对一直居优势的西方"先进"文明从事具批判性的反思功夫，而这恰恰是当前整体人类受到西方现代"先进"文明"摧残"了一个多世纪后最最迫切需要的 ①。

就拿"现代化"的主张来当例子吧！在"后进"国家里，不断地追求经济成长，常常被领导阶层认定为是所谓"现代化"内涵的最重要项目。为了促进经济成长，诸如谋求科技发展、开发能源、竭力运用自然资源，同时鼓励生产和消费等等，连带地被视为绝对必要的手段。然而，纵然人们（特别是领导阶层）已意识到这样的"现代化"可能带来的"恶"的一面，却总是认为这是不可避免的"必要之恶"而予以容忍，或干脆来个视而不见。其实，假若我们用上心，往未来的深处一想，将会了解到如此一般之"现代化"的"恶"的副作用，极可能将会为整体人类带来难以克服的"灾难"。别的不说，单单就亚洲世界里人口众多的诸多国家（如中国、印度、印尼等）积极参与了这样的"现代化"游戏来看，我们实在不难看得到它可能为未来整体人类所埋下的"灾难"种子。我们当然看到了经济成长的"荣景"，但是，在繁荣的表面之下，却也同时埋种下了不少难以处理之棘手问题（如极端剥削自然环境带来的种种污染、极端气候频频发生、自然资源的滥用、人心日益贪婪、贫富差距巨大等等）的祸因。凡此种种因"现代化"带来的"后遗症"，说真的，不免让我们深深地感觉到，人类确实需要认真地重新来反省"现代化"这个源自十九世纪西方之"狂妄"的历史性迷思。对我来说，这样

----

① 当然，这并不等于西方人本身就不必，也没有能力从事自我批判和反省。事实上，许多西方社会思想家一直就不停地对他们自己的文化进行着批判反省。倘若非西方人的批判与反省有什么特殊的意义与价值的话，其最可能呈显的，莫过于比较有机会可以从"他者"的立场（特别透过其固有的文化传统以及承受以"西化"为主调之"现代化"影响的特殊历史经验）提供另类的批判与反省视野。

的批判性反省正是当前一味力谋"现代化"之"后进"社会的高等教育特别需要认真而严肃地予以正视，并检讨的课题。更具体地来说，至少，对来自西方之"现代化"的历史内涵（诸如，资本主义与科技的历史发展与其理路内涵等等）从事深度的剖析，应当是当前高等教育需要研究、讨论与教授的基本课题。我个人深深地以为，这是身处当前高等教育体制中之社会学科研究者（也是教育者）（特别是社会学者）不能规避的社会责任，也是不能不承担的历史任务。

　　就现实而言，毋庸置疑，绝大部分学院内外的当权者总是把高等教育的重点摆在专业知识（特别是科学知识）的传授与研究。回顾整个西方高等教育的发展历史，自从西方人体认到科学知识有助于技术的创新发展之后，科学与技术即紧密地结合在一起。尤其，在工业资本主义体制现实需要的推动下，到了二十世纪以后，有关"科技"知识的传授，乃至技术本身的磨炼，更是在学院里逐渐取得了领导地位，并常常以"服务社会（或社区）"的美名，构成为整个高等教育的核心内容。其实，早在二十世纪五十年代末期，英国的斯诺爵士已意识到高等教育体制所将面对之如此一般的现象，他以"两种文化"（two cultures）的说法针对大学中人文学科与自然科技两大阵营的"对峙"关系与其间隐藏的问题有了指点。然而，斯诺的警语挡不住如排山倒海般汹涌而至的现实力量（特别是挟持着科技的资本主义体制），没有办法起到作用。

　　到了二十一世纪的今天，特别是在符号（或谓"象征"）经济日益活泼兴盛的触媒下，资本主义的市场逻辑不只依旧宰制了生产（production）面向，更以渗透方式尽吞整个消费（consumption）面向，使得生产与消费产生了极为巧妙的结合，遂有了所谓"产消合一"（prosumption）的现象浮现，而获得了完全征服世界的"壮举"。其结果是，整个高等教育更加沉沦，成为资本主义之市场化体制的外围附庸体。最明显的莫过于，有关具"实作"性的创新（特别是符号消费有关的，如工业产品设计、数位媒体设计、餐饮管理、风险管理、观光旅游等等）与相关知识之传授的科系如雨后春笋般地在大学院校里设立了起来，而其中不乏是巧立名目的。这样的发展最明显的后果可以说是，牺牲了大学之古典传统所强调的文化品质教育，以至于使得整个高等教育的人文素养日益衰落、萎缩，"制造"出来的是一大堆如西班牙哲学家加塞特所称呼的"有学习能力的无知者"。这批人确实是有学习能力，但是，遗憾的是，他们却又只是一批有血肉，但没有灵魂的"机器人"，乃是高度受制于整个资本主义之市场化体制与科层制度下不折不扣的"活生"生产工具与促进消费的玩偶而已。

在前面的论述中，我曾经提及德国社会学家韦伯以"理性化"作为理念型的典范来刻画现代社会（特别是当时的工业资本主义社会）。他指出，在强调效率（efficiency）与效益（effectiveness）的前提下，现代（西方）社会所呈显的是一种着重于"如何有效地控制"的理性化作为，终至于使得工具理性过度膨胀。当然，其中最为典型的，莫过于体现在经济领域的生产（甚至包含着消费）面向，以及表现在科层化的公共事务上面。

就西方（科学）知识发展史的角度来看，无疑的，十七世纪以来之（物理）科学的数学化，是催化，也是助长"理性化"一项极为关键的历史因素。对（物理）现象赋予数学化的表现形式，不只确立了自然科学知识的正确与精准性（因而，真理性），更是在普遍化原则的主导下强化了以量化数据来表现现象之"真实"面貌的认知迷思，终至于逼出了学术界的"量化强迫症"（Quantophrenia）——无量化测量，即无科学真理[1]。如此一来，至少从十九世纪以来，量化数据主义即逐渐成为主导着西方人认知与思维的基本"意识形态"。到了二十世纪，特别是八十年代以后，既然沦为资本主义体制之外围附庸体，且被"市场化"的高等教育膺服的是市场竞争逻辑，那么，已成形的量化数据主义顺理成章地被供奉为指导高等教育之"绩效"评量的基本操作原则。除了因强调效率与效用，社会里一切事物与行为表现之"卓越"与否和程度的考量，均

---

[1] 在此，容许我举个实际的例子来彰显这样的"意识形态"。1883 年 3 月 3 日英国物理学家开尔文爵士在土木工程师协会（the Institution of Civil Engineers）演讲时即表明测量对西方人的特殊意义。开尔文爵士是这么说的："只有当你能对你所说的予以测量，并以数字来表达，你才算是知道了。"1929 年芝加哥大学社会科学研究大楼启用，在靠密西根湖侧的窗子下面即刻着开尔文爵士的另一句类似的话："当你不能测量，你的知识是羸弱，也是不能令人满意的。"

可以，也必须被摆在众多同类之中加以排比评定，而使用量化的数据来表呈和检验，则是不二的准则。

很明显，一旦整个社会的文化象征价值被单一化到仅只以市场价值来衡量的话，社会所体现的文化表征将会特别显得是贫血的。但是，在人们的日常生活里，现实上，这却早已形成一股素朴，且日益同质化的普遍社会价值，特别是在全球化的趋势下，强而有劲地左右着整体人类。在这样的历史场景里，高等教育传统所内涵，也是理应发扬之强调个别"品质"的人文"贵族性"，自然是日益萎缩，难以有施展的空间。在取而代之的种种具体呈显作为中，最值得注意的可以说是"普遍单一化"，即企图以形形色色的量化指标来评比整个高等教育体制的"品质"，情形正像奥林匹克运动会的种种比赛一般，讲究的是名次，当然，最好是世界第一。于是，数量化的即是品质，难怪中国人把英文的 quality 一词译为"质量"。总之，这样的排比迷思体现在大学院校的，最为典型的则莫过于高度"量化"了大学院校的国际性评比排名、学术期刊的排名，以及对教授的评鉴等等，更遑论对学生之课业的评量了。

国际评比排名是西方量化数据主义的信仰所衍生的一种迷思，他们所选择的评比指标本身承载着厚重的特定文化—历史质性与理念期待，回应的是他们社会的总体发展经验所孕育出来的定型意识（如服务资本主义市场需要的教育价值观），更是许多精英大学经过历史的洗炼后长期来努力经营起来的基架。说来，这样的评比指标产生着不断自我回递（但不否认时有改变）的增强作用，以至于所谓的"指标"一直保持着有利于自己的排行次序的"最佳状况"，诸如哈佛、加州大学伯克利校区、牛津、剑桥、MIT 等大学永远排名在最前面 [①]。想想，在如此一般让西方学术界带着"霸凌"意味（但美其名为知识的普遍性）地垄断了概念的定义与选择权的情形下，让北京大学排名在世界前十名之内，除了炫耀中国终于有大学挤进世界排行榜的前十名之外，对整个中国高等教育品

---

① 其实，这样充满着特定"意识形态"与价值观之自我回递的增强效果的情形，可以说是普遍地存在于西方人（尤指美国人）所设定的种种社会指标上面，诸如对生活品质、心理调适、自我成就等等的测量比比皆是。其中，最为典型，且流行广泛的，莫过于美国社会心理学家英克尔斯所设计的"现代性量表"了。

质提升到底有何意义？难道，这就表示中国高等教育的整体水准已经起飞了吗？我们不要忘记，崇拜"国际化"的量化数据主义，最终乃得依靠"强者"的认知价值作后盾，才得以肯定自己。说到底，这样的"国际化"努力带来的，将可能只不过是一种"恶性"循环而已。倘若不认真而严肃地从事批判反思来另辟蹊径的话，结果将是让我们的高等教育落得永远没有超生的机会。

平心而论，相当吊诡的，这样的"量化强迫症"表现在美国与其他西方"先进"国家的大学院校里，基本上还不是那么严重。严重的，倒反是那些力求追求所谓"卓越"与"国际化"之"后进"国家的大学院校，尤其是所谓的名校或重点大学，他们对"量化强迫症"的感染最迅速、最彻底，甚至是有过之而无不及，近乎已到了走火入魔的地步。在这些机构有权者的心目中，"国际化"就是一面倒地向西方"先进"国家（特别美国）的顶尖院校看齐、学习。于是，诸如使用英语教学、不分皂白地采用美国教科书、亦步亦趋地翻版美式知识的内容、要求教授在所谓"国际刊物"（实则大多是美国的期刊）发表论文，并且以自认"客观"的指标性数据来呈显其表现品质等等现象——浮现。总之，其所考虑、关心的是，配合形形色色之量化的所谓"国际性"指标量表上的排名，以作为考验、彰显自己之学术品质的判准。于是乎，只要在国际指标的排名上往前推，就是有"进步"，对大学的绝对肯定，也就是对社会有了"贡献"。至于是否真正地对自己的社会，尤其下一代的教育，有实质的贡献，从来就不是"问题"，想也没想到，更遑论在乎人文素养的品质了。

让我说得更平白些，这一切发生在"后进"社会大学院校的现象基本上可以说是，十九世纪以来，在"西风压倒东风"的格局下，民族自尊心长期承受历史屈辱的人们，在毫无自我批判反思，且深具集体自卑情结作祟下的一种弱智心灵表现。更往深处看，这是文化处于劣势之地区的人们所累积之自卑与自傲心理吊诡地相互纠结所牵引出来的历史命运——一种具他人导向的"自恋症"，而这体现在潜意识里深具民族优越感的"受挫"社会，又是特别明显，因而，如此一般的反弹作为也就特别严重。在此，我必须再加上一句话：一旦这样的心理情结不断地在有权者的治理意识里头发酵，那将会是整个高等教育所面临最严重而棘手之再度的历史性挫败，而且将会是一种深具历时性的慢性凌迟。

五、在地化学术发展的基本纲领——代结语

行文至此，或许，有些读者会数落我是一个持着义和团心态主张闭关自守的"民族主义者"。我必须为自己辩护：我绝不是这样的民族主义者，更不是一味排斥西方的文化保守主义者。我所以有这样的言论，毋宁是针对时下热烈高举"国际化"旗帜者的时尚作为不以为然而引发的。在我的认知里，毫无自我反思与批判意识地向西方（特别美国）学术界的"在地"问题意识与知识需求紧密靠拢取暖，基本上是一种自我异化的现象，不可取。其中，最令人痛心的莫过于，有些学术"买办"，凭着拥有种种的学术荣誉（特别是来自美国的）即挟洋以自重，不分皂白地倾销着西方的"新知"或"新技术"，甚至只是为自己累积厚实的学术权力资本，到处被捧奉着吃香喝辣。总之一句话：单就知识体的建制经营而言，自外移植进来之高度具原生异质性的知识体，往往与社会的实际现实表征有着严重的落差。倘若毫无警觉地一味盲从鼓吹，这将导使高等教育体制内的教学内容或研究成果尽管琳琅满目，但却犹如银样镴枪头一般，在现实世界里，是使不上力的，因为一用就"断"。结果，所展呈的，到头来，却永远是代代始终如一，也亦步亦趋地紧跟着西方（当然，特别是美国）的学术潮流走，更别说有脱颖而另创新格局的契机。

在这儿，让我再强调一次：正相反的，诚如我在前文中已明确提及的，从十九世纪以来，向西方优势文化（因而，学术传统）学习已是非西方社会所共同遭遇到之无可规避，也无以否认的历史命运，纵然打从心底百般不愿意。况且，在今天这样一个高度向西方之过去历史倾斜而形塑成的"全球化"时代里，积极走进西方人主导的"国际"社会更是不可避免的趋势。在这样颇为伤感之历史现实条件的制约下，问题因而不在于全盘拒绝西方优势知识体制的"入侵"，而是我们持怎样的态度，以怎

样的方式来学习与接受。

准此前提，我认为，"国际化"的推进需得有着与时俱进的层次考虑。首先，让我再次提示一遍：就历史发展的进程来说，"国际化"之文化—历史质性即是以"理性"为骨架的"西化"。对整体现代学术界的知识体系而言，这是形塑概念、论述，乃至引发问题意识之无以规避的参准点，更是起始点，但是，对"生机控制性"居劣势之非西方社会来说，更重要的是，它必得又是分离点——一个具有既接承，但又有超越之可能性的分离点。换言之，就现实的情况而言，文化生机控制性居劣势的非西方社会，若要使得其学术"国际化"，首要之务是先彻底地走进现代西方知识体系之殿堂的深处，而不是只在前殿的门面边轻率地打个转、捡点东西。那么，什么是现代西方知识体系之殿堂的深处呢？直接到西方留学学习自然是一项最为实际，且必要的"前提性"作为。事实上，这样的作为，居劣势地位的非西方社会已经广为执行，有的少说也有一百多年了。然而，情形显得奇怪，也令人感到沮丧的是，这些社会的学术界却始终还是脱离不了"劣势"的处境，依旧得几近完全仰赖西方"先进"社会提供知识的养分。显而易见，倘若不仔细去探究其背后的可能缘由，知识上这样的高度依赖将一直继续下去，永无脱身，更别说有翻身的机会。

对我来说，非西方社会的情形所以一直深陷于如此的"恶性"循环之中，关键在于学习态度出了问题，其中，根本没有真正进入西方知识体系的核心文化—历史底层来学习和探究，可以说是最根本的病灶。具体地来说，最主要的症结在于，当我们学习西方的知识时，总是单面地着重于学习知识的表层内容——即"是什么"的面向，而没有往更深处去追问诸如"为什么是这么想""这么想到底有何背景作后盾"或"这样想有着怎样的深层意义"等等攸关知识的文化—历史"动机"的问题，甚至连最接近"是什么"的"如何"问题都懒得追问。譬如，我们不能只知引经据典地来描绘"现代化"是什么，而必须追问诸如它是在怎样的文化—历史背景下产生出来，有怎样的基本感知模式作为引发此概念的后盾，或甚至整个西方文明的基本历史性格等等后设性的问题。否则的话，整个学习呈现出来的，往往只会是习焉不察的照单全收。尽责的，顶多是战战兢兢地自认完全依着西方人的意思和说法"如实"地照本宣科，且一一加以细说了。殊不料，这样的作为所带来的结果极可能是产生了相反的效果。由于缺乏孕育我在前面提到之具文化历史感的批判反省的意识和能力，导致其所呈现的"舶来"知识经常有如只是涂上一层薄薄，且充满"误解"的清漆而已，虽略有香气，但终因掌握不了其原神而失却趣味，更是丝毫起不了启发的作用。

那么，如何才能增进、厚殖我们对西方知识体的了解以奏收具"国际化"的实际学习效果呢？依我个人的意见，在整个专业知识的养成教育过程中，对任何来自西方的知识体（特别是人文社会学科方面的）有两个层面必须予以照顾到：同时具备历史意识与哲学体认。所以做如此主张有一个基本的理由，即：既然任何知识都是社会的产物，因此，无论就认知或感受的角度来看，其背后都存有一些特定的预设、想象模式与思考理路等等，而这些都有必要掌握，其中，历史意识和哲学体认恰恰即是两个最为根本的认识层面。

在此，所谓的历史意识基本上包含两个面向，我称之为"外部史"与"内部史"：所谓"外部史"指的是西方社会的发展史（特别是现代社会发展史），而"内部史"指的是该学问（如社会学）本身的发展史。如此，才可能让学习者（乃专指非西方社会的学习者）对其所学之诸多概念、命题和论述等等在社会现实上的"所以然"有所体认。至于哲学体认的培育，重点则在于提供学习者对所学习之课程内容对象（可以是人自身，或自然现象，或社会现象，等等）背后西方学者们（特别思想家）所设定之哲学人类学的基本存有论预设有所认识，这可以让学习者有比较坚实的知识基础去掌握西方学者何以如是想在认知上的根本缘由。

至于怎么"照顾"到这两个面向，我必须特别强调，个人并没有坚持学习者需要具备相当深、厚、广度的知识内涵，如此，岂不等于要求一个社会学系的学生同时也成为历史学系与哲学系的学生？就现实的学习角度来看，这样的要求是过分了。在此，当我说需要"照顾"到这两个面向，我的意思是说，在学习过程中，授课教师有必要给予学生"适当"程度之相关历史意识与哲学体认的了解，以让学生对整个知识体的相关发展脉络有所体认，以强化自己将来有能力循线继续往更深邃处去探寻其原委与发展脉络，也才可能筑砌踏实的批判立场、方向与能力。

对非西方社会的人们来说，不论是就历史意识或哲学体认而言，基本上是就其所欲学习之西方知识本身的"内部"来说的。然而，除了从知识体的"内部"来予以"照顾"之外，还必须同时兼具所谓"外部"的"照顾"，而此一"外部"的照顾，最重要，且首要的即是培养"在地化"的意识。所以如是地强调"在地化"的必要，至少有着三个相互环扣纠结的理由是值得考量的。

其一，就教育的现实社会功能立场来看，知识能否配合与满足在地的实际需要，自然是首要的考量。这可以说是整个教育建制的基本社会责任，即使是高等教育，也不应有所例外，甚至，情形是反过来的——需要更加特别地予以强化。

其二，在前面，我一再强调，我们必须向西方知识体学习是不可抗拒的历史命运。倘若我们渴望有超越西方优势知识体，或至少与之并驾齐驱的一天的话，那么，怀着谦卑、谨慎、严肃而神圣的心境，并带着批判态度深入西方之优势学术殿堂的内部深处，从事理解与诠释是必要努力的功夫。但是，批判的理解与诠释的参酌点何在呢？依我个人的意见，曾经承受"痛苦"历史经验的非西方社会的"在地"文化—历史场景恰恰是形塑具"折射"反思批判理解的一个绝佳感知对照"分离点"。一方面，这可以用来检验西方知识体背后之文化—历史质性所可能带来的系统性"偏见"；另一方面，它更同时有助于以关怀整体人类"未来"之文明发展的态度来开创另一种不同格局的知识体，而让这个新的知识体既超越既有的西方优势知识体制，且有共缔另一更具前瞻性和超越性之"国际化"知识体制的契机。对有着悠久且精致之文化传统的社会（如中国）来说，这样的努力尤其具有扮演"透视介体"的价值，不但可以起启发意义，更可以让未来充满希望与期待。

其三，"在地化"是酝酿具原创性之学术自我的集体意识以及论述典范传统的必要条件，也是缔造具有自信心之知识体制的基本生机条件，而这正是所有非西方社会所必要追求的共同理想。所以有如是的说法，乃因为人们之实际的日常"在地"经验是提供具活鲜之"拟情"感受的泉源。摆在以西方历史经验为本的"国际化"情境里，如此"在地"的

"拟情"感受正是促使人们的心灵产生折射作用，进而足以使得灵感开窍，以及蕴生想象力与原创力的心理基础。

总之，唯有如此同时兼顾内外地对源自西方世界之"国际化"的知识体从事理解与诠释，我们才可能避免学者们陷入这样的情形：一味地跟随着殖民母国的流行时尚研究风潮走，且把原本是知识殖民母国自身的问题意识想当然地当成自己的问题，以至于忘了对来自殖民母国的概念与论述应当审慎地予以筛选、修饰，甚至扬弃，也忘了自己的社会因知识"国际化"所可能遭遇到之无法自拔的"陷阱"。换言之，在"国际化"潮流蕴藏之强劲"同质化"暗流的侵蚀下，文化处于劣势的非西方社会很容易患了文化—历史意义失忆症而自我矮化。因此，于认真而确实地深入西方知识传统的深底处予以探索之余，同时让学术"在地化"，我们才可能有批判的能力，也才有缔造具破坏性的创造条件。说来，这是让学术自主，且充满着原创生机之不可或缺的首要条件。

最后，让我利用一点点篇幅来谈论一下高等教育之培育文化品质的贵族性功能！诚如在上文中一再提醒的，面对资本主义体制以强劲的力道扩散着影响作用，今天全世界的高等教育，几乎不例外地都逐渐地屈服在市场逻辑之下，为的是替（特别是步入符号经济时代的）资本主义的经济体制培育活生，但却缺乏灵魂的"生产"工具。说来，这才是遮掩在"专业化"名义下高等教育的"实景"。在这样的情况下，结果是，人文素养的培育顶多成为历史残留的装饰品，甚至完全被撤销了。准此，假若我们接受高等教育最主要的目的之一是培养社会的中间精英的话，那么，整个教育必然要涉及的是，如何才可能培养有眼光、胸襟、见地、胆识、社会责任意识、良质判断能力与关怀他人的专业领导人才。借用尼采在《善恶的彼岸》一书中提到之对人类（特别指涉到哲人）所期待的三个品质来说，那么，精英所需要具备的品质是：高等而强硬、强健而有远见，以及高贵。无疑的，目前这样的教育模式是无法担当起这样的任务的，尽管，不管东方或西方，自古以来，事实上，这即一直被认定是人们对教育所期待的"贵族性"，也是同时兼具理想性和规范性的基本内涵。我们不要忘记，这是一个具有普遍意义，且永恒轮回的基本议题，乃超越了为特殊"文化—历史"时空背景所制约之"国际化 /

在地化"的吊诡性争议的。对此，难道我们不需要正视吗？倘若不予以正视，那将是一种堕落——永劫不复的堕落。

爱情和个体性——从《爱情的正常性混乱》[①]一书谈起

一、前言

几个世纪以来，爱情一直为人们（至少特别是资产阶级的女性）所憧憬、崇拜着。尤其是热情洋溢的年轻人，爱情甚至是他们生活的全部，更是让他们感觉到生命是炙热而有意义地抖动着的关键经验成分。然而，在现实世界里，爱情似乎却又常常刺伤了那充满期待的焦炙心灵，为人们带来的是无数的被误解、被冷落、被忽视、被屈辱或甚至被背弃等等，挫败感受经验的痛苦煎熬，总是常相左右。虽然如此，人们仍然不死心地期待着爱神的降临，祈求能够蒙受上苍特殊的恩宠，让浓郁的爱情液汁滋养着幸福。

或许正因为在爱情这一条道路上，理想一直是充满着炙热的火花，但却总是与现实有着扞格，以至让感情的火花射不进对方的心坎深处，于是，爱情才成为文学家笔下描绘人类可歌可泣之故事中最常见的题材，也最为人们喜爱阅读。当然，视听传播媒体的出现以后，这更成为影片最常叙述，也是最常歌颂的主题。如今，学术界也不甘寂寞，加入了这样一个筑砌"爱情"殿堂的行列。或许他们的意旨并不在于歌咏赞诵，但是，把充满着遐想与多变的感性爱情当成研究课题，弄到理性论述的台子上来解剖，看起来似乎有点亵渎，也有些唐突，但是，留给人们更多些思考的空间，却是可以肯定的。作为社会学者，对此，我禁不住想问：为什么会是这样？为什么一向只关心极具严肃性的大概念、大问题

[①] 指的是德国社会学家贝克夫妇合著的《爱情的正常性混乱》（*Das Ganz Normale Chaos der Liebe*）一书。中文版乃由苏峰山、魏书娥、陈雅馨合译，立绪文化出版社出版，2000 年。

与大论述（如现代化、社会秩序的体系性、科层组织等等）的社会学家
们会开始关心起市井小民们日常生活中芝麻绿豆大的爱情现象与问题来
呢？这是一个有趣而严肃的问题，涉及整个西方社会学理论思考走向的
转移，也关乎现代社会发展的基本倾向，是值得加以厘清与剖析的。不
过，在这儿，由于种种的原因，我实在无法进一步地对这个问题表示个人
的意见。或许，这很遗憾，但也无可奈何，至少我个人是这么感觉着。

二、持具个体为本之自由主义信念主导下的爱情观——自我认同的吊诡性

在西欧社会的发展过程中，至少到了十九世纪，以资产阶级为核心
的意识形态已逐渐取得了导引整个社会运转的领先地位。其中，浪漫的
情爱思想是为他们所歌颂的重点，对出自资产阶级的女性，情形尤其是
如此。这本名叫《爱情的正常性混乱》的书就是采取历史的观点，针对
这样一个历史潮流，尤其，它与婚姻（家庭）制度的纠结发展过程，做
了相当细致而翔实的社会学分析。文中不乏洞见，实有推荐给读者们阅
读的价值。

依我个人的意见，两位作者的论述理路明确，很大程度上掌握了
现代西方社会发展的基本历史轴线——以"持具个人主义"（possessive
individualism）为本的自由主义信念，并且以此为线索来经营整个论述
的经纬。不过，奇怪的，也是遗憾的是，两位作者在行文之中却没有把
这条历史主轴明确地拉出来，尽管单就书名《爱情的正常性混乱》而言，
他们似乎已道出了此一思想轴线为西方人所带来的历史命运了。依我个
人的揣测，他们所以没有把这条极具主导作用的历史轴线清楚地明点出
来，理由或许很简单，只是因为对西方人（尤其知识分子）而言，这条
思想的历史轴线早已深化进入西方社会的底层，而潜藏于西方人的潜意
识里，一切是那么的理所当然，因而，也就视而不见了。然而，无论如
何，这样的文化性疏忽总不免是令人感到遗憾的。对于读者（特别是非
西方世界的读者）来说，极可能正因为作者们这样"理所当然"的潜意

识遗漏，而无法充分体味到两位作者之论述背后可能内涵的文化与历史意义，同时，也难以有效地掌握他们所阐述（特别是所谓"后现代社会"）之爱情、婚姻与家庭的特征和问题所以是如此的基本症结。在这篇文章里，个人不揣才疏学浅，尝试揣摩两位作者的思路基线，为他们的论述做一些补充，但盼，这样子的作为，对读者们的阅读能够有所助益。当然，我更希望的是借此引申出一些可资进一步讨论的议题来。

在此，让我们暂时撇开作者在书中提到传统的家庭形式正逐渐面临解组这样的说法不谈，单就历史演进的过程来说，假如婚姻的形式是（或谓至今尚且还是）让"家庭"这样一种制度获得正当性基础的话，那么，结婚之当事者双方建立一种相互同意，且具共同体（Gemeinschaft）性质的亲密社会关系，可以说是这样一个理想社会关系形式所以可能之更为深层的基础了。更进一步地来看，塑造这样的共同体关系模式的基础则是所谓"爱情"这样一种特殊的文化基模。又，假如，诚如本书作者所说的，现代西方婚姻（进一步推论地说，即家庭）的理想基础是伴侣们所共享的自我认同的话，那么，这个共享的自我认同基本上乃依靠双方共认而共感的爱情来经营、滋润与证成。"爱情—婚姻—家庭"于是乎连成一条具有时间序列意涵的生命图线，成为人们（尤其男女双方）在个人生命史中塑造重要社会关系线索的理想演进过程。它为许许多多的人们所期待、所憧憬，甚至被视为生命中至为重要的终极价值之一。

"自我认同"的说法可以说是展现"个体持具"为本之自由主义精神的一种特定的历史表现形式。基本上，持具个人主义强调的，是以外在且具体化"存有"的形式来证成人之所以为"人"。这也就是说，人是以自己身体往外伸延的外在控制程度的大小（例如有多少财富、权力、地位、学识或象征化，但却具体的相互回馈物等等）来证明自己是一个"人"。当然，这也顺理成章地同时证成了一个人的"自我"。把这样的基本理念施之于具共同体性质的社会关系中，其所求的即是，在能够维持这样之"自我"的前提下，当事者两造又能得到一种具统协感的理想关系状态。这当然不是一件容易的事，实际发生的总是与意愿期待的相背左，因此，历史的现实似乎并不是站在怀抱个体持具之自由精神的理想主义者这一边，而是一直给它难堪。分析起来，这样的难堪乃内涵在西方爱情观本身所具的历史特性当中，而这个特性正是塔纳斯在其著《西方心灵的激情》一书中引用贝特森的"双重束缚"（double bind）一概念。基本上，这是西方启蒙理性内涵的特质，也正是西方理性思想主导下现代文明所面临困境的根本症结所在。

准此西方历史发展的轨迹，在无法完全否定社会集体性自存的前提下，彰显"自我"的个体性如何被保证，一直就是恼人的课题。因应这样的历史课题，我们似乎可以进一步地这么说：爱情与婚姻（因而家庭）之所以连贯起来，基本上乃是西方人企图透过婚姻这样的社会制度，对以"性"为基础的感性情操（即爱情）予以理性化的一种作为。如此，以"个体持具之存有"为本之"自我"概念所支撑出来的爱情，透过婚姻的形式，似乎证明了"自我"的个体性与社会集体性得以巧妙地结合在一起。然而，在绝大部分的现实情况下，事实上，这只是一份充满着想象的理想而已，因为，就爱情作为展现"自我"的一种历史形式的角度来看，其背后所内涵的"个体化"历史幽灵，总是不停地反噬着此一理性化社会制度编织起来的集体连带网络，结果是迫使着家庭（婚姻）作为代表社会集体性的传统形式，乃至其制度本身的存在，相当程度地产生了解组的现象。

三、爱情与自由之间的吊诡

作者在书中指出，假如自由就是一切，那么，在爱被不自由地追逐之时，征服别人的自由本身，就成为人们所向往的目标了。作者引用法国哲学家萨特（Sartre）的话说道："如果不正是因为另一个人使我成为我，我为何要将另一人据为己有呢？不过这正包含了一个占据的特殊模式；另一个人的自由本身正是我们想要拥有的。"两位作者于是说，这就是"自由的吊诡"。是的，这正是以"持具存有"为本之"个体自我"所支撑的爱情观念内涵的内在吊诡。只要具"持具存有"的"个体自我"观是爱情的基本内涵，这个吊诡性总是存在着，也总是带来紧张与矛盾，而这就是"双重束缚"一概念所企图意指的。

在一个特定的时空当中，社会资源常常是有限的。以此为前提，强调外在控制性的"持具存有"于是乎意味着"分配"是一个重要的社会性课题，而且冲突与矛盾的产生几乎是必然、不可避免的。无怪乎，在西方世界里，自从古典自由主义的理念抢到了历史主导权之后，社会资源的合理分配问题一直就是社会思想家关心的课题。甚至，我们说"这是唯一的课题"，也不会是过分夸张的。不是吗？因为有意思的是，这样的思考模式也一样地表现在作为与资本（自由）主义对抗的马克思主义者身上，而且是他们思考与建构社会图像的基轴。在这样的思想背景之下，同样的思考模式顺理成章地也就被运用在爱情与婚姻的议题上面了。

很明显的，以个体"持具存有"为核心之古典自由主义所承接的思想，施及于"爱情"上面，强调双方各自作为一个独立"个体"的"平等"与"自由"几乎是共识的基本命题。对企图把婚姻与家庭制度视为爱情的自然衍生这样一个极具历史意义的理想期待而言，个体持具的自由主义思想所带来的冲击，很明显的。首要的是，在个体性必须无以避免地与集体性相互搓揉着的情形下，为确保个体化有着最伟大而辉煌的历史成就，把集体性压缩到最小的程度，自然而然地成为推动历史迈进的潮流。一方面，这冲击着人们对婚姻与家庭所持有的传统期待；另一方面，它也为现代爱情观奠定下主导的基调。

这么一来，爱情作为表现个体性的一种社会形式，现实地来说，就如同我们上面辗转引述萨特的话所意涵的，它经常是希望对方吻合而纳入自己的生活形式与哲学之中，让对方成为个体自我的一部分。但是，吊诡的是，一旦对方如此，人们却认为这太缺乏个性了，觉得乏味，甚至轻视，以为没有价值。因为，在西方的现代文化信念里，人们需要、期待、崇拜的是具势均力敌的竞争关系，唯有如此，个性才能充分地彰显，得来的爱情才有成就感，也才有味道，才能证明自己存在的意义。因此，隐约之中，西方人期待的是，在至少具隐藏性之紧张与对立的状态中，争取到对方的感情，才能证明自己的存在，也才得以展现爱情的真谛。爱情总是在双方把"自我"提得高高的，永远以戒慎，乃至迟疑的态度来检视对方的"自我"的情形之下进行着，这中间充满着敏感而紧绷的怀疑与不安，本质是多变而易动，而且，也希望是多变而易动的。这样的关系基本上潜藏着浮动不定的因子，不时会有不满（甚至厌倦或厌恶）对方的情绪出现，因此，它具动态的紧张性，随时都有可能解组的风险与危机。

四、经由婚姻而至组成家庭的爱情

具体地说，这样的"爱情—婚姻"观所衍生出来而特别表现在家庭组织的，是不让男女性别角色（进而，也不让"关系"）被定型化。尤有进之的是，关系本身已经再也没有必要具有一定的伦理内涵（或者说，这样的伦理内涵被压缩、悬搁到最低的程度），当然，更谈不上让这样的伦理以先验的方式凌驾一切般地规约着关系。相反的，关系的界定顶多是随着两造双方的意愿（和妥协的同意）而游走，这很自由，但却丧失了生死连带与共之相许所内涵那种近乎"命定强制"的强烈感性情操。结果是，双方存在的关系只有轻率地以所谓"妥协"（或无奈认命，或甚至隐性对立）这样的方式来对待。"妥协"内涵一种不得已而随时可以，也随时想着翻转的心态，其中有着无奈的感觉，有机会就可以翻转。于是，爱情之中充满着不确定的可能性，情绪的表现也经常是由绚丽灿烂而趋平淡，心理上一直存有着随时可以撤退或转进的准备。这经常被美其名为"懂得理性地处理感情的问题"，而这正是一般对成熟人格所期待的基本定义，甚至是现代人处理爱情的座右铭。

在我个人的观念里，人类的关系运作起来所以显得真而美，有一个基本的情操元素一向被认为是不可或缺的。这个元素因子就是带着谦虚色彩的感激心理——基督教文化之下，管称博爱；佛教的字典里，称之为慈悲；用儒家传统说法，习惯叫作仁慈；而道教的语汇里，则可以说是谦冲。准此，回到西方现代社会的发展史来看，假若爱情可以看成为一种极具现世性之宗教情操表现的话，那么，这就是十七世纪马丁·路德推动宗教改革，使人类得以直接与上帝沟通之后的一种宗教情操的变形。值得注意的是，随着个体持具为本之自由主义思想的日益喧哗嚣张，这个现代宗教情操的实际操作与展现，把具有的基本历史本源特质——内在制欲慢慢地稀释，或甚至予以完全的撤销，取而代之的是情欲的无限奔放与解脱消费。爱情不再是责任的相互期许与生命共同体的营造，而是永远停留在"现在"当刻，以相互吸引的状态，激发欲念能量的相互消费。于是，爱必须被物化，也必须被客体化，当然，更是必然被外在化。一旦无法满足对方的消费需求或能源的补充不足，爱情的火焰就会逐渐熄灭。这样子，爱情纯然属于互动两造的个人自身，而且仅止于此，不必牵涉其他人或做其他的考虑。对象所以需要，也所以被爱，只因基于一种结构性的必然内涵需要，因为只有有了对象，自己的爱才能被证成。如此一来，爱人其实只是爱自己，也就是说，透过"爱人"来保证自己之个体性的完整。正如巴特所说的"我爱你就因为我爱你"。对于爱情，人们只要求获得愉悦，愉悦就是幸福的完全代理人，除此之外的任何负担支付都不愿意，自然也是不喜悦的，更不用说愿意承担或分享长期痛苦的煎熬。

很明显，一旦人类不懂得以谦虚的感激态度来体会人与人之间的关系，学习以自制（或甚至是牺牲）的方式，把"自我"予以适当地悬搁，而只是一味地以个人"拥有"为展现和证成"自我"的无上纲领，并以此作为"自由"的见证来进行"爱情"这样的社会性操作，那么，这将是人类对"自由"此一概念的一种恣意、任性表现，也是对"爱情"此一信念的一种廉价标售。无疑，企图以这样的个体"持具存有"形式作为展现与证成具"自我"性格的爱情，而同时又意图把这样的爱情关系转化为婚姻制度的全部，注定是要嚼食悲剧的苦果。这个苦果的祸首是谁，已经很明白，那就是强调外在拥有之持具个人主义的历史幽灵，它一直不断地以各种不同的姿态与面貌作祟着！在现实世界里，一向，人类借着"婚姻"的理法，"家庭"这样一个社会空间被塑造出来。当"爱情"企图透过这个空间作为界面来发酵时，吊诡的是，它并无法保存人们对它所赋予之理想期待的原始特性，而必然为家庭作为一种具组织性之社会制度的种种介入关系（包含经济的、政治的、宗教的、教育的、职业的与文化的等等）所干预。连带的，"爱情"势必也被融纳进来，成为只是"整体"社会关系中的一个环节而已，并为其所左右。因此，对强调以个体"持具存有"形式证成"自我"的爱情信念，不说两造彼此之间的个体性，为了维护其纯粹度，会相互倾轧，它也势必与家庭作为具组织性之社会制度的社会集体规范性产生龃龉。

五、从具"生产"而至"消费"意涵的爱情

最后，我还有一些话不能不说。作者在书中提到："强制的性别角色是工业社会的根基，而不是可以轻易抛弃的传统遗迹。没有男女角色之别，就不会有核心家庭存在。没有核心家庭，就不会有社会典型的生活及工作模式。"就欧洲社会发展的历史过程来看，这样的观察或许具有特殊的历史性意义，那就是：在生产劳动分工面向上的性别角色形式，对家庭结构的模式具有举足轻重的决定性。对这样的说法，我不拟做更多进一步的评论，在此，我要说的毋宁只是，从生产劳动的面向来看待"爱情—婚姻—家庭"这样一个演进过程所具有的意义，是有所局限的，尤其是社会意义之内涵上的局限。

无疑，在强调个体自由与平等之持具个人主义的旗帜庇荫下，性别角色表现在生产劳动面向的基本问题是，突破传统性别角色的"不平等"分工形式，让生产劳动角色的性别分工平等（或谓平准）化。其实，就深层结构的内涵来看，这样的平等化诉求，基本上还是把女性的"自我"（特别是透过职业分工）界定，摆在传统以男性为中心而定义的生产劳动分工逻辑当中。其所显现之意义最为大不同的，只在于要求在这样一个一向为男性所定义的结构中，女性拥有着相等的机会。是的，这或许促成女性"解放"了，但是，基本上，却是不完全的，因为基本的结构性模态依然是存在于男性中心主义的历史阴影里。同时，就家庭内部的分工而言，这也为传统家庭中的性别分工（特别是女性的传统分工角色）予以污名化，但却假中性化的名义，实际上仍然继续施行着传统男性定义的劳动逻辑。没错，对借由这样的生产劳动逻辑来考察爱情与由此衍生的现象，本书的作者们做了相当细致的论述，对此一论述的本身，我也一样地不拟做任何进一步的评述。在此，我要提出的是另外一个我认

为隐藏在"爱情—婚姻—家庭"的社会演进过程中更为根本的问题，即爱情作为一种符号的消费与生活方式。

从生产劳动的面向来考察"爱情—婚姻—家庭"的演进，基本上是从家庭这个层面的社会功能角度出发的，这显现的正是西方社会学传统的典型思考模式。假若我们翻转思考的层面，改从爱情的本身出发，那么，整个图像将会有所不同了。没错，爱情作为一种社会关系的表现形式，它必然涉及生产与再生产，但基本上这是有关感受之表达符号的生产与再生产。当然，它所涉及并不止于此，应当还包含感受之表达符号的交换问题。不过，不可讳言的，更重要的是攸关符号的消费与其所经营出来之生活方式的问题。对我个人来说，正是这个消费面向的呈现，使得爱情成为一个人生命中让他（她）觉得有意义，甚至有活下去之动力的重要目的，因此彰显出令人感动、震撼且缠绵悱恻之"生"的颤抖。准此立场，一旦爱情的这个消费面向出了状况，自然的，它那极具历史内涵的真谛意义也就跟着流失。综观这本书的内容，个人认为，或许这才正是作者所企图剔透的。

就消费的面向来说，自恋式的变形（metamorphosis）可以说是个体持具为本之自由主义的现代表现基模。施及于爱情，带着浓厚自恋的色彩发挥到极致，无疑地使得婚姻的制度作为表现（或证成）爱情的古典形式，成为只是一种历史残余下来，且近乎条件制约的惯性反应，而且是一副沉重的负担。事实上，它原有的神圣意涵已经一再地被稀释，也丧失了足以激发人们情感的作用。这中间没有太多的激情可以回转荡漾，其所许诺下的婚姻誓约也自然跟着传统的宗教神圣性的流失而成为陈腔滥调。当然，婚姻的誓约不是诅咒，也非人与上帝所缔的誓约，由一份不可抗逆的承诺约束着。在现实的世界里，即使定了约，违约了，并不会受到严重的惩罚，因为"约"早已从上帝的天国降到人世间，它被以个人为主调的自由主义信念予以世俗化了，两造有着随时解约的自由，"约"已丧失了绝对神圣的不可变易性质，成为只是历史残存的一种虚"名"，甚至带有陈腔滥调（cliché）的意味。说来，这就是过去几个世纪所沉淀下来神圣誓约的爱情哲学的时代命运，或许，它将在二十一世纪里被划上休止符，而让爱情以崭新的面貌出现，它不必然与婚姻（家庭）

挂上紧密的关系。

　　（原文系就为贝克夫妇合著之《爱情的正常性混乱》一书的中文版所撰写之"序言"改写而成。）

从"情爱"的社会本质谈起——正负情愫交融与生命转折

一、前言

在我个人的认知里，人作为一种生物有机体，其身心存在与行为动力的体质基础乃在于具本能性质的驱力（instinctive drive），其中，最为典型的莫过于饥渴状态下所表现出来的样子了——迫切地寻觅食物与饮水。在这样之本能驱力的驱动下，人呈显出来的身心状态基本上可以说即意涵着平常所说的"感性"。换句话说，纵然并非所有"感性"的表现都单纯地基于本能驱力所驱动，但是，在本能驱力的驱动下，人呈显出来的身心状态本质上是"感性"的，却是相当"真实"的情形。因此，假若我们非得把人性瓜分为"感性/理性"的二元对彰区分的话，那么，归根究底地来看，生命的初始状态本质上是感性，而非理性的。所谓"理性"，毋宁是由感性分岔出去之一种具对彰性质的心理表呈状态，而且，乃意图透过人具有的认知能力对原始感性予以修饰整理，并使之呈显出具特定理路性质的系统化状态，可以说是一种具诠释性的智性运作过程。然而，这并不表示，人们在日常生活里的感性作为，透过"理性"的界定、诠释与修整，即可以完全地予以等同取代。日本京都学派的创始人西田几多郎（Nishida Kitarö）曾说过一句话，呼应着这样的提示。他是这么说的："'实在'在其根柢当中必须存在彻底非合理性的东西。纯然合理性的东西并不实在。"（西田几多郎，2013:83）因此，就"理性"的立场来说，生命总是有某种程度与某种形式的吊诡且矛盾的现象存在着，而这似乎是相当的"正常"，而且自然得很。

十七世纪英国哲学家霍布斯曾经提出这么一种见解：所谓的意志（will）乃是嗜欲（appetite）的最高表现形式（Hobbes, 1998:40）。霍布斯所说的"嗜欲"转换成为后来心理学家惯用的词汇，可以说即是诸如本能、驱力或需求（need）等等概念所意图意涵的。换言之，人透过"自我"努力经营而展现出来的"意志"，作为身心状态的一种表呈形式，其初始基础乃落实在人所具有的体质特质——本能性的驱力；也就是说，意志乃把本能驱力"加了工"的人为心理状态。因此，意志的心理"本质"是感性的，此一感性的意志充分发挥到极致，即形塑了一件美丽的"心灵"艺术品，而这样的艺术品能否得以成形，则有待人们细腻琢磨以及耐心经营了。

对人类来说，在人生旅程当中，生命总是需要以"意志"作为后盾耐心地经营，意义才可能剔透出来。回顾人类（特别西方）的历史，特别对许多现代人来说，情爱更常常被看成是一个人经营着生命的过程中极为重要甚至被看成不可分割的部分，对存在意义有着致命的吸引力，也产生了细腻的渗透作用。套用巴特的用语，不管在处于绝望或满足的时候，情爱总是使得人们有着一种强烈之身不由己的绝灭感受，感觉到处于"我沉醉了，我屈从了"的身心沉浸（s'abîmer, to be engulfed）状态之中（Bathes, 1990:10; 1994:3）。然而，整个的情形却总是显得事与愿违，随着种种现实经验感受的岁月累积，尤其是接踵而来的不断挫败和失望，人们对情爱之身心沉浸的渴求感受却常常是逐渐消退，甚至产生了质变。特别是处于当代强调个体自由、自主而独立之高度"个体化"（individualization）的时代里，诚如贝克夫妇所说的："在现代的条件下，爱情不是只发生一次的事件而已，爱情是每天都需要被努力更新的状态，无论感情好坏，任何时刻它都得对抗现代社会强加于它的不安全感及扰乱"（Beck & Beck-Gernsheim, 2000:178）。结果，对个人来说，原先是热烈憧憬和衷心期待的情爱欲念，一旦缺乏炙热而持续的"意志"支撑，就会被埋葬在习气的惰性和冷漠挫折里头，以至于在生命舞台上，让情爱从主角转变为配角，甚至干脆从舞台上完全撤离退出。是的，那么多以情爱为主题的文学作品与电影，描写的是够扣人心弦，也够可歌可泣，让人感动，以至让人们充满憧憬。但是，现实地来看，对人们，这些毕竟落得只是日常生活中的例外旁白，甚至只不过是聊备一格之被美化了的虚构呢喃，为人们留下来的是苍白的感性，充其量仅是为平淡的日常生活点缀些许偶发，但却瞬逝的虚幻憧憬而已。

　　追根究底来看，在一个人的生命历程中，情爱的感性表现所以如此容易有波动、变易，乃至质变，是有诸多的因素促发使然的，但依我个人的见解，单就有关人之社会行为的理论意义而言，其中最值得重视，并加以探究的，莫过于内涵在情爱关系中的一种社会心理特质——正负情愫交融（ambivalence）的感受了。简单地说，正因为人们总是在现实上难以、在理智上不愿，或在能力上无力"妥帖"地面对，并处理此一正负情愫交融的感受，才导使情爱容易变色，并从人生舞台中消逝。换个角度来说，在人们的世俗现实日常生活里，情爱作为一种生命艺术的体现形式，要能一直继续扮演着缔造生命意义的要素，如何恰适地安顿正负情愫交融的感受，是最需予以努力应对的关键课题，而这正是本文所要探究的。

二、情爱关系的基本社会特质——作为正负情愫交融之吊诡塑魅的基础

　　在论及情爱关系的正负情愫交融感受现象之前，让我们先来审视情爱关系的一般社会特质诚然是必要的。情爱首先让人们深刻体认，且感到眩目诱惑的，莫过于小说家或诗人所常描绘的那种充满着幸福，并洋溢着欢愉的如痴如醉的感受。然而，诚如卢曼提醒的，我们不能单从个人的心理感受来掌握情爱的社会意涵，而是需要进一步地从人际关系的立场来加以审视。准此立场，基本上，情爱关系的运行可以说是一种涉及象征符码（symbolic code）交换的互动。其中，人们进行沟通时，所谓"概化象征媒介"（generalized symbolic medium）如何交换，无疑是最为关键的课题（Luhmann, 1986:8-9, 20）。就情爱互动而言，此一"概化象征媒介"即是种种象征着情爱的事物、动作、姿态、表情、言语、书写、图像等等。

　　相对于其他类型的社会互动关系（如生意的往来、权力的运作、课堂里的学习、朋友的聚会等等），象征交换本身可以说是情爱关系所以营造与运作的基本内容（当然，也是载具），而"引导人们有某种程度

的炙热感受"则是情爱关系最具特色的地方，更是整个关系内涵的核心心理成分。基本上，这个心理成分的基素是激情（passion），无怪乎，Luhmann即认为，感官享受性（sensuality）乃情爱关系内涵的原始特质（Luhmann, 1986:26, 30）。当然，对文明人来说，情爱关系的经营一向是超越单纯的感官享受（尤指性爱），有着更具灵性的精神面向的。从历史的角度来看，这正是过去人们一向认为情爱关系最能彰显高尚且神圣之情操的关键所在，容或，如今许多人对这样之情操的价值观，似乎已有了相当程度的改变，乃至不再矜持，更罔论崇信着。关于这一点，留待在下文中再来讨论。

情爱作为一种两人互动的社会关系形式，与其他类型的社会关系一样，是在人群的社会里孕生着，因此，不可能不涉及第三者。这个第三者可能是情爱互动两造的各自父母、兄弟姊妹、戚友、陌生人，或甚至介入情爱而形成为三角关系之一般所谓的"第三者"等等。然而，站在经营情爱关系之两造自身的立场，且就理想的纯粹形式而言，情爱关系乃属于互动两造的私人领域，具高度个人性（personal）与隐秘性，有着强烈的排他性。因此，不论就互动对象或沟通内容而言，所有的第三者基本上都是局外的"非参与者"，但说是一种"干扰"，应当是不无过的。准此，完整的情爱关系是专属（for you only），也需要宣称据有的（claim to possess）（Luhmann, 1986:20-21, 34）。歌德笔下的少年维特（Werther）不就这么说着："我所爱的，我所愿望的这位小姐（指女主角夏绿蒂［昵称'绿蒂'（Lotte）]），除了和我以外，不许和别人跳舞，即使我因此而不得不毁灭。"（Goethe, 1984:44）

再者，情爱的关系不像父子、母女、兄弟姊妹或同乡等等的社会关系乃属归属性的（ascribed）——即：不是取决于自己的努力追寻，而是天生被命定的。相对地来看，情爱互动毋宁是一种具成就性（achieved）特质的社会关系；也就是说，在绝大部分的情况下，情爱互动的两造原本是陌生的，乃基于巧遇（coincidence）的机缘而相互邂逅着，而有了"爱"的诸多惊奇经验（Badiou, 2012:28-29）。除了戚友介绍或青梅竹马之外，他们可能是相识于诸如课堂、办公室、舞会、百货公司、互联网、朋友聚会，乃至街头等等场合的偶然邂逅。是的，或许相识是来自如此一般的巧遇机缘，但在正常情况下，巧遇机缘却绝难是再次出现的，因为爱神丘比特（Cupid）不会同时射出两支箭（Luhmann, 1986:62）。所以这么说，那是因为除了是一种事实之外，情爱更是一种信念，乃是双方意志提炼的结晶。巧遇后的情爱需要双方细心经营，才可能延续，且密度不断地深邃化与细致化。这一切绝不能一再单纯地仰赖着巧遇的机缘；说得更深、更实一些，也就是：相爱的两造需要都有着"全盘"且无止尽地付出和经营着"全人格"投入的诚意与意志，否则，情爱是难以为继而有所成就的。巴特就这么说："出于一种奇特的逻辑，恋人眼中的情人仿佛变成一切……同时他又觉得这一切中似乎还含有某种他说不清的东西……他赞颂对象的完美，并因自己选择了完美而自豪；他想象对方也希望恋人所爱的是他/她的整体——这正如恋人所渴求的——而非某一局部……"（Barthes, 1994:13）处在这样的心理感受的情景之下，无怪乎，克尔凯郭尔以警惕着世人的口吻说："被爱所欺骗是最可怕的事，是永恒的失落，因为在尘世或在永恒中，都无法获得慰藉。"（Kierkegaard, 2015:18）没错，克尔凯郭尔所说的"爱"指涉的是，在基督教的理念下，神赐给人世间的大爱——尤其"邻人爱"，但是，转借用来描绘"情爱"，还是一样具有一定的意义，也一样地传神，不是吗？

巴特曾经发现了一个秘密："恋人忽然发现恋爱是由许多无法理喻和百思不解的头绪纠成的一团乱麻，他失声呼喊：'我想弄明白（我这是怎么了）！'"（Barthes, 1994:56）于是，在这样纷杂凌乱、毫无理路，甚至相互矛盾的百般纠结中，恋人们总是会问自己：怎么办？然而，遗憾的是，情形却经常让"能指"（signifier）有太多可能的"所指"（signified），而且，反之，甚至亦然。其结果是，虽然人们都是亲临在场者，但最后却只能一再地宣告："没有办法！"这意味着，被符码之象征交换以"全称"的方式予以统摄的情爱关系，打从一开始，就面临着一个基本的困局——必须对互动的（象征符号）内容不断地予以诠释与重构，这是决定两造关系能否顺当而妥帖地继续下去，特别是感情能否更加浓郁而细腻的关键因素。然而，上苍似乎特别喜欢折磨人类，赋予人们之象征符码的感受性意涵却是多义、多变、多元、多面、多层，而且总是暧昧模糊的，以至于让误会不断发生。一句话：情爱关系本质上是潜藏着产生意义暧昧与龃龉的危机。情形显得特别严峻的是，在情爱关系既要求专属且又必须以全人格投入的情况下，这样的危机无疑地是导使情爱关系可能逐渐弱化、变质、无以为继，乃终至破裂的潜在条件。

正因为人们总是只能在如此一般的暧昧模糊，且彼此龃龉的情况下经营符号象征意义，推到极端来看，以至于使得在人的现实世界里的情爱互动很容易引来"欺骗"感（因而，"被欺骗"，更别说是误解），而且甚至是一再发生。从崇高理想（特别是具宗教性）的立场来看，或许，这所表达的，是挑战了人类之德性的一种"堕落"。但是，倘若采取俗世现世的低标来看，这却可以说是人性内涵的一种相当"自然"表现。面对这样的现实窘境，我着实不愿意把所有的责任归咎于在归因上没有丝毫转圜空间的"人性"，以俾求得一种具实然经验性的谅解。毋宁的，我希望把此一相当困扰之祈求宽恕的"自然"理由予以悬搁，而单就平凡世俗人的情爱关系本身所意涵的一种特殊心理特质（即上面所提及的正负情愫交融）作为视域来加以剖析情爱关系，进而探讨此一身心状态体现在当代"开放"文明之情爱关系中的处境，最后，转而探究"深化'理想'之情爱关系"的历史意义以及可能的化解途径。不过，在进行这样的论述前，让我再就情爱互动关系本身的内涵，理析出另外一个极具意义的重要特质，因为这个特质可以说正是情爱关系所以必然彰显正负情愫交融感受最为关键的所在。

在我的认知里，任何的社会互动关系都内涵有具"初始"性质的特定感性特质，情爱关系自然也不例外。准此，简单地来说，情爱作为一种身心状态，其初始的纯粹特质可以使用一个字——"爱"——来表达。换句话说，倘若两造之间不存在着丝毫之"爱"的意思，那么，情爱关系的纯粹形式就无法成立了，顶多只能称之为一种被欺骗了的"伪"情爱关系。此时，在两人的互动过程中，"爱"不是互动两造所以互动的目的本身，而只不过是为了达成其他目的（如骗财、骗色、谋求晋升或权势等）的一种被伪装的符号"道具"而已。有了这样的了解之后，显而易见的，在情爱关系当中，就其内涵的理想纯粹性来说，所有其他的心理感受因而基本上都是由"爱"衍生出来的，其中最具典型者，莫过于一般所说的诸如爱恨交织或因爱生恨的感受了。

　　叙说到此，我们似乎可以更具体地说：既然爱情感受的"正当"基础在于以"有"（诸如拥有、保有、享有等等）为基础之独占专属的欲念要求，而且又必然需要以全人格的姿态来投入，那么，诸如忌、怨与恨等等的情愫其实乃以内蕴的姿态涵摄在"爱"之中，且不断地回向相对，彼此相互摩荡搓揉地扣联着。克尔凯郭尔不就这么说："爱与恨都是一样的爱。"（Kierkegaard, 2015:49）尤有进之的，此种"爱/恨（怨）"的交织搓揉摩荡，更是如尼采（Nietzsche）所表述的："出于爱所做的，总是发生于善恶的彼岸。"（Nietzsche, 2002:70[§153]）换句话说，爱是需要超越善与恶的范畴来看待的。再者，除了超越善/恶的二元藩篱之外，爱更是"照见一个爱人所隐藏的高等特性——它稀有的、例外的东西，因为爱轻易隐瞒他那些常规的事物"（Nietzsche, 2002:71[§163]）。然而，尼采所说的这些隐藏之超越常规的高等特性为何，无疑是一项值得追问的课题。在回答这个问题之前，让我们先来审视"爱/恨（怨）"以怎样的方式交织地摩荡搓揉着。

　　在此，让我特别提醒，情爱关系所纠结的正负情愫交融，并不只是"爱/恨（怨）"交织的情愫而已，事实上，在整个关系进行的过程之中，正负情愫交融的情形可以说是普遍地隐藏在每个行动的细节当中。换句话说，整个情爱关系所开展出来的，其实就是一种让人们始终有着可能处于两难的吊诡情境的深刻感觉。巴特即相当细腻地掌握了这样之关系的特点。在整本《恋人絮语》（A Lover's Discourse: Fragments）一书当中，他喋喋不休地呢喃的，说穿了，就是深嵌在情爱关系中的这种正负情愫交融现象。譬如，对在恋人远离而自己不停诉说思念之苦的情景，巴特即以"你已经远离（所以我才惘然若失），你又在眼前（既然我正在对你说话）"这样两个时态（即远离是过去，而正在诉说相思之苦则是当下此刻的现在）同时交错往返来刻画恋人处于正负情愫交融状况所带来焦灼不安的身心状态（Barthes, 1990:16-17; 1994:8）。纵然只是回忆着那缠绵缱绻的过去恋情，（尤其，未完成的）"过去（的景象）"也仅仅只能以重新找到一些常常是无关紧要的特征的"现在（的思念）"来重构，而这一切都是因诱惑而在事后才得以形成的。于是，"过去"乃以被记忆着，也被眷念着的符码姿态被"现在"所操弄，不管带来的是浓郁的芳香或抑郁的苦涩，或二者交织着，它却总是交杂着满足与悲凄的情愫（参看 Barthes, 1990:216-217; 1994:234-235）。总结成一句话，情爱的"真实"就在如此一般之具多源、多元、多面、多层性的正负情愫的纠结交错下被接受、肯认与证成——假若它一直被延续矜持着的话。

有了如上的了解之后，下面让我借用法国人类学者杜蒙之对反涵摄（the encompassing of the contrary）的阶序观（theory of hierarchy）来作为进一步剖析情爱关系之正负情愫交融现象的基本认知座架。单就体现在情爱关系中之爱恨（怨）交织的身心状态而言，其所展呈的"爱"与"恨（怨）"关系，显然是有阶序性的（参看 Dumont, 1986:227; 1992:417-421）。在此，容许我重述一遍：诚如上面所陈述的，假若我们接受"爱"是构作"整体"情爱关系的原始基素的话，那么，"恨（怨）"则是由"爱"作为源起的身心状态所衍生出来的对反情愫。只不过，一旦这样的情愫衍生出来之后，它立刻成为独立，乃至自主的一种身心状态，立刻与"爱"的感受状态对反地彰显着，甚至产生了对决性的矛盾。这个情形就像《圣经》里所描述的亚当与夏娃的关系一般：夏娃乃是由亚当的一根肋骨变成的，因而，她原只是亚当的一个部分，但是，一旦成形了，她就成为独立体，并且立刻与亚当对立起来 [1]。

毋宁的，"爱/恨（怨）"如此一般之源起具阶序性的对反涵摄关系所呈显的，基本上是处于一种两者相互涵摄、搓揉与摩荡作用着的"断而未断"关系之中，彼此相互纠结缠绕着。因此，就时序而言，关系本身并不必然会（或需要）展现出具特定绝对分明之互斥对彰性的"替代"接续阶段的区分。这也就是说，在情爱关系的发展过程中，其所呈显的前后状态会有何种转变（亦即关系将如何展现），并没有特定之逻辑内涵的必然形式主导着（如 A 与非 A 必然是以"不是我即是你"的互斥对彰关系对峙地存在着），一切端看当下此刻的种种"机缘"如何转动来定夺着。歌德曾经这么写着："世上可以用'非此即彼'的办法来处理的事是很少的；感情和行为的方式，有如阴影的浓淡一样有着许多的差异，犹如

---

[1] 　更详细的有关论述，参看本书第 6 页注释。

鹰钩鼻和狮子鼻之间的不同一般。"（Goethe, 1984:70）易言之，处理情爱关系的感受问题时，当事者的主观感知与意志所可能（与意图）导引的，扮演着极为重要的角色。对"爱/恨（怨）"的对反矛盾，人们如何从事具"自我涵摄的同一"功夫，可以说是最为重要的课题。就此而言，日本武士道所重视之以自裁的"死"作为"生"之存在意义的终极表现方式，可以说即是处理此一"对反矛盾的自我涵摄同一性"之种种作为中最具典型（且极端）特色的一种生命艺术表现。同样的，施及于情爱关系，情形恐怕亦是如是的莎士比亚笔下的罗密欧与朱丽叶的爱情故事就是最佳的例子。又，在十八世纪之歌德的笔下，《少年维特的烦恼》中的男主角维特因无法获得女主角绿蒂的爱而举枪自杀，让我们看歌德怎样刻画这样以死来证成"情爱"的感受："噢！绿蒂，你是我的——我先去罢！到我的天父那里去，到你的天父那里去。我将向他哀诉，他会安慰我，直到你也来。我将会跑来迎接你，抱住你，在永生的天父面前和你永久地拥抱在一起。""绿蒂，我何幸而得有享受这种为你而死，为你而牺牲的幸福啊！如果我能恢复你生活的安宁和欢乐，我情愿勇敢而痛快地死掉。但是，哦，能为自己所爱的人流血，以自己的死为朋友煽起千百倍的新生命，是只有极少数的仁人义士能蒙受这种天赐的幸福啊！"（Goethe, 1984:164, 170）

三、情爱关系中爱恨（怨）情愫交融作为象征交换之典型身心状态的社会学意涵

在进行更细致地厘清情爱关系中爱恨（怨）情愫交融现象的基本意涵之前，前面的讨论其实有着一个重要的社会学意涵，在此需要再次强调一遍，否则，整个讨论将难以顺利进行。这个论点即是：情爱关系是典型具"象征交换"性质的一种互动形式，而所谓"象征交换"施及于情爱互动的情境里，乃意指以"爱"为本的"无工具价值设备的社交性（sociality）"是互动自身的目的，也是人作为主体而存在的社会基础。就心理特征而言，前面提及之"激情"及其衍生（或转化）之心性的经营，

则是证成情爱关系之至高性的基本身心状态。倘若我们仔细审视人类文明发展漫长的历史进程，特别是西方社会学（人类学）的论述文献，我们不免可以发现，象征交换所彰显诸如此类的特征，实乃具有哲学人类学存有论上的崇高意涵，被许多西方学者当成是文明所以缔造的重要心理基础。

赫伊津哈在其著《游戏人》（*Homo Ludens*）一书中即曾经明白地指出，初民社会里的人们以游戏（play）的方式来证成其自身的存在，因此，游戏可以说是构作文明的原始行动形式。在游戏当中，象征的运用和交换无疑是整个活动的基本要旨；本质上，这样的活动是神圣的，仪式（与迷思 [myth]）则是其展呈的原型。特别值得注意的是，对初民而言，游戏并无现代人常认为之所谓"假装"的意思，更没有当代人在意的认同（identity）问题，有的只是有关奉献神祇之神圣牺牲的象征问题（Huizinga, 2000:4-5, 25-27）。情形如此，且一旦我们接受赫伊津哈这样的说法，那么，无疑的，就源起状态而言，人类任何的社会活动（包含艺术、哲学与科学在内）本质上都有着游戏的成分。于是，我们甚至可以说，文明乃根植于"高尚"的游戏，重视的是风格、仪式与尊严。只不过，自从十八世纪以来的"理性化"发威以后，意识形态的道德化使得现代西方人的社会互动丧失了这样的游戏特质罢了（Huizinga, 2000:206, 210, 211）！

呼应着赫伊津哈这样的说法，长期以来，西方（特别法国）社会理论家其实早已把在初民社会（特别是节庆）里常看到之集体亢奋（effervescence）中具"礼物"[①]互惠交换形式的场景，视为"社会"所以产生的源起状态，也是孕生"文化"的基本社会机制，涂尔干的理论即是其中最具代表性的论述模式[②]（Durkheim, 1995）。根据涂尔干的意见，

[①] 就哲学人类学的立场来看，诚如莫斯（1989）在《礼物》一书中所企图意涵的，礼物交换即是象征交换形式的典型，具有深刻的隐喻作用。

[②] 有关把象征交换与正负情愫交融作为社会现象的细致阐述，参看本书中《象征交换与"正负情愫"现象》一章或叶启政（2013a）。

体现在集体的象征交换过程中，所谓曼纳[①]（mana）现象的孕生，以至于神圣性的塑造，可以说是最为关键的机制要件。衍生地来看，这意涵着释放激情的身心状态是核心的心理要素。易言之，曼纳的引生与神圣性的营造，都是以引发集体激情作为基本前提，以至于任何的理性作为基本上都可以看成是为了证成激情的社会实践所衍生的一种人为努力。

　　在这样"象征交换"本身即是互动之目的的集体场景里，曼纳的"念力"乃透过仪式（特别是魔术与咒语）的方式来缔造神圣性，而得以与"世俗"行止有所区隔。因此，由世俗过渡到神圣一定有着充满"禁忌"的门槛，例如，平时，祖先牌位是禁止任意碰触的，只能在特定的日子以特定的方式来处理（如过年前的引神日才能"请"下来清洗）。这意思是说，曼纳是特殊例外的，人们需要以虔诚而敬畏的心境来对待，而这正是面对任何神圣事物所要求的基本心理状态。针对这样的场景，鲍德里亚即相当睿智地指出，一切具特定历史旨趣的定型"意义"被清空，人们有了孕育，并成就无限想象与感受的空间，神圣"神祇"的符码也才可以从中孕生，不必接受理性的"逻辑"检验与查证。于是，在神圣的塑造仪式当中，"能指"基本上是虚空的。此刻，语词既无固定内容，也无特定指涉对象，这使得人们有着充分发挥自我实现（或自我防卫）预言之权能的契机，其可能内涵的纯粹引诱（seduction）得以充分解放出来（Baudrillard, 1990:75）。这也就是说，象征交换的纯粹形式乃意涵着，交换本身即是目的，甚至可以说无所谓目的，若有的话，那也只是仪式性自身所可能散发那种具魅诱性质的曼纳力道了。于是，在"纯粹"的象征交换过程中，虚空的"能指"可以让人们产生炫惑，乃至迷乱出神的感觉。此时，尽管空与有、生与死可以是对反（opposite）着，但却又是同时纠结在一起，形成的正是正反情愫交融的状态。其间没有真理可言，有的只是不断地以秘密的方式进行感知的衍生与孕育而已。

---

　　① 简单说，曼纳乃指，在宗教信仰里，人们相信世间存在有一种超自然的非凡力量集中在某种神祇、神圣物或人身上，不过，其威力却是蔓延散及整个世界，而且可以承继或传递下去。根据涂尔干（1995）的意见，此一力道特质具备着源起意义，乃代表着宗教信仰（因而，也是社会得以形成）的最初形式。

对照着上述曼纳引生的集体亢奋状态，发生在两人间的情爱关系，相当程度地也具有这样的"灵力"特质的。所以做如是的论断，那是因为毕竟这是一种社会性的互动，与多人的互动共享有着"社会互动"的基本质性。只不过，因蕴生之"场合"至少在数量上的不同（一是人数众多的集体；另一则是两人间的个体性互动），此一质性展呈的幅度、强度，乃至形式，就不是那么一样了[①]。以最简扼的方式来说，正反情愫交融所引发而体现在情爱关系中的"曼纳"力量（如上文中所引述歌德笔下之少年维特对绿蒂的感情表露），无论就源起或结果作用来说，虽然依旧且必然地具有"社会性"的意义，但它的运作却是局限在两人的私领域里头，而且，其感应（特别是共感共应）更是两人专属的。因此，尽管曼纳灵力所引发的神圣性如何营造以及其门槛如何确立仍然且必然具有一定的社会性（特别是在象征符号的意义上面），但是，此一社会性力量的制约基本上是处于一种具隐藏性质的被动状态，以作为参考的背景条件而已。大体上，绝大部分的行止表现乃是由互动的两造自行擎托忖度的成分居多。这也就是说，神圣性与其门槛的确立缺乏强而有力之定型的强制力道支撑，它有一定的游移性，需要互动的双方同心协力来定义、经营与维护，以至于这成为最为难为的关卡。在强调个体自由与自主的社会环境里，这样的难为状况又是特别明显。但是，反过来看，一旦互动的两造能够经营出一套共识共感的模式出来，情爱关系将会是一份伟大而美丽的生命艺术作品[②]。

---

①　譬如，齐美尔即指出，单单比较两人与三人关系，我们就可以发现，它们就有了性质上的差异。两人关系没有派系（clique）的存在，而三人的关系就立刻可能呈显派系的现象了（参看 Simmel, 1950:135-142）。

②　在此，或许有必要提及弗洛伊德对正负情愫交融现象之论述的基本精神，以与情爱关系所蕴涵这种情愫的社会学意涵做个对照。简扼地来说，所谓的弑父恋母情结（Oedipus complex）可以说是弗洛伊德对正负情愫交融现象最常论及的原始形态。对弗洛伊德来说，处于一个强调个人自制的理性时代里，作为一个精神分析学家，他的基本社会责任是替心理状态"有问题"的"病患"解决"问题"。因此，诸如弑父恋母情结所纠结出来的正负情愫交融涉及的是有关"伦理"，乃至社会治理的问题。然而，对于情爱关系来说，正负情愫交融的现象，基本上则是关涉人的生理官能、心理，乃至是属灵的课题，两者有着相当不同的指涉面向。针对弗洛伊德有关对正负情愫交融现象更为详细的评析论述，参看叶启政（2013b）。

　　总之，当酒神狄奥尼修斯的骰子一丢"决定"了成为爱人的"命运"之后，这个命运带来的"缘分"（一种感受到某种超自然之偶然造成的邂逅），即充满着"惊奇"的心理感受（Barthes, 1994:213）。没错，"惊奇"的经验意味着，"爱"作为构作，也是经营情爱关系之初始且纯粹的身心状态，基本上是带有着"准"宗教色彩的神圣意涵。这也就是说，情爱关系之所以可贵，为人们肯定、珍惜，乃至膜拜，乃因为体现在互动关系中之相互的"爱"（包含相互关怀）是一种类似宗教的情操——一种精神洗炼与灵魂磨合的努力。巴特就曾经这么说："……恋爱事件带有圣事的特征：这是关于我自身的传说，是我对自己颂读的、我个人的圣洁的小故事，而颂读一件已告完成的事情（已经凝固，涂上香料保存起来，并且脱离了一切实验行为）就是恋人表述。"（Barthes, 1994:92）一样的，贝克夫妇把爱情当成是世俗宗教看待。在他们合写的《爱情的正常性混乱》一书的首页即这么写着："爱情是私生活的神祇；是宗教消失后的宗教；是所有信仰尽头的终极信仰。"（Beck & Beck-Gernsheim, 2000）显然的，在贝克夫妇的心目中，在现代社会里，爱情扮演着传统社会里宗教的角色。具体地说，它是感性的神圣表现，更是心灵的至高精粹。

　　然而，现实地来看，实际的情形总是事与愿违，上面这样的说法表达的，毕竟并非颠扑不破的绝对至理。没错，在过去（特别是西方世界）的历史进程里，这样"神圣化"情爱的努力，被视为一项伟大的情操成就，为人们所歌颂、追求着。然而，随着时代巨轮的滚动，这样的情操看起来似乎并不再有着那么大的魅力，也不再为人们所完全肯定和绝对崇拜着。情形演变到了这样的地步，纵然"爱"可能仍然被视为情爱关系初始且纯粹理想的内涵，但是，人们对它的期待，尤其实际的实践，却是有所改变了，而这恰恰是在当今这个时代我们常可看到的现象。关于这个现象，留待在后文中再来陈述。

四、情爱之整体专属与持具自我之独立自由且自主的对彰局面

在十七世纪里的西方世界里，性（sexuality）首先被融入"情爱"，成为核心部分[①]（Luhmann, 1986:45）。这样的一种转变乃意味着，环绕着"身体"（特别与性互动有关的部位）的种种特征与相关行止，成为经营"情爱"关系的要素。就社会性的意义来说，不管"情爱"是否被视为互动两造建立长久（乃至永久）之正当关系（婚姻即是最典型的这类关系）的基础或乃至只是衍生的结果，如此让性融入"情爱"乃意涵着，互动两造之关系的建立为的不是某种社会群体的集体期待（如绵延种族、门阀结合等），而是两造之情欲流动的适当安顿和经营。如此一来，亲密（intimacy）关系的塑造可以说是最为重要的目的，而这样的互动关系则意涵着两造之间的关系全面民主化。就历史发展的角度来说，这样两人亲密私领域的全面民主化，乃与公共领域的民主化相互配合地发展着（Giddens, 1992:94-96, 184-204）。换个说法，这也就是说，双方的主观感受是情欲流动得以适当安顿和经营的基础，其间，个人意志能否自由而自主地运作是首要的条件。因此，亲密是一种民主的承诺，进而，民主内涵的个人自主（autonomy），则意味着双方可以平等地相互"讨论"（discussion）是必要的。如此一来，"情爱"被理想化为所谓的"浪漫爱"（romantic love），此一理想化的"情爱"关系于是被化约成为

①　根据埃利亚斯的研究，在欧洲传统中，虽然未婚青年男女的爱情强调具激情性之情绪的相互联系，但却始终是以婚姻作为圆满完成的前提。因此，一个男人对一个女人的情欲，乃止乎此一特定女人；反之，对女人，情形亦然。埃利亚斯认为，此一理想之爱的结合乃意味着个体化（individualization），亦即：爱情乃属个人的问题。于是，针对社会规范的遵循，重点即在于两人间具高度个体性的自我控制，而非出自外在力量的强制压力（Elias, 2006:275）。再者，埃利亚斯亦指出，在十七、十八世纪之欧洲官廷社会（特指法国）里，婚姻制度有一项特征：妇女的地位几乎与男人相当。当时，尽管，依一般的社会氛围，只普遍接受男人的婚外情，而把社会里之"较弱的性别"（即女性）的婚外情视为道德败坏，但是，随着男女在社会地位上之如此一般的变化，妇女的婚外关系在某种程度上也跟着被认可。这样的态度改变可以说是促使人们强调自我约束，而非社会强制的历史条件，亦即：基本上，这是在日益浮现之对个体"自由"要求的一种道德性的"调整"（Elias, 1978:184）。

只是互动两造自身的"私"事而已——一切均由两人而起、而止，也都由两人自己来诠释和决定。套用当今西方社会学家惯用的词汇，这即意味着，互动的双方在"情爱"互动过程中彼此均具备着自我反身性（self-reflexivity）的要件（Giddens, 1992:185-186, 189）。

　　就西方世界而言，到了十九世纪左右，理想化的"浪漫爱"使得性驱力的理想表现与体系化得以充分地细致化，而且，更是成为婚姻的前提。但是，到了所谓的维多利亚时代（Victorian era）里，特别针对婚姻关系，社会的道德规范对以性驱力为导引之"浪漫爱"企图无限自由衍生的满足作为，有了反对的声浪，压力跟着而来，这导使人们（特别是资产阶级）深感需要在激情爱（passionate love）与道德感（moral feelings）之间寻找平衡点。于是，"情爱"不只是互动两造之私人的感情交流问题，同时也成为现实的"社会"性问题，"浪漫爱"的吊诡化（paradoxicalization）现象终于浮现出来。根据卢曼的意见，这样之吊诡化的爱情观所以形成，即因人们具备了自我指涉性（或谓自主的反身性）（self-referentiality or reflexion of autonomy）之后使然（Luhmann, 1986:45-47）。这也就是说，一旦人们有了强烈的自我意识之后，双方如何在不扞格到个人自主性的前提下安顿自己与爱人的亲密关系，成为不能不面对的问题，其中，吊诡化现象无疑地是关键。对此，卢曼进一步指出，吊诡化并非意味着人们无能力行动，也不是意涵人们必须有所选择和决定。对当事人来说，吊诡指涉的毋宁是，在亲密关系中对伴侣所赋予的期待程度（the level of expectations），而情爱本身则象征着不管如何所有这些期待均可实现。于是，所有正常的期待都经过吊诡化（而非如过去一般，是经过理想化）来过滤，"舞台乃为情爱制造了一个入口"（Luhmann, 1986:55）。具体来说，倘若让人们一直处于前面所提到诸如爱恨（怨）正负情愫交融现象是"情爱"关系所内涵之吊诡性最具体的展现典范的话，那么，这种正负情愫交融现象可以说正是人们在"情爱"舞台上所演之爱情剧最最核心的剧情了。

　　不管结合成为夫妻与否，相爱的双方要求彼此之间形塑"结合"一体感，并以某种形式经营"共同生活"，可以说是追求情爱的基本作为，也是对情爱关系的典型期待。情形是如此的话，情爱关系的民主化，无疑使得个体之独立自主的自由意识与这种结合一体需要之间如何协调，成为一项深具挑战性的课题。在前一章"爱情和个体性"中，我曾经引述萨特说过的一句话，在此，或许值得再次引用。他是这么说的："如果不正是因为另一个人使我成为我，我为何要将另一人据为己有呢？不过这正包含了一个占据的特殊模式；另一个人的自由本身正是我们想要拥有的。"（引自 Beck & Beck-Gernsheim, 2000:338; 或参看 Sartre, 1956:342）萨特这句话着实相当露骨地把现实世俗世界里芸芸众生之"情爱"互动中攸关"自我／他我"关系的吊诡局面的精髓点拨了出来。简单地说，在萨特的眼中，一般人之心目中的"情爱"即是（至少某个程度地是）占有（拥有）着对方，而这样之占有的要求基本上乃侵犯了一个人的自由。于是，情爱所要求的共属共享与个人自由之间隐藏着两难而矛盾的吊诡状态，贝克夫妇称之为"自由的吊诡"（Beck & Beck-Gernsheim, 2000:338）。借用齐美尔的理解理路来说，情爱关系内涵之如此一般的正负情愫交融，基本上是具悲剧性的（Simmel, 1984:172）。个体化要求的是独立自由而自主，但是，情爱却必然是要求着"结合"共体的，如此一来，倘若其间没有妥帖而适当地予以安顿，就难以在看起来相互矛盾对彰的要求之间找到"平衡点"了。无疑的，这正是让悲剧产生的关键。

　　依我个人的意见，回顾西方的历史，这样的"自由的吊诡"（假若真的是如此的话）正是十七世纪以来个人主义者以"持具存有"为本之个体自我作为历史主体的信念所支撑出来，并衍生至情爱关系领域所内涵的历史现象。只要具"持具存有"的个体自我被视为是人存在的核心本质（因而也是情爱的基本内涵），这个吊诡性就必然存在着，也势必带来紧张与矛盾。说得更具体一点，结合一体要求的是互爱，但是，在持具个人主义信念的加持下，强调个体独立而自主的自由意识却是相当容易把人们导入"自爱"的陷阱，甚至是一种自恋式的"自爱"。易言之，倘若身处于情爱关系中的双方总是把"自我"提得高高的，永远以戒慎而迟疑的"自我保护"态度来检视着对方的"自我"的话，这中间自然难免会相互计较，以至于彼此之间充满着敏感而紧绷的怀疑与不安心理。因此，即使关系被认为（或自认为）是"亲密"，但却总是潜藏着浮动而不定的因子，不时会有不满（甚至厌倦或厌恶）对方的情绪浮现，也充塞着潜在的紧张，随时都有解组的风险与危机。于是，如何化解这中间可能蕴涵的"矛盾"张力，乃是让"互爱"得以充分发酵来保证情爱关系得以维持——更重要的是永续绵延的最为根本的课题。

弗洛姆相当深刻地体认到持具个人主义的意识结合着市场化资本主义的信念对西方世界所产生的影响。针对当代人的爱情观，弗洛姆诊断出三项导始"错误"发生的因素：第一，"爱"被认为是单纯地关于对象的问题，而非能力的问题。易言之，情爱关系能否美满，乃是有没有找对了适配的对象的问题，而不是双方能否（愿否）努力经营的"能力"问题。弗洛姆认为，人们所以如此认为，乃因在个体化的历史驱力的影响下，原具社会性之由相爱而臻至婚姻的传统观点（如讲究门当户对，且由家长决定的婚姻）改变了，人们（特指西方人）转而重视浪漫爱，鼓吹以自由恋爱为基础的婚姻。第二，人际关系（包含情爱）被商品化，以诸如美貌、身材姣好、社会地位、财富或权力大小等等的社会属性来决定，以至带来的是人性货品化的现象。第三，把因对对方有着性欲或混合性的吸引而坠入情网，误认为"屹立"于爱情之中的不二要件（Fromm, 1990:12-14）。其实，在二十世纪三十年代，英国作家赫胥黎（Aldous Huxley）在其小说《美丽新世界》（*Brave New World*）中即已以极其讽刺的手法刻画着他所处那个时代的西方世界。他谴责当时西方人所流行的世界观——强调个体且市场标准化的新人类。简单地说，他把美国汽车大王福特（Henry Ford）譬喻为"上帝"的化身，创造了一个美丽的乌托邦。在这个乌托邦里，人们都是从试验试管制造出来的产品，品质有保证。于是，在这个"美丽新世界"的人们一切都被注定，且制约着；"公共、相同与稳定"此三个词汇，可以说是对这个新世界的最佳描绘。在这个世界里，人人吃得好、穿得好，欲望满足，人们似乎都很幸福，然而，却失掉了自我以及人与人之间深邃而真诚的情感交流。

对于如此一般之在"情爱"关系中所涵蕴的现实身心状态，吉登斯从传统对男女角色正当性之认定的角度来刻画，相当传神，在此堪引为例来加以表述。吉登斯以为：男人要的是诸如在其他男人中的地位、物质报酬的赋予、参与男人相互连带的仪式，其自我认同基本上在于工作与不断对未来的期待。即使他们对女人有所依赖，其依赖本质上是情绪的，且是潜意识的。因此，它总是带着神秘的面纱若隐若现，只有在女人自身上面，才找得到答案。易言之，当男人企图在"情爱"关系中寻找自我认同时，他总是在此一不被公认的依赖中把自己的意图隐藏起来，但是，女人则不同，男人以半遮掩姿态来追求的，她却是以明确而肯定的方式来昭告世人（Giddeens, 1992:60-61）。这样基于一般社会大众（或谓文化惯习）对于男女角色期待不同所衍表现之"情爱"态度上的差异，可以说是"古典"，甚至可以说是历史"残留"的。

事实上，在今天这样一个个体自我反身性强烈的时代里，特别是女性自我意识日益抬头之后，强调自我认同早已跨越性别藩篱，成为普世的价值了。不管男性或女性，要求对自我塑像（self-portrayal）检证的需要一再被强化着。这不只影响了情爱关系之激情感的深化，连带的，欲让人们有强烈而矜持的"结合一体"感，也变得不那么容易兑现，以至对真诚（sincerity）的要求，自然也就经常被认为是多余的（同时参看 Giddens, 1992:164-166）。

鲍曼更警告我们，理想的情爱关系所渴望的"我—你"一体，在现实世界里，总是一直受到外面世界众多一再变异，且分歧之潜在的"你"所干扰与引诱着（Bauman, 2003:33）。别的不说，譬如，在今天这样一个人人都有手机的时代里，手机总是不断响着，手也不停地在屏幕上滑拨。尤其，在网络上，人们随时都可以寻找到"旧识"与"新欢"，旧的关系再联上，新的更是不嫌少。一切的联系显得既新鲜又刺激，而且，更是不必负责与承诺，有的只是昆德拉在其小说《生命中不可承受之轻》中告诉我们的：现代人的问题不在于过去人们所承担之厚重的道德压力，而是不断变易，且轻盈飘荡的欲望随来随去的问题。再者，特别显眼的是，手机这样的崭新科技产品，使得人们身躯是分离了，但是，手机随时可以用来联系，既有声音，又可以有影像。在此状况下，尽管人们的实体身躯仍然保持分离的状态，但是，人们却可以不必然地再需要以"眼对着眼"的方式来传情（参看 Bauman, 2003:59-60）。当然，遗憾的是，这样的脱体，且看似"灵魂"交流般的线上互动，实际上却总是量多而质贫，而且"来得快，去得更快"，一切干净利落，情形像按下电脑键盘之"删除键"（delete）一般轻易。难怪鲍曼会说："当品质让你滑落，你就以量来寻找拯救；当耐久不再，快速变迁就来救赎你。"（Bauman，2003:58）在此，引述鲍曼这样对手机和网络世界的一些观察评述，并无意以"一杆子打落水"的方式来否定古典情爱观在当代世界是完全无效的，而只是用来形容，在种种因素导使个体化现象愈来愈明显的情形下，情爱关系是如何受到了可能的冲击。

总之，在这样一个社会结构高度"个体化"的时代里，现代人显然是倾向于轻率地选择作为透过"爱"之欲望机器来激发象征符码的产消合体者（prosumptor）——他既是消费者，也是不断创造象征符号的生产者，追求的是诸如"自由""自我认同"，乃至"人格尊严"等等象征符号之"完美"形象的塑造。殊不料，这种缺乏传统之理想情爱关系所期待的相互承诺、真诚、契入与矜持等等之情操作为后盾的互动模式，基本上是缺乏强烈意志作为后盾，而只有情欲的不断流动。在这样的情况下，人们追求的是立即而短暂的满足，"一切随用随弃"是行动的至高信条。难怪，鲍曼会以所谓的液态爱（liquid love）与仅具联结（connection）性质的虚拟关系（virtual relation）来称呼现代人的情爱关系（Bauman，2003:xii, 47-50）。巴迪欧更以美军募兵时"零死亡"（zero death）的宣传作为譬喻来形容这样的情爱（假若还可以称之为情爱的话）是"零风险"的爱，看起来是绝对的安全，但是，这却大大地牵涉了情爱的古典理念——人们需要在勇于承担风险与冒险的情况下再创造"爱"（Badiou，2012:8-10）。

尤有进之的，在资本主义市场逻辑成为整个社会运作的基本主导理路之后，诚如前面援引弗洛姆认定现代人的"情爱"被市场商品化，衍生地来看，这即意味着"情爱"被物质化、客体化，更是必然被外在化，并且环绕着以具体"身体"为中心而经营起来的生活方式是否能够"如己愿"地掌握（与相互吸引、搭配）来为其去向定夺（参看 Giddens，1992: 28-32）。在这样的社会结构理路的导引下，随着个体持具为本之自由主义思想以日益喧哗嚣张的姿态加持着，过去所肯定且强调的内在制欲之"准宗教"式的情操逐渐地被稀释，甚至予以完全撤销，取而代之的是，人们以几近完全奔放与解脱的方式消费着情欲。于是乎，情爱不再是责任的相互期许与生命共同体的营造，而是永远停留在"现在"当刻，双方以相互吸引诱惑的方式激发欲念能量而相互消费着（Badiou，2012:8）。甚至，以享乐主义的态度交换性伴侣，并且视婚姻如麦当劳餐，随时可来，也可去。这意思是说，怀着持具个人的心态来经营情爱关系的两造要能得到一种具统协感的理想关系状态，不是一件容易的事，实际发生的总是与意愿期待的相背左，因为他们的关系本身缺乏用上心意，且以持久毅力来营造的动力。

这么一来，"我爱你就只因为我爱你"，对象之所以需要，也所以被爱，基本上是缘于结构性的必然内涵需要——只有有了对象，自己的爱才能被证成。如此一来，爱别人其实只是爱自己，并以此来保证自我个体性的完整。在这样的情形下，对于爱情，人们往往只要求获得愉悦，愉悦就是幸福的完整代名词，除此之外的任何负担支付都不愿意，自然也是不喜悦的，更不用说愿意承担或分享长期痛苦的煎熬了。这么一来，整个"情爱"关系日趋表面化，甚至变为薄薄一片的透明胶膜，既十分易脆，更是相当容易破裂。一旦一方无法满足对方的消费需求或能源的补充不足，爱情的火焰就会逐渐熄灭，关系中断成为最终的结局。

在这样充斥着"液态爱"的情况下，"情爱"关系的界定总是随着两造双方的意愿（或妥协的同意）而游走流动着。看起来，这给了双方相当大的自由度与自主性，但是，无疑的，这却丧失了生死与共之相许所内涵那种具共感共应的强烈而厚重的感性情操。结果是，若非断绝关系，那么，双方存在的关系只有轻率地以所谓"妥协"（或无奈认命，或甚至消极沉默对峙）方式来对待，相当轻盈。"妥协"内涵一种以不得已而无奈的心态等待着随时翻转的机会。于是，爱情之中充满着不确定的可能性，情绪的表现也经常是由绚丽灿烂而趋平淡，心理上更是存有随时可以撤退或转进的准备。这经常被美其名为"懂得理性地处理感情的问题"，而甚至是人们对所谓"成熟"人格的基本定义，而成为现代人处理爱情的座右铭。

五、情爱关系中之正负情愫交融的"积极"意涵

巴迪欧的情爱观显得保守，但却是"古典"的，深深触及了长期来西方人持有之生命哲学的历史意义，值得在此援引作为下面之讨论的开场白。巴迪欧坚持，在情爱关系中，人们不能扬弃相互之间的"认同"（identity），而只追求当下此刻的"肉欲"（或衍生的种种物欲）满足，并借此以互补方式来彰显个体性之间的"差异"。譬如，固然交媾可以作为丰富"情爱"的一种互动性的介体，但是，巴迪欧认为，交媾得来的满足却始终只是个人各自的想象图像（imaginary），其间并没有必然获致精神上的系合（Badiou, 2012:16-17, 18）。这也就是说，许多现代人时下所持有之"情爱的结合是为了满足性欲或逃避孤寂"的情爱观是现实功能性的，值得严肃地慎思和检讨。在巴迪欧的眼中，情爱理应有更为高尚的情操内涵——即意志之美的试炼，而这乃攸关灵魂感应结合的课题，可以说是反映着人类所以存在的神圣崇高价值。然而，就人性而言，这却是一项高难度的试炼，无怪乎，弗洛姆会一再强调："在西方现存的体系下，能够爱的人必然是少数的例外者；爱在今天的西方世界必定是边缘现象。"（Fromm, 1992:158）那么，我们应当如何做才能成就这样高难度的情爱关系，以证成人类具有的崇高情操呢？其落实在人自身身上的基本要件会是什么？对我个人来说，如何妥帖地经营情爱关系所内涵的正负情愫交融现象（如爱／恨（怨）交织），可以说即是至为重要的关键要素。下面的讨论即将以此一论点作为出发点来进行。

在此，先让我对两位重要之西方社会学家所提出的一些相关说法做个评论，再由此衍伸到我们的论述主题。首先，我要讨论的是许多社会学家向所熟悉之卢曼强调"沟通"（communication）优先至上的基本理论立场。在卢曼的心目中，情爱之所以伟大的地方乃在于强化了两造彼此之间的沟通。只不过，情形显得吊诡的是，"情爱之所以强化沟通，绝大部分却是在于不需要任何的沟通"（Luhmann, 1986:25）。卢曼的意思是，相爱的两造经常运用具相互期待或彼此早已熟知的姿态（表情）来传达彼此的心意与感受——即眉目传情、心电感应、无言默契等等。对于这样之"不必沟通"的"默会"沟通，卢曼以内在经验（inner experience）来称呼。进而，卢曼指出，与其他类型的社会互动（如洽公、购买东西、警察执法、教师传授知识等等）相互比较，在情爱互动之中，两造往往有着更多的举动（acting）与观察（observing）。吊诡的是，这些原本应当是"默会"的沟通，往往却总是因为双方都十分敏感和在意，以至于误解连连，导使"不必沟通"变得难以沟通，乃至不能沟通，双方的冲突因而更形频繁而严重（Luhmann, 1986:34-35）。准此，卢曼还特别提醒我们，人们总是以婚姻的形式来决定情爱是否要坚持下去，让婚姻成为情爱延续下去的正当形式。但是，微妙的是，冲突却不会因此一关系形式的正当化而减少，反而，因彼此的关系愈紧密，以至于有更多的机会面对日常生活中种种琐细的生活细节产生了龃龉，累积久了、多了，终于会使得"婚姻在天上促成，但却毁于汽车之内"（Luhmann, 1986:35）。

说来，卢曼确实是点出了一般人之情爱互动（或谓沟通）的重要行为特质（即不必诉诸明显之具肢体性的沟通形式，特别是运用口语、手势或表情），但是，把情爱关系最重要的基素归诸"沟通"本身，则不免有窄化（以至矮化）了情爱关系所内涵更为深层的身心状态的作用意义。我的意思是说，强化"沟通"或许是经营情爱关系的重要且必要的要件，但是，沟通本身并无法决定情爱关系将如何发展。在我的观念里，沟通只是双方身心状态施予和收受的必要随制（contingent）"手段"，仅是具镶嵌作用的社会"介体"而已；重要且至为关键的，毋宁是由沟通的"内容"本身所滋蕴衍生的身心状态（说明白些，即是其内涵的正负情愫交融感受本身），以及如何来处理这种身心状态的种种想法和做法。

没错，我这样的批评只不过是一种论述焦点的移位而已，是武断的，缺乏具足够"正当"性的力道来对卢曼的情爱"沟通论"予以"降格"的。在此，我无意对此做进一步的辩护或争论，我所要说的其实只是一句话："或许，也期待着，这样之论述焦距原始点的移位，可以为对情爱现象提供另外一种内涵更形丰富，且更具启发性的理解和感受空间。"结果会是如何，当然，但看读者们的实际感受了。这样的期待与论述立场，同样地用于下面对吉登斯论述的批评上。

基本上，吉登斯对情爱现象的论述是采取相当现实俗世的角度来铺陈，可以说是以世俗芸芸众生为本的实证经验立场作为出发点。根据吉登斯的想法，浪漫的情爱涂染着理想的色彩，充满着美丽缤纷的想象与激荡亢奋的情绪，营造着完美的图像，其本质是具投射性的（projective）。根据我们在前面的种种陈述，很清楚，对一般世俗的芸芸众生来说，这样的一个完满的情爱"乌托邦"，在现实世界里，几乎是难以达成的。更加明显的，倘若情爱还保有相当可敬且愉悦的理想形式，并且，最重要的，现实上还能够（或期待能够）继续维持下去的话，那么，它必须是以另外的方式运行，才有可能。于是，吉登斯提出了所谓的"汇合的情爱"（confluent love），以挽救长期来人们对情爱憧憬的美丽历史图像。在此前提下，吉登斯相当体认到西方世界的民主化潮流所蔓延开展出来的效应，提出了诚如上文中所提到的情爱的民主化趋势。他观察到，在西方世界里，这样的一种民主化的扩散作用，特别是在女性获得"解放"之后，人们强调的是主动而具随制性的爱，重视把自己向别人开放，以平等的姿态对外在条件不断地适应。这么一来，当情爱与婚姻连在一起时，即意味着浪漫爱（romantic love）与伴侣爱（companionate love）可以相互挂联上（Giddens, 1992:43）。

相当明显，在肯定平等与个体的自主独立性的"民主化"理念的支撑下，"汇合的情爱"确实具有一定的现实感。当我们说这样的情爱观意味着"重视与外在种种社会条件有所调适①"，其实即表明，情爱关系能否继续维系下去，有着一定的外在现实条件的极限，但看关系的双方对此一外在现实条件极限所可能容忍的程度有多大来定夺，其间充满着源源而来的（特别是理性的）认知诠释和（情绪的）感受调整。毫无疑问的，这样一种承受了特定文化理念修饰过的"汇合的情爱"关系的种种实作，乃与具永恒（for-ever）与强调唯一（one-and-only）性质之浪漫情爱的"古典"理念，基本上是有所出入的（Giddens, 1992:61-62）。无怪乎，在这样一个个体（不管性别、肤色、阶级、身份）之自由、自主与独立性被高抬，且又强调诸如多元、多变、流动、飘荡等等的后现代场景里，"古典"的浪漫情爱往往只可能在电影看到或小说里读到，在现

---

① 依我的观点，这可以说只不过是一定程度的"妥协"而已。

实世界里，这几乎变成历史的残存，既显得老式过时，甚至是几近荒诞的。

对许多现代人来说，情爱互动可以更像在 7-11 便利商店购买方便面吃一般，随着当时的心境选择不同品牌的面品而不时更换，也可以绝大多数时候忠诚于食用某一个品牌的面品，但偶尔心血来潮会更换一下，当然也可以始终如一地忠诚于某一特定品牌的方便面。这中间，既没有谁对谁错的道德问题，也没有谁高级谁低级的美学品质问题，更没有真假的事实判定问题。在一个多元化，且是尊重"只要我喜欢，有什么不可以"的"情欲"随兴流动的时代里，人们多有的，毋宁是自由的选择与自主的生活情趣，其间，社会规范的制约是愈来愈失效的。于是，推到极点，没有绝对的定型规范就是唯一的规范，其他的则都将被视为是威权"暴力"，不具有正当性的。因此，在这样的时代氛围里，"汇合的情爱"可以说是向古典之浪漫爱所能做出之最大的历史性妥协。在这样的历史背景之下，情爱关系内涵的"正负情愫交融"现象于焉依旧意味着是一种阻碍情爱继续发展的障碍，而非助长情爱发展的最佳养分。

显然的，具例外非凡特质的情爱的感情交流，必须面对与承担诸多琐细繁杂之平凡例行的日常生活事件的"干扰"，是考验情爱关系的现实罩门。尤其结婚后势必面对更多琐细繁杂之平凡例行的日常生活事件"干扰"，情形更是如此。换言之，任何的情爱关系都必然面对着不断来临之无数大小不一且形形色色的风险。譬如，巴迪欧即针对流行于法国之电脑配对的"爱情"提出警告。他认为，这样以种种社会经济地位指标、性格、个人嗜好兴趣等等所谓"客观"特征来配对看似"合理"，以为就此即可避开（或至少降低）风险，但是，实际上，情形却是相反的：它威胁到"情爱"的基本社会心理特征："爱情不可能是完全没有风险的礼物。"（Badiou, 2012:7）

就现实的心理感受来说，情爱所以那么炙热地吸引着人们，并非因为它是欲望本身，而是它创造了被爱的欲望，尤其，此欲望转出来的，某种程度上是始终未能遂愿的心理感受状态，彰显一种"永远不满足"的心理感受。特别在热恋中，双方总是渴望着黏搭在一起，这种"永远不满足"的心理感受又显得特别迫切。此时，双方经常处于既盲目，但又同时充满超敏锐的美丽憧憬之中，眼前经验到的一切都是美好的。然而，对身处强调个体自由、自主与平等（即前面引述 Giddens 所说的"民主化"）的现代人来说，无疑的，一旦情爱"民主化"成为普世价值（特别针对"被解放"的女性而言），这种因情爱"永远不满足"之相互黏搭的心理感受，却又总是与想保有着自己的自由、自主与平等关系等等的心理要求有了扞格。说来，这正是情爱"民主化"为情爱风险所添加的现代元素——一种吊诡的"狠毒"元素，可以说是安顿情爱内涵之正负情愫交融的心理感受实际上所面对之最重要，且极端棘手的关键。

　　事实上，假若没有予以"适当"处理的话，时间总是让情爱"民主化"带来的"风险"有相当多的机会侵蚀着情爱，使得美丽的渐渐变为不美丽的。结果，情爱甚至会以某种形式被终止，而且，总是比美还来得快速，也就是说，比自然还快速。这样的终止是自我决定的，基本上，乃来自其内涵的种种"过度"（诸如过度自私、啰嗦、挑剔、懒惰、洁癖等等）。于是，保持"还没有"（not yet）确实可以使情爱能继续维持下去，不过，于其间，快乐与忍受痛苦总是以永恒轮回的方式相互交错地搓揉摩荡着，而这可以说即是"还没有"的基本心理内涵（Luhmann, 1986: 70-71）。于是乎，处在这样的心理情境当中，情爱是滋润了愉悦与快乐的感受，但也同时带来焦虑、挫折，乃至抑郁的感觉。尤其，情人彼此之间的互动是敏感的，任何表示尽心的作为，只要有点小小的不周到，就有着足以成为"大"过失的风险。如此一来，满载着激情的情爱不断地受到这样的"错觉"掣肘着。结果，连带的，形象包捆着"真实"而等同于"实在"的自身，以至成为自身的目的——形象之外，别无他物。然而，形象始终是为雾霾所弥漫覆盖，成为一种谜样的符码。这使得"总以为自己最了解也最想了解对方"的爱人，却因此觉得对方不可捉摸、不可控制，充满着未知和未定，以至无形中让自己陷入矛盾的情愫困惑之中，焦虑由是而生。最后，人们以淡化、慵倦、转移，或乃至终结既有关系的方式来"摆脱困境"，却是常见的结果。对此，卢曼以更为抽高的层次来审视，他认为，取乐（plaisir）决定了情爱会持续多久。一旦取乐之井干涸，再有诚意的情爱都会变得毫无力道。此时，关系要继续维持，则需要转而加入另外的心态元素来处理（譬如，责任就是另外的心理素养）（Luhmann, 1986:90）。这也就是说，任何当下此刻的情爱互动，纵然显得再怎么真诚，也只是当下此刻，无法对下一刻有任何的保证。这样之吊诡性的"差异"如何转进，毫无疑问，需要持续不断地细心经营，更需要一种价值（信念）来支撑。面对正负情愫交融之感受的持续煎熬，或许，卢曼所谓的"取乐"感受正是这种价值得以支撑的基本情绪感应吧！行文至此，让我们回过来细细回味前文中所引述尼采的那一句话："照见一个爱人所隐藏的高等特性——它稀有的、例外的东西，因为爱轻易隐瞒他那些常规的事物。"我们不免要追问，施及于情爱关系的经营，到底，什么是尼采所说的"一个爱人所隐藏的高等特性"呢？以我的词汇来说，简单一句话，"超越的情爱"就是爱人所可能隐藏的一种高等特性，下面，让我对此一说法做进一步的阐述。

六、由投射经汇合而至超越的情爱——生命境界的推展

当"爱"以对反的涵摄方式孕育着"怨"（乃至"恨"）时，两者的语意对反矛盾性是否可以运用矛盾修饰法（oxymoron）（活生的死亡、原始的副本、公开的秘密、黑暗的光明等）来化解？这是一种语言学的说辞，并不能实际地解决情爱关系之"正负情愫交融"所引起的心理困境，顶多，或许，只是用以反映一种已成之具包融涵摄性的心理状态而已——如爱中有怨，怨中有爱。要化解整个问题的重点还是得还原到心理"建设"的层面上来。简单地说，任何的情爱必须经过具"苦难"性的遭遇，并且透过"意志"以永恒轮回方式来试炼，否则，只可能一再添加嫉妒、怨恨、哀叹等等的成分，以至于在炙热的渴望当中滋生焦虑的困顿伏流。诚如卢曼恳切提醒我们的：没有经过试炼的爱情，不可能有厚度、幅度、深度和细致性。人们需要具涵摄性的自我反身性（inclusive self-reflexivity），需要彼此的认同，情爱互动所内涵那种令人感到颤抖与感动的深层意义才可能剔透出来（Luhmann, 1986:38）。一言以蔽之，心理"建设"的关键即在于如何面对"正负情愫交融"的"窘境"。对此，

很明显，企图在客体对象化互动两造的情形下以"压抑"的方式来处理"正负情愫交融"的"窘境"，并非妥帖的做法。就情爱思想发展史的角度来看，我们需要的是超越具"投射性"的浪漫爱以及具现实妥协性的"汇合的爱"，以更超越的方式来重建情爱的观念内涵，我称之为"超越的爱"。这也就是说，既然爱是对某一特殊对象长期地以一贯、专属且专注的态度来托付情感，也是一种整体人格以未分化姿态来进行情感交融的身心运作过程，它最迫切需要的，则理应是追求情爱关系的完美，而对自我的灵魂不断地予以"进化"地造就，以加深、加厚、加浓、加高双方的心灵境界，毫无疑问，更是证成情爱之完美的不二法门。

其实，弗洛姆早已给了我们这样的启示：

> 与共生结合（symbiotic union）相对照的是成熟的爱，成熟的爱是在保有自己的完整性与保持自己的个人性之条件下的结合。爱是人生命中一种积极主动的力量，这种力量突破将他与他的人类同胞隔离的墙堵，把他与他人结合起来；爱使他脱出孤立与隔离状态，然而，仍旧允许他是他自己，允许他保留他的完整性。在爱之中，这个令人困惑的事情发生：两人变成了一个，但仍就是两个（Fromm, 1992:34-35）。

很明显的，弗洛姆是在明白了情爱的"个体化"与"民主化"乃是挡不住的时代潮流的前提下顺着其内涵的社会里路提出了这样的主张。不过，在此，姑且不细论单就弗洛姆之历史随制性（contingent）的论述或扩及整个有关"超越的情爱"的普全性论述而言，在弗洛姆的认知里，无疑的，那是因为人们有着"个性"，才可能爱别人，也被别人爱。这也就是说，只有在双方均被承认是独立、自由，且自主之个体的条件下，情爱的进行才可能有意义，其感受也才可能真实。换个角度来说，"爱"既是一种桥梁，连结着双方，但又同时能够让两造有着自己的天地。因此，爱不是单纯地相互依恋而已，而是互动的两造有着独立但却是相互交融感应的自主能力。说来，事实上，也唯有如此，才可能启动提升灵魂境界的深化作用。

　　然而，这样一种不依恋而独立的爱却绝非是任性的。任性的爱会很轻易地变易，最后变得无以辨识，只因为人们仍然会把怨恨和忌妒当作爱的征兆的缘故（Kierkegaard, 2015:51）。况且，即使誓言和允诺，也可能只是一时因任性而发的一种炙热情绪表现，甚至"它们可能成为推托敷衍的最后手段，使得人们误入歧途，以至无法剑及履及地满全律法"（Kierkegaard, 2015:107）。职是之故，情爱并非只是以"自我"为主的象征消费需求或能源，它应当是一种具创造神圣性的象征交换，以跃扬共同体感，并创造着提升灵魂的"觉悟"①。在此，让我再次套用尼采的说辞来提示：这样的灵魂的"觉悟"隐藏了诸多超越常规的"高等特性"，而这正是值得追问的课题。

　　是的，或许，浪漫爱依旧是人们（特别青年男女）心目中情爱关系的理想形式，但是，具投射性的浪漫爱，基本上是占有、自私，施予是为了对等的回报，讲究的是平等互惠，以至于诚如前文中一再提醒的，导使其间隐藏着相当多的险峻风险，无时无刻不威胁着情爱关系。相较之下，当我们说"爱是感性的神圣表现，更是心灵交融的至高精粹，需要提高心灵感受的层次来滋润"时，我们所期待的，很明显地是超乎如此一般浪漫爱所能支付的，但是，这却是使得情爱关系能够持续维持，而且是提升其"美感"境界，并不断地予以精进的必要功夫。

　　在前文中，我已经很清楚而直接地表示，要求人们"怀着感性的神圣情怀来自我反省，并进而追求精进"，基本上是一种具超越性之"准"宗教精神，且是其所必要具备的底线情操。当然，这样的"准"宗教情操平常是见诸人们的宗教活动之中的，套用基督教的说法，即是对邻人的爱，而借用佛家的说法，则是慈悲大爱，其所施及的对象都是普世大众。但是，此处所涉及的"准"宗教情操，毫无疑问，则是只针对某个特定的人物对象所施放之无止限、能量细密，且全人格投入的关爱，可以说是一种无时无刻不释放着无怨无悔，且任劳任怨的爱。那么，如此

---

　　① 诚如前文中提示的，克尔凯郭尔所谈论的"爱"是基督的"大爱"，但是，其见解运用在情爱关系上亦有着启发作用。其中，最为根本的理由即在于此处所提到"具创造神圣的象征交换，以跃扬共同体感，并创造提升灵魂的'觉悟'"这样的理解上面。

一般"超越的爱"所内涵的这种"准"宗教情操，到底具备着怎样的社会性基础呢？就西方思想史的立场，借用柏拉图提出的一种说法作为引子来讨论此一课题，或许是有价值的。

柏拉图在《会饮篇》（*Symposium*）中这么说道："爱的行为就是孕育美，既在身体中，又在灵魂中""爱不是对美本身的企盼，而是在美 ① 的影响下，企盼生育""不朽的企盼"（Plato, 2003:235, §206B, 236, §206E, 207）。当然，以时下许多"前卫"人士（特别是年轻世代）持有的观点来看，爱是不是必然企盼着生育，确实是有斟酌的空间，但是，强调欲望的冲动与美的理念必须"结合"，依旧可以看成是一种崇高而神圣的生命价值。在此，先撇开后来许多哲学家在认识论上对柏拉图之"理念主义"（idealism）的"弊端"（乃至"谬误"）的谴责不论，柏拉图所强调"爱的行为就是孕育美"这样的主张，还是有让我们严肃地加以审视、尊重与肯定的价值。我的意思是说，一旦我们把"美"视为一种理念，让它带着感性介入人们的生命来滋润、肯确、强化"情爱"，它着实可以使得相爱的两人的关系由仅只不过是"机遇"的邂逅转为生命与共的"命运"共同体。齐美尔即分享了柏拉图这样的"情爱"观。他指出，爱属于价值与理念（ideas）的初始或终极点，乃人生命历程中较晚阶段发展出来的一种心理性的实现。更值得再次强调的是，爱所表旱的是一种未分化的整体生命状态，乃由人具有的自主性（self-sufficiency）所产生出来具整体性的情绪感受状态（Simmel, 1984:161-162；同时参看 Badiou, 2012:16）。

在我的眼中，这样对"情爱"予以"理念化"正是人类经营其生命的一种崇高的美学表现形式，不只是值得珍惜，而且是神圣的。就心理的面向来说，把激情转化成为具美感的实际作为，即是内在意志所呈显的一种具创造性的"决心"，可谓是一番永恒轮回着的感性志业——透过

① 在此所使用中文译本的原译文是"爱"字，显然是排版时误植使然。为力求征信，特把两个不同英文译版的英译文列出以做比较。"What love wants is not beauty, as you think it is." "Well, what is it, then?" "Reproduction and birth in beauty."（Plato, 1997:490）另外一个译本的译文为："a longing not for the beautiful itself, but for the conception and generation that the beautiful effects."（Plato, 1963:558）

时间与空间的绵密编织，把生命全然委托在另外一个人的生命里头。因此，爱是一种主动行为，是灵魂的实践力量。至于灵魂的实践力量，意指的是来自人的身心感受底处那种具神圣性的能量释放。在此，特别需要再次肯定的是，既然情爱是希望与另外一个人完全地融合，且具排他性，于是乎，它不是只有接受，也是给予，乃是一种糅合着"接受"与"给予"的一种具创造性的美学实践功夫。这也就是说，情爱关系的两造需要以具宗教神圣性的包容、关怀与责任等心性来滋养，学会从日常生活中种种"细微"的地方去创造足以让两造的灵魂产生发亮而致命的相互感应，因此，这是一种极具"自我修养"意涵的精进功夫。再者，往前推一步来加以审视，相互承认与依赖的照顾、尊重与了解等等，可以说是连带而来的素养要求，不妨以"真诚"一词来总结。从而，假若谦卑之情可以看成"真诚"所内涵的核心质性的话，那么，它更是情爱得以持续且精进的基本激素①（同时参看 Fromm, 1992:41, 48, 146）。更重要的，诚如弗洛姆特别强调的，作为一种艺术的表现形式，爱的实践更是需要格律（discipline）的，让专注、耐心和无比的关心，尤其，能够承担孤独等等的情操得以充分体现和保证（Fromm, 1992:132-135, 137）。或许，弗洛姆这样的说法显得比较拘谨、严肃，甚至近乎"教条"，但是，毫无疑问的，却呼应着巴特所说爱情的真谛在于"执着"，也是一种"有节制的醉"（*Sobria Ebrietas*）②这样一种足以令人陶醉之文学式的描绘（Barthes, 1990:17, 232-234; 1994:10, 254-256）。这样的说法乃意味着，情爱可以是占有的，但是，此一占有却需要透过"自制"，才可能彰显其意义，也才得以让关系长久持续下去（Bauman, 2003:17）。

---

　　① 诚如弗洛姆提示的，真正的谦逊是需要勇气、信念与锻炼来加持，才可能圆成的，否则，个人之爱的满足绝对无法获得。只不过，弗洛姆认为，可悲的是，当代西方世界缺乏这种品质的文化，因此，能够获致爱，必然是一件稀少的成就（Fromm, 1957: vii）。

　　② 这是一种尼采式的表达。巴特显然是借用尼采一向所鼓吹之酒神精神来表达情爱内涵的本质。尽管巴特是依照法文字母来排列《恋人絮语》的章节，但是，我个人认为，相当巧妙的是，巴特似乎隐隐之中有着以此篇来总结其对情爱之观点的意图。若是，其所提出之"节制的醉"的观念就不能特别予以关注了。

　　情形显得令人感到眩晕、窒息，乃至焦躁的是，爱没有已知的未来，总是朝向着未知的"命运"进行着不断的挑战与斗争，其间不停地引生着悬念和疑问。鲍曼说的真是有道理，他是类似这么说的：爱是向未确定，也未可预测的未来提领的贷款。爱也像面对着死亡一般，有着惊恐，只不过，它却充满欲望与激情，而这是死亡所没有的（Bauman, 2003:8）。换句话说，正是因为爱没有已知的未来，总是充满悬念和疑问，所以，它可以成为动力的来源，使得一个人的生命永远充满期待和希望——因而，活力和动能。克尔凯郭尔不就这么说过：爱的生命是潜藏着的，它的潜在生命本身是动能，在那儿拥有"永恒"，但是，如果说在爱里头有什么矛盾的话，那一定是因为爱坚持隐藏着诸多不被认出来而产生的苦恼（Kierkegaard, 2015: 24）。又，巴迪欧也有着类似的说法，他肯定真正的爱是持久的奋斗而获得的胜利，经常是痛苦的，因为必须克服时间、空间与诸世界带来的诸多种种障碍（Badiou, 2012:32）。没错，忍受苦楚确实"苦"，也"酸"，然而，爱情之所以被人们视为伟大而歌颂着，正因为这样的"苦楚"经验可以让人们体验到一种生与死、喜与怨、聚与离，以及爱与恨等等正负情愫交融并存的缠绵状态。这样的交织状态充满着暧昧、未定与滑溜，带来的确实是焦急浮躁的不安心理，折磨着人们，但也同时激荡出渴望、期待和思念的强烈欲念活力，让人们在同时沾到甜蜜与苦楚之余，进而经验到生与死交错浮现之永恒"再生"的奇妙感觉，以至保有着欣喜、愉悦和鲜活的感觉。于是，如何超克"苦恼"，正是让情爱得以永续发展，以至精进的关键。转而，如何超克"正负情愫交融"身心状态的"负面"作用，并进而"善用"此一身心状态，无疑则是其中最重要的课题。

　　在前文中，我曾经引述卢曼的论述，并隐约地点拨到，对一般人而言，情爱的各种吊诡性（克服自我屈从、拥抱痛苦、盲目的美景等等）的最大盲点，乃辐辏于具强制性的无节制（immoderateness）与过度（excessiveness）之中。最为典型的莫过于，情爱的全盘化（totalization）（基于前述的"专属"与"宣称据有的"），即认定所有的（发生的事情、事物、情境等等）均与被爱者有关系，形成一个一切均必相关着的封闭圈，以至使得人们排斥一切的规则与约定（Luhmann, 1986:68-69）。然而，现实上，这样的吊诡性却经常带来"距离化"（distantiation），在此过程中，人们不但对自我予以距离化，也同时对自我采取了保留的态度，致使无法与对方完全"交心"而侵蚀了情爱的基盘根柢。卢曼即认为，面对这样的场景，情爱若要永续地维持下去，人的心性是需要予以适当精炼化（refinement）的（Luhmann, 1986: 66）。易言之，也唯有如此，才可能让人们不至于掉入前面所陈述之有关"浪漫爱"的"陷阱"泥淖之中。

"精炼化"必然涉及行为与心性锻炼的"技术性"问题，在此，我只能予以悬搁而不论，而仅仅扣连着"超克正负情愫交融的负面作用，并进而善用此一身心状态"这样之具期待性的课题来从事简单的论述。与前面引述的诸多学者一样，卢曼明白地指陈着，忍受苦楚（suffering）是所有情爱关系必然内涵的身心状态，而这正是前面已提及之所谓"吊诡化"的状态（Luhmann, 1986:45-47, 64-65）。这样的身心状态其实正是我所说的"正负情愫交融"。于是，面对因情爱关系中诸种多样、多层、多元且难以捉摸的"正负情愫交融"不断涌现所带来的苦楚，倘若人们一直逃避或放弃，那么，情爱总是像昙花一现一般来去匆匆，终归消散无踪。

克尔凯郭尔不就这么告诉过我们吗？爱是满全，专心一致，必须回归纯洁的行动，并以"律法的满全"方式来完全承担，即使包含着苦难。因此，爱是使得既有"律法"（包含原则等等）臻至满全的至高行止（Kierkegaard, 2015:23）。在此，让我们撇开涉及基督教本身依其教义的种种说法以及诸多争议不论，把克尔凯郭尔这段原是诠释基督之爱的说法借用于世俗的情爱关系，其实，某个程度上仍然分享着一些对于"爱"的共同期待。简单地说，我们是可以透过（特别是有形的）律法来惩治种种可能的欺骗或其他恶行（如以下地狱的告诫来威吓），但是，最令人感到弥足珍贵，也是最有效的方式却莫过于让人学习"自律"，而培育"自律"的力量即是爱。换句话说，"爱"会使得人们满全地遵守律法，这正是克尔凯郭尔所以力倡以爱来满全"律法"的基本理路依据。若要使得情形是如此的话，那么，显而易见，学习"善用"正负情愫交融的身心状态，把它导入对情爱关系的加持具有正面积极意义的促发激荡作

用——运用前面提及的概念来说，即让对反矛盾的自我涵摄同一性得以
孕生，自然是必要学习的心性修养功夫了。所以有这样的主张，理由只
有一个，那是因为唯有亲自尝过正负情愫交融的"震荡"经验，情爱关
系的感受境界才有提升而精进的可能。换句话说，正负情愫交融是决定
整个情爱关系之发展的关键因子。

　　长居巴黎的日本作家森有正在其文集《树木淋浴阳光》中谈到他曾
造访北海道，在支笏湖湖畔的原始山林散步时所得到的印象。他是这么
说的：

　　　　人类在不为被造之名与命题烦扰时，自然这个东西便会赤裸裸
　　地进入感觉之中，继而带来喜悦。这种感觉其实是一个先于"喜悦"
　　的纯粹状态，之后才以"喜悦"一词来形容这个状态（间接引自藤
　　田正胜，2016:43）。

情爱也一样，爱的感觉乃来自于"自然"状态下的心理感受，是前语言
的，也是个人全部融入，且无以言说的。这是一种脱离自我，且不由自
主地产生共感共应之合鸣状态的"纯粹经验"①，喜悦可以说是由于有了
这样的经验，才带引出来的感受状态。再者，处在这样的"自然"状态
之下，基本上并没有主客分离或对立的情形存在，人是把自己融纳进入
"自然"之中的，人有的是一种亲密承受的感受，一切乃顺随着情境而流
转地"全盘"接纳。运用在情爱关系中，这样"自然"就是包含（也只
有包含）着所爱对象的亲密互动"场域"。在这样的"场域"里，情爱两
造的共感共应合鸣状态充满"满全"的感动，推到终极，它形构为一种
"意志"互相辉映的合一同体，本质上是超越意识的。因此，这种的情
爱感受绝非单纯的"理性"反省的结果，毋宁的是直（感）觉性自觉的
结晶。如此一来，正负情愫交融不能还原到单纯"认知"性的面向判断
来处理，必须是以"放空"的态度透过"行动"本身的"自觉"感应不
断地予以搓揉摩荡着。一旦情爱的两造能以"放空"的自觉感应来交会，

_____

①　灵感得自于西田几多郎（1984）。

彼此之间自然就不会有（至少减少了）（情绪上的）"棱角"相互摩擦倾轧，而开展更多更大的空间来相互磨合，终至于呼应共鸣。

最后，让我使用更为抽象的语言来做个总结。套用尼采的语言，情爱的营造是一种不断地让"抽空"与"加实"永恒轮回的心性磨炼过程，这是情爱之"激情"内涵的必然性，也是美学化（神圣化）情爱的基础。我的意思是，首先，让"爱"的能感"加实"，以把诸如"怨"（或"恨"）等等的"负面"感受予以"抽空"。在前面的论述中所提到诸多用来助益情爱精进的身心要件，诸如容忍、关心、责任、谦卑、诚信，乃至"有节制的醉"等等，说穿了，其实即是膺服在同一个基本行事原则底下的不同行止面向，其最重要的目的，莫过于用来"抽空"（或谓超克）诸如任性、过度、无节制等等足以"伤害"[1] 情爱关系之精进的心理元素。

总之，如此一般，再让"抽空"后余下的"怨"（或"恨"）回向到"爱"的自身，以使得"爱"有着重新再"加实"修润的契机。继而，再把"爱"之"加实"所感来"抽空"剩余的"怨"（或"恨"）。如此，周而复始，直到"怨"（或"恨"）几近全无而消踪的状态。更重要的是，这样对"爱"加实（也即是对"怨"或"恨"抽空）予以永恒轮回的"修养"功夫，是随时在场，但也同时是随时退场的。说来，这呼应的是弗洛姆提醒我们"自制"之所以必要的基本意涵，也是所以需要有承担孤独之勇气和决心的理据所在。在这样的基本体认之下，"爱"的"加实"，事实上并是在"具体而实质"上不断地加重、加深、加多，否则，就很容易让人们重蹈上文中提及之传统"浪漫爱"的占有观所布下的陷阱。在此，借用刚刚提过之弗洛姆的警示，"加实"其实正是另一种的"抽空"功夫——一种让"爱"自然化（也即是"超越"化）的修为功夫。此时，情爱的流动不是汹涌澎湃的惊涛大浪，总是来得既快速又凶猛，但去得更急匆也无踪。毋宁的，它像是剔透、晶莹、绵密，但不腻滞的涓涓细流，永无休止地潺潺流动着。套用佛家的用语，这是一种

---

① 极为明显的，此一功夫的最重要关键意义，即在于"抽空"因这些行止带来之诸如怨、悔或恨等等"负面"情愫。

让"空"与"舍"不断轮转以至无窒碍来成就更高超的心灵感受，以超越对爱恨互斥对立之"正负情愫交融"的原始状态。这也就是说，以妙用"觉悟"的爱来化解一切，让当下此刻的感觉即是一种"绝对无"①，但却充满着喜悦感觉，以至于（至少在认知上）没有任何"命定"压力的设定。

在结束这篇文章的论述之前，我不得不提醒一个可能令大家感到相当沮丧的现实状况，那就是：倘若情爱关系两造中的任何一方，没有意愿、自觉或能力来如是地共同营造，那么，上面所叙述之满全的"理想"状态就无法圆满达成，毕竟它需要双方都得有相当等齐的共感共应意愿和能力，任何一方缺少努力与资质的搭配，即无以为继。说来，这或许是人世间中显得最无奈的悲剧，假若这堪称"悲剧"的话。如此，不得不让我们相信"满全"的情爱只有在天上神仙或小说中虚构的男女主角身上才见得到，毕竟，上苍是善忌的，不愿意地上"低俗"的人类享有着天上神仙才有的"绝对美"的情景，正如万神之神宙斯施加于普罗米修斯身上的惩罚一般。

参考文献

西田几多郎

1984 《善的纯粹经验》（郑发育、余德慧译）。台北：商务出版社。

2013 《西田几多郎哲学选辑》（黄文宏译）。台北：联经出版社。

叶启政

2013a 《象征交换与正负情愫交融：一项后现代现象的透析》。台北：远流出版社。

2013b 《深邃思想系链的历史跳跃》。台北：远流出版社。

---

① 借用自西田几多郎（1984）。在此，"绝对无"意涵的，不是具体实质性之"有／无"的"无"，因而，无涉具特定目的之定性因果论断。毋宁，它意图意涵的是一种一切不计成果之"顺其自然"而行的缘便态度（与心性），成就的是圆融无碍之无限喜悦的"美学"状态。

藤田正胜

2016 《西田几多郎：生与哲学》（林永强译）。台北：联经出版社。

Badiou, Alain

2012 *In Praise of Love.* (translated by Peter Bush) London: Serpent's Tail.

Barthes, Roland

1990 *A Lover's Discourse: Fragments.* (13th printing) (translaed by Richard Howard) New York: Hill and Wang.

1994 《恋人絮语》（*A Lover's Discourse: Fragments*）（汪耀进、武佩荣译）。台北：桂冠出版社。

Baudrillard, Jean

1990 *Seduction.* (translated by Brian Singer) New York: St. Martin's Press.

Beck, Ulrich & Elisabeth Beck-Gernsheim

2000 《爱情的正常性混乱》（*Das Ganz Normale Chaos der Liebe*）（苏峰山、魏书娥、陈雅馨译）。台北：立绪文化出版社。

Dumont, Louis

1986 *Essays on Individualism: Modern Ideology in Anthropological Perspective.* Chicago, Ill.: The University of Chicago Press.

1992 《阶序人——卡斯特体系及其衍生现象》（*Homo Hierarchicus: The Caste System and Its Implications*）（共二卷）（王志明译）。台北：远流出版社。

Durkheim, Emile

1995 *The Elementary Forms of the Religious Life: A Study in Religious Life.* New York: Free Press.

Elias, Norbert

1978 *Civilizing Process: The History of Manners.* (translated by Edmund Jephcott) New York: Nrizen Books.

2006 *The Court Society.* (revised edition) (translated by Edmund Jephcott) Dublin, Ireland: University College Dublin Press.

Fromm, Erich

1990　《爱的艺术》(*The Art of Loving*)(重排版)(孟祥森译)。台北：志文出版社。

Geothe, Johann Wolfgang von

1984　《少年维特的烦恼》(*Die Leiden Des Jungen Werther*)(四版)(周学普译)。台北：志文出版社。

Giddens, Anthony

1992　*The Transformation of Intimacy: Sexuality, Love and Eroticism in Modern Societies*. Cambridge, England: Polity Press.

Hobbes, Thomas

1998　*Leviathan*. edited with an introduction and notes by J. C. A. Gaskin. Oxford, England: Oxford University Press.

Huizinga, Johan

2000　*Homo Ludens: A Study of the Play-Element in Culture*. London: Routledge.

Kierkegaard, Søren Aabye

2015　《爱在流行》(*Kjerlighedens Gjerninger*)(林宏涛译)。台北：商周出版社。

Luhmann, Niklas

1986　*Love as Passion: The Codification of Intimacy*. (translated by Jeremy Gaines & Doris L. Jones) Cambridge, Mass.: Harvard University Press.

Mauss, Marcel

1989　《礼物：旧社会中交换的形式与功能》(汪珍宜、何翠萍译)。台北：远流出版社。

Nietzsche, Friedrich

2002　*Beyond Good and Evil*. (translated by Rolf-Peter Horstmann & Judith Norman) Cambridge, England: Cambridge University Press.

Plato

1963　*The Collected Dialogues of Plato*. (edited by Edith Hamilton &

Huntington Cairns）Princeton, N. J.: Princeton University Press.

1997　*Plato: Complete Works.*（edited by John M. Cooper; associated editor: D. S. Hutchinson）Indianapolis, Indiana: Hackett Publishing Co..

2003　《柏拉图全集》（卷二）（王晓朝译）。台北：左岸出版社。

Simmel, Georg

1950　*The Sociology of Georg Simmel.*（translated, edited and with an introduction by Kurt H. Wolff）New York: Free Press.

1984　*Georg Simmel: On Women, Sexuality, and Love.*（translated and with an introduction by Guy Oakes）New Haven, Conn.: Yale University Press.

Sartre, Jean-Paul

1956　*Being and Nothingness: An Essay on Phenomenological Ontology.*（translated and with an introduction by Hazel E. Barnes）New York: Philosophical Library.

图书在版编目（CIP）数据

社会学家的絮言絮语 / 叶启政著 . — 杭州：浙江
大学出版社，2019.6
　ISBN 978-7-308-18251-5

　Ⅰ.①社… Ⅱ.①叶… Ⅲ.①社会学—文集 Ⅳ.
①C91-53

中国版本图书馆CIP数据核字（2018）第103074号

社会学家的絮言絮语

叶启政 著

责任编辑	王志毅
责任校对	王　军　闻晓虹
装帧设计	蔡立国
出版发行	浙江大学出版社
	（杭州天目山路148号 邮政编码310007）
	（网址：http:// www.zjupress.com）
制　作	北京大观世纪文化传媒有限公司
印　刷	北京时捷印刷有限公司
开　本	635mm×965mm　1/16
印　张	13
字　数	192千
版 印 次	2019年6月第1版　2019年6月第1次印刷
书　号	ISBN 978-7-308-18251-5
定　价	54.00元